INOVAÇÃO REVERSA

Preencha a **ficha de cadastro** no final deste livro
e receba gratuitamente informações
sobre os lançamentos e as promoções da Elsevier.

Consulte também nosso catálogo
completo, últimos lançamentos
e serviços exclusivos no site
www.elsevier.com.br

Tradução
Leonardo Abramowicz

Vijay Govindarajan
Chris Trimble
Autores de *O outro lado da inovação*

INOVAÇÃO REVERSA

DESCUBRA AS OPORTUNIDADES OCULTAS NOS MERCADOS EMERGENTES

Prefácio de
Indra Nooyi,
CEO DA PEPSICO

"Este livro explica como as inovações estão cada vez mais se originando nos países em desenvolvimento e fluindo de volta para os ricos."
RATAN TATA, PRESIDENTE DA TATA SONS LIMITED, ÍNDIA

Do original: *Reverse Innovation*
Tradução autorizada do idioma inglês da edição publicada por Harvard Business Review Press
Copyright © 2012, by Vijay Govindarajan and Chris Trimblel

© 2012, Elsevier Editora Ltda.

Todos os direitos reservados e protegidos pela Lei nº 9.610, de 19/02/1998.
Nenhuma parte deste livro, sem autorização prévia por escrito da editora, poderá ser reproduzida ou transmitida sejam quais forem os meios empregados: eletrônicos, mecânicos, fotográficos, gravação ou quaisquer outros.

Copidesque: Shirley Lima da Silva Braz
Revisão: Jayme Teotônio Borges Luiz e Cynthia Gaudard
Editoração Eletrônica: Estúdio Castellani

Elsevier Editora Ltda.
Conhecimento sem Fronteiras
Rua Sete de Setembro, 111 – 16º andar
20050-006 – Centro – Rio de Janeiro – RJ – Brasil

Rua Quintana, 753 – 8º andar
04569-011 – Brooklin – São Paulo – SP – Brasil

Serviço de Atendimento ao Cliente
0800-0265340
sac@elsevier.com.br

ISBN 978-85-352-5920-9
Edição original: ISBN: 978-1-4221-5764-0

Nota: Muito zelo e técnica foram empregados na edição desta obra. No entanto, podem ocorrer erros de digitação, impressão ou dúvida conceitual. Em qualquer das hipóteses, solicitamos a comunicação ao nosso Serviço de Atendimento ao Cliente, para que possamos esclarecer ou encaminhar a questão.

Nem a editora nem o autor assumem qualquer responsabilidade por eventuais danos ou perdas a pessoas ou bens, originados do uso desta publicação.

CIP-Brasil. Catalogação-na-fonte
Sindicato Nacional dos Editores de Livros, RJ

G743i   Govindarajan, Vijay
           Inovação reversa : descubra as oportunidades ocultas nos mercados emergentes / Vijay Govindarajan, Chris Trimble ; tradução: Leonardo Abramowicz. – Rio de Janeiro : Elsevier, 2012.

           Tradução de: Reverse innovation
           ISBN 978-85-352-5920-9

           1. Empresas multinacionais. 2. Inovações tecnológicas. 3. Administração de empresas. 4. Planejamento estratégico. I. Trimble, Chris. II. Título.

12-1679.   CDD: 658.4063
                                                CDU: 658.011.4

Para o
DR. C. K. PRAHALAD
Uma luz a nos guiar

Os autores

Dr. Vijay Govindarajan

Vijay Govindarajan (www.tuck.dartmouth.edu/people/vg/) é considerado um dos principais especialistas do mundo em estratégia e inovação. É professor da cadeira Earl C. Daum 1924 de Negócios Internacionais na Tuck School of Business na Dartmouth College. Foi o primeiro professor residente e consultor-chefe de Inovação na General Electric. Trabalhou com o CEO da GE, Jeff Immelt, para escrever "How GE Is Disrupting Itself", artigo pioneiro publicado na *Harvard Business Review* sobre o conceito de inovação reversa: qualquer inovação adotada primeiramente no mundo em desenvolvimento. A *Harvard Business Review* avaliou a "inovação reversa" como uma das 10 grandes ideias da década.

VG escreve sobre inovação e execução em seu blog, em seu boletim trimestral, na *Harvard Business Review* e na *Bloomberg Businessweek*. É um dos idealizadores de uma iniciativa global para projetar uma casa de $300 para os pobres (www.300house.com).

Govindarajan é considerado um dos principais pensadores na área de gestão por publicações influentes, incluindo: professor de destaque, pela *Businessweek* em seu *Guide to the Best B-Schools*; um dos 10 mais em Escolas de Negócios em Educação Corporativa Executiva, pela *Businessweek*; um dos 50 maiores pensadores em Gestão, pela *Times* (Londres); estrela em ascensão, pela *The Economist*; professor destaque do ano, por estudantes de MBA. VG integra o corpo docente de várias instituições: Harvard Business School, INSEAD (Fontainebleau) e Indian Institute of Management (Ahmedabad, Índia).

Ganhador de vários prêmios por excelência em pesquisa, Govindarajan foi nomeado para o Hall da Fama do *Academy of Management Journal* e foi classificado pela *Management International Review* como um dos 20 Superstars americanos na pesquisa sobre estratégia e organização. Um de seus trabalhos foi reconhecido como um dos 10 artigos mais frequentemente citados em todos os 40 anos de história da *Academy of Management Journal*.

VG é um raro membro docente que já publicou mais de 10 artigos nas principais revistas acadêmicas (*Academy of Management Journal, Academy of Management Review, Strategic Management Journal*) e mais de 10 artigos em revistas profissionais de prestígio, incluindo a *Harvard Business Review*. Recebeu o Prêmio

McKinsey pelo melhor artigo na *Harvard Business Review*. Publicou 10 livros, incluindo os best-sellers internacionais *Os 10 mandamentos da inovação estratégica* e *O outro lado da inovação* (os dois da Campus/Elsevier).

VG já trabalhou com CEOs e equipes da alta administração de mais de 25% das empresas listadas na *Fortune 500* para discutir, questionar e aprimorar a reflexão sobre estratégia. Dentre seus clientes, podem-se citar: Boeing, Coca-Cola, Colgate-Palmolive, Deere, FedEx, GE, Hewlett-Packard, IBM, J.P. Morgan Chase, J&J, *The New York Times*, P&G, Sony e Wal-Mart. É palestrante de destaque em fóruns de CEOs e nas principais conferências, incluindo o Businessweek CEO Forum, o HSM World Business Forum e o Fórum Econômico Mundial em Davos.

VG fez seu doutorado pela Harvard Business School e foi agraciado com o Prêmio Robert Bowne pela melhor proposta de tese. Também recebeu seu MBA com distinção pela Harvard Business School. Antes disso, recebeu seu diploma de Contador credenciado na Índia, onde foi premiado com a Medalha de Ouro do Presidente por obter o primeiro lugar no país.

Chris Trimble

Chris Trimble (www.chris-trimble.com) tem dedicado os últimos 10 anos para estudar um único desafio que atormenta até mesmo as empresas mais bem administradas: como executar uma iniciativa de inovação.

Seu trabalho tornou-se realidade com a publicação em 2010 de *O outro lado da inovação*. Chris também publicou três artigos importantes na *Harvard Business Review*, incluindo "How GE Is Disrupting Itself", em outubro de 2009, com o presidente e CEO da GE, Jeff Immelt, e com Vijay Govindarajan.

Chris apareceu pela primeira vez na vanguarda do pensamento executivo com seu livro de dezembro de 2005, *Os 10 mandamentos da inovação estratégica*. Em junho de 2006, o *Wall Street Journal* publicou a Lista dos 10 Principais Livros de Leitura Recomendada, incluindo *Os 10 mandamentos* junto com *Freakonomics*, *O ponto da virada* e *Blink*. A revista *Strategy & Business* considerou *Os 10 mandamentos* o melhor livro de estratégia do ano.

A carreira de Chris mescla rigorosa pesquisa acadêmica com obstinada experiência prática. Seu interesse em inovação em grandes organizações se desenvolveu cedo em sua carreira, quando foi oficial de submarino na Marinha dos Estados Unidos. Atualmente, é professor na Tuck School of Business em Dartmouth. Com frequência, profere palestras, com passagens por todo o mundo. Também tem artigos publicados em periódicos como *MIT Sloan Management Review*, *Businessweek*, *Forbes*, *Fast Company* e *Financial Times*. Possui um MBA com distinção pela Tuck School e um título de bacharel em Ciências com a mais alta distinção pela University of Virginia.

Prefácio:
Deixando algo ao acaso

Eu gostaria de poder dizer que este livro é a culminação de décadas de um planejamento bem executado. A verdade, porém, é que ele representa o feliz resultado de três eventos casuais.

Evento 1: Um livro inesperado

Consegui meu diploma de contabilidade na Índia, nos anos 1970. Meu programa de estudos incluiu muitos textos áridos repletos de números e conceitos abstratos. Havia também uma lista de referência de livros não explicitamente tratados em sala de aula. Eu li muitos deles, inclusive o de um lendário professor da Harvard Business School, chamado Robert Anthony. Nele, Anthony expressa uma visão sobre o campo de estudo de minha escolha que foi total revelação para mim: a contabilidade, ele afirmava, não é o assunto técnico que até agora eu presumia que fosse. Na verdade, é a força que poderia ser usada para influenciar o comportamento humano de maneira construtiva.

Isso era tão diferente de tudo que eu já havia aprendido que fiquei determinado a ir para a Harvard Business School. Eu queria ficar exposto a pessoas que, como Bob Anthony, tivessem ideias tão interessantes e surpreendentes que pudessem fazer a contabilidade ganhar vida para mim e de repente fazê-la parecer nova.

Em Harvard, vi a contabilidade como uma ferramenta para a execução da estratégia. Havia relações entre números, motivação humana e execução de negócios. A contabilidade era um instrumento crucial para conseguir execução superior.

Aos poucos, portanto, por ter deparado com o livro de Bob Anthony, meu foco mudou de sistemas contábeis "áridos" para o estudo de *todos* os sistemas administrativos que exercem influência comportamental sobre uma empresa. Com o tempo, tornei-me pesquisador, professor e consultor no campo da execução de estratégia.

Evento 2: Uma parceria inesperada

Conheci meu coautor, Chris Trimble, mais de uma década atrás. A Tuck School of Business, em Dartmouth, onde tenho dado aulas desde 1985, recebeu uma grande doação para fundar um centro de pesquisa que se concentrasse em estratégia global e inovação. Eu estava buscando um parceiro para a empreitada. Chris, que havia sido um dos melhores formandos no MBA da Tuck e que atuava como consultor, estava à procura de um novo desafio com um olho voltado para a academia. Ele concordou em se integrar ao meu trabalho.

Nenhum de nós poderia ter previsto o que aconteceu na sequência: mais de uma década de um trabalho feliz e produtivo focado nos desafios de fazer a inovação acontecer dentro de organizações estabelecidas. Além dos artigos para a *Harvard Business Review*, um dos quais, "Stop the Innovation Wars", ganhou o Prêmio McKinsey, produzimos outros dois livros anteriores sobre inovação: *Os 10 mandamentos da inovação estratégica* e *O outro lado da inovação*. Essas obras se constituíram na base fundamental para este livro.

Sou imensamente grato por ter conhecido e iniciado uma parceria tão vibrante com Chris. Suas contribuições para este livro se estenderam por uma vasta área. Ele desenvolveu a teoria, articulou os conceitos fundamentais com grande impacto, atuou como profundo conhecedor na execução de inovação, produziu muitas passagens de prosa contundente e até mesmo cunhou o termo *inovação reversa*. Em suma, tem sido um verdadeiro parceiro em cada aspecto de nosso trabalho, assim como um grande amigo.

Evento 3: Uma tarefa inesperada

Graças a um evento casual, passei dois anos extraordinários trabalhando como primeiro professor residente da GE e principal consultor em inovação. Duas conversas, separadas por vários anos, deram origem a essa grande oportunidade.

Em 2001, dei uma palestra em uma conferência. Após o término de minha sessão, eu dispunha de algum tempo livre antes de pegar o avião de volta para casa; assim, fiquei e assisti a uma palestra proferida por Susan Peters. Na época, ela era diretora de treinamento da GE e, em sua fala, descreveu a abordagem da empresa para o desenvolvimento de liderança. Fiquei cativado por essa breve visão do processo de pensamento da GE. Após a palestra, aproximei-me do palco e me apresentei a Susan. Ela me perguntou o que eu fazia e descrevi meu trabalho sobre inovação e execução na Tuck School.

Alguns anos depois, o CEO Jeffrey Immelt, da GE, veio dar uma palestra na Tuck. Eu solicitei uma reunião de meia hora para uma conversa individual. Falamos sobre as dificuldades de combinar inovação com eficiência, e eu compartilhei algumas ideias de nossa pesquisa. Um ano depois, eu e Chris publicamos o livro *Os 10 mandamentos da inovação* e enviei um exemplar para Immelt. A resposta dele veio em uma carta manuscrita.

Em 2007, Immelt discutiu com Peters um plano para trazer um acadêmico para a GE a fim de aconselhar a empresa sobre inovação. Ele pediu que ela preparasse uma lista de possíveis candidatos com experiência em inovação. Quando meu nome surgiu, ambos se lembraram de mim.

A GE como um laboratório de inovação reversa

Comecei minha aventura de dois anos na GE, em janeiro de 2008. Jeff Immelt me pediu para dar consultoria a duas unidades de negócios: GE Healthcare e GE Energy. Ambas estavam buscando maneiras para competir com mais eficácia nos mercados emergentes da Índia e da China. Immelt viu com clareza que o futuro da GE como empresa estava ligado a seu desempenho nos países em desenvolvimento e, em especial, à sua capacidade de fazer *inovação reversa*; isto é, à sua capacidade de inovar especificamente para os mercados emergentes. "Para a GE vencer nos Estados Unidos", ele disse, "precisa vencer na Índia e na China". Ou como exorta o subtítulo de nosso livro: para vencer em todos os lugares, você deve aprender a criar longe de casa.

Quando investiguei os mercados de assistência médica e de energia do mundo em desenvolvimento, vi exatamente os mesmos conjuntos de oportunidades e de limitações. Em ambos os mercados, havia uma infraestrutura deficiente que dificultava atender à crescente demanda.

Por exemplo, a assistência médica na Índia enfrentava escassez urgente de leitos hospitalares. Essa deficiência coincidiu com o rápido crescimento de uma classe média mais próspera que começava a experimentar taxas mais elevadas das chamadas doenças decorrentes do estilo de vida, como diabete e obesidade. Havia também escassez de médicos e de outros profissionais de saúde. E a Índia tinha ainda uma população rural muito malservida com pouco ou nenhum acesso aos cuidados básicos ou aos tipos de tecnologias de diagnóstico que conseguiam pegar doenças em uma fase inicial facilmente curável.

Além disso, a rede elétrica subdesenvolvida e pouco confiável da Índia tornava impossível que pequenas clínicas locais contassem com máquinas tradicionais de ultrassom ou eletrocardiograma que funcionassem na rede residencial. Além do mais, as versões existentes dessas máquinas tipicamente de elevado desempenho tinham um custo proibitivo para um país predominantemente pobre.

Eram barreiras desencorajadoras. Porém, também vi que tanto o setor de assistência médica quanto o de energia apresentavam oportunidades que superavam o valor de $1 trilhão para as próximas duas décadas. A GE precisava urgentemente de soluções criativas. Naquela época, porém, a GE atuava dentro da estratégia tradicional de participação de mercado na Índia, na China e em outros países em desenvolvimento. A empresa tentava vender produtos globais ligeiramente modificados para mercados que, na verdade, precisavam de ideias novas – inovações revolucionárias projetadas para as realidades locais. Portanto, eu acreditava que, se a GE pretendesse realmente explorar de forma significativa essas oportunidades de $1 trilhão, precisaria entrar no jogo do *desenvolvimento de mercado*, e não participar do jogo da *participação de mercado*.

Meu período na GE foi inestimável para ajudar a formular os conceitos, métodos e exigências para praticar a inovação reversa. Basicamente, fiquei exposto a um projeto fascinante e, em última análise, muito bem-sucedido, sob a liderança de Omar Ishrak, chefe do negócio de ultrassom da GE, de criar uma máquina de ultrassom portátil e de baixo custo na China. O projeto demonstrou, de muitas formas, o que a GE precisaria fazer em quase todas as unidades de negócio para vencer nos mercados emergentes. Em outubro de 2009, fui coautor de um artigo sobre inovação reversa para a *Harvard Business Review* (com Jeff Immelt e Chris Trimble). "How GE Is Disrupting Itself" relata a história do projeto de ultrassom de Ishrak.

Tive o privilégio de ver, em primeira mão, como uma potência multinacional dos Estados Unidos avançou no aprendizado sobre inovação reversa. Foi um ensinamento bastante rico. Basta dizer que minha dívida para com a GE na inspiração para este livro é enorme.

O livro também traz muitos exemplos de outras empresas. Em especial, os Capítulos 5 a 12 da Parte II incluem relatos com ricos detalhes de experiências inspiradoras em inovação reversa. Estamos em dívida com sete outras organizações que, generosamente, compartilharam suas experiências conosco, com franqueza e em detalhes.

Consideramos o estudo da inovação reversa um campo novo. Trata-se mais de um empreendimento de futura prática do que de um de melhor prática atual. Ainda há muito que aprender. No entanto, as iniciativas de inovação reversa descritas neste livro revelam muito sobre o que funciona bem (e o que não funciona) quando você está inovando para os mercados emergentes. Esperamos que as evidências e os indícios reunidos aqui o incentivem a realizar seu próprio esforço de inovação reversa. Talvez, então, você venha a olhar para trás sobre a descoberta deste nosso livro como um importante evento de sorte em sua carreira empresarial.

Dois agradecimentos especiais

Em meus livros anteriores, esforcei-me ao máximo para agradecer a cada um dos colaboradores. Este livro não é diferente de minhas obras anteriores, em razão da grande quantidade de pessoas envolvidas. No entanto, gostaria de abrir uma exceção neste caso, para poder me concentrar apenas nos dois indivíduos que, de longe, ofereceram os esforços maiores e mais dignos de nota.

O primeiro é Lew McCreary. Dada sua longa e impressionante carreira em jornalismo, incluindo escrever e editar para a *Harvard Business Review*, tive a sorte de contar com Lew para a equipe deste livro. As contribuições de Lew foram amplas e numerosas. Ele participou de quase todas as entrevistas, ofereceu ideias advindas de uma carreira inteira escrevendo sobre negócios e redigiu muitos capítulos. O texto habilidoso de Lew traz estilo, originalidade, charme, sabedoria e energia para estas páginas, muito além do que teríamos alcançado sem ele.

O segundo é Chris Trimble, meu parceiro direto e coautor desde 2000. Muitas vezes, exorto as empresas para as quais dou conselhos para provocar mudanças descontínuas em suas organizações. Chris Trimble trouxe uma mudança descontínua em minha carreira. Como Chris assumiu uma nova função em Dartmouth, este livro é o ponto culminante de nossa parceria em tempo integral. Ele me ajudou a ser um professor melhor – e uma pessoa melhor.

Vijay Govindarajan

Prólogo

Anos atrás, no que agora parece uma época muito antiga, as grandes empresas multinacionais extraíam grande parte de suas receitas (e buscavam obter a maior parte do crescimento) de seus mercados internos. Se essas empresas olhavam para o exterior, era geralmente visando outros países ricos.

Porém, nada no ecossistema global é estático. Os mercados internos estão maduros e saturados. A maior parte do poder de compra inexplorado no mundo está nos mercados emergentes da Ásia, sul da Ásia, Europa Oriental, África e América Latina. As multinacionais entendem agora que uma estratégia verdadeiramente global deve incluir caminhos inteligentes para posições fortes nas economias emergentes. Pois é lá que estará o desenvolvimento mais rico no futuro.

A inovação reversa (assunto deste livro importante) corresponde a um desses caminhos inteligentes. Trata-se de uma nova ferramenta poderosa para acrescentar à sua capacidade de inovação. E certamente será uma das chaves para aproveitar ao máximo as oportunidades nos mercados emergentes.

Conforme você lerá no Capítulo 11, a PepsiCo começou a colher os benefícios da inovação reversa em seu negócio de alimentos para petiscos. Da mesma forma que praticamente qualquer empresa multinacional, nós na PepsiCo abordávamos os mercados no exterior da maneira convencional: exportando! Desenvolvíamos produtos nos Estados Unidos e depois os enviávamos para o mundo todo. Às vezes fazíamos pequenas modificações no sabor e na embalagem para os mercados locais, mas nossas ofertas correspondiam basicamente a produtos globais.

Agora, porém, temos a vantagem de contar com novas ideias. Em primeiro lugar, aprendemos a compreender melhor as diferenças importantes nos povos de um lugar para outro. Em segundo lugar, aprendemos que um mercado quer ter sua cultura, valores e gostos refletidos nos produtos que escolhe para consumir. E, em terceiro lugar, aprendemos que os povos ao redor do mundo, a despeito de todas as suas diferenças, ainda possuem alguns desejos em comum. Parece que, em toda parte, em nosso setor de atividade, as pessoas estão exigindo produtos feitos com ingredientes naturais e saudáveis, fabricados de forma sustentável. Para nós, isso tem representado ofertar produtos que não sejam apenas "Divertidos para Você", mas também "Bons para Você".*

---

* *Nota do Tradutor*: Fun for You e Good for You, no original em inglês.

Se você analisar essas três ideias, verá que combinam visão global e a missão com um foco intenso nas necessidades e preferências locais. Essa combinação está na essência da inovação reversa. A boa notícia é que as empresas multinacionais (com seus grandes recursos, amplo alcance e diversidade em sua base de talentos internacionais) estão teoricamente preparadas para executar esse malabarismo global local. A má notícia é que é muito mais fácil aceitar a filosofia da inovação reversa do que colocá-la em prática.

O grande valor deste livro é que os autores Vijay Govindarajan e Chris Trimble abasteceram-no ricamente com lições práticas ao lado da teoria. Ao longo de todo o texto, principalmente nos oito capítulos de estudos de caso, eles mostram as dificuldades e os tropeços ocasionais que sempre são parte importante de uma jornada transformadora.

Para mim, o aspecto principal do livro é aquilo que ficará evidente para qualquer executivo de multinacional: as lições sobre o que os autores chamam de *lógica dominante*. Toda empresa que vem obtendo grande sucesso é, ao mesmo tempo, sustentada e ameaçada por tudo que aprendeu no passado. Esta é sua lógica dominante. O desafio da inovação reversa reside em sua exigência de que você ponha de lado, mesmo que apenas para determinadas iniciativas, a lógica poderosa do passado. Caso contrário, ela se colocará no caminho da humildade necessária para admitir que você ainda tem muito a aprender.

É muito difícil que os inovadores em centros de pesquisa nos Estados Unidos saibam o que irá agradar, muito menos deliciar, os consumidores em Pequim, Mumbai, Nairóbi ou Cidade do México. Você precisa arregaçar as mangas nessas localidades e aprender se envolvendo e ouvindo os clientes da região, entendendo os concorrentes locais e capacitando seu próprio pessoal que cresceu nesses países, para que eles coloquem seu conhecimento regional para trabalhar.

Nenhum de nós é um gênio infalível. No processo de realizar coisas importantes (coisas grandes e valiosas), todos nós cometemos erros. Esse não é um motivo para se esquivar de início. Precisamos aceitar os erros como inevitáveis e, antecipadamente, nos dar permissão para cometê-los. Felizmente, os autores permitem que você olhe por sobre os ombros da PepsiCo e de muitas outras empresas quando aprendemos como praticar a inovação reversa. Você conseguirá ver o amargo junto com o doce. E isso poderá poupá-lo de cometer alguns erros.

Indra K. Nooyi
Presidente e CEO da PepsiCo

Sumário

Os autores … vii
Prefácio: Deixando algo ao acaso … ix
Prólogo … xv

Parte I **O desafio da inovação reversa**

CAPÍTULO 1 **O futuro está longe de casa** … 3
Inovar nos mercados emergentes, em vez de exportar, pode revelar um mundo de oportunidades para as multinacionais

CAPÍTULO 2 **Os cinco caminhos da inovação reversa** … 13
Para definir a estratégia, é preciso compreender os cinco caminhos mais comuns para a inovação reversa

CAPÍTULO 3 **Mudar a mentalidade** … 31
As próprias melhores práticas organizacionais que até agora vinham permitindo o sucesso das empresas globais, ficam na verdade no caminho da inovação nos mercados emergentes

CAPÍTULO 4 **Mudar o modelo de gestão** … 49
Para criar uma inovação completamente nova nos mercados emergentes, as multinacionais precisam adotar um novo modelo de gestão, com equipes de desenvolvimento locais

PRINCIPAIS TAREFAS
A cartilha da inovação reversa … 71
Nove regras guiarão seus esforços de inovação reversa, três para cada uma das categorias de estratégia, organização global e organização de projeto

Parte II   **A inovação reversa em ação**

CAPÍTULO 5   **Logitech e o Mouse que rugiu**   75
Se ignorar os concorrentes iniciantes, você pagará um preço alto

CAPÍTULO 6   **Procter & Gamble, inovando na maneira "não P&G"**   87
Em mercados emergentes, o cliente não familiarizado precisa dominar a tecnologia de ponta

CAPÍTULO 7   **EMC Corporation: Plantando sementes**   99
Comece os esforços de inovação reversa preparando o solo

CAPÍTULO 8   **Deere & Company planta sob o passado**   111
Comportar-se como uma novata ajudou a Deere a resgatar seu futuro no mercado emergente

CAPÍTULO 9   **Como a Harman mudou sua cultura de engenharia**   129
Gerar soluções totalmente inovadoras é como mexer em ninho de marimbondo

CAPÍTULO 10   **GE Healthcare no coração da Índia**   147
De várias maneiras inspirados, engenheiros locais determinados ajudaram a desenvolver mercados e ampliar o acesso à saúde

CAPÍTULO 11   **Um salgadinho totalmente novo da PepsiCo**   167
Para fazer um produto mais saudável, você precisa pensar globalmente e petiscar localmente

CAPÍTULO 12   **Partners in Health: Modelo radical de saúde**   181
Desenvolver a medicina no mundo pode melhorar a saúde nos países ricos

CONCLUSÃO   **Um chamado à ação**   195
A inovação reversa pode não só transformar sua empresa, como também transformar o mundo

APÊNDICE A   **Kit de ferramentas de inovação reversa**   201
Você pode utilizar vários modelos e diagnósticos práticos para avançar em seus esforços de inovação reversa

APÊNDICE B   **Uma agenda de pesquisa**   211
Há muito ainda para aprender sobre inovação reversa

Notas   217

Índice   221

PARTE I

O desafio da inovação reversa

CAPÍTULO 1

O futuro está longe de casa

Inovar nos mercados emergentes, em vez de exportar, pode revelar um mundo de oportunidades para as multinacionais

GATORADE. Este produto é tão americano quanto o jogo de beisebol e a torta de maçã.

Suas origens na década de 1960 podem ser rastreadas até a região ensolarada da University of Florida e seu time de futebol americano – os Gators. A umidade e o calor opressivos levaram os treinadores do time a buscarem maneiras melhores do que utilizar apenas água para rapidamente reidratar os jogadores. Eles recorreram aos laboratórios de pesquisa da universidade, que, então, propuseram uma mistura de água, glicose, sódio, potássio e aromatizantes. O saboroso coquetel acelerou a reposição de eletrólitos e carboidratos que os jogadores perdiam através de esforço e suor.

Antes mesmo de se tornar uma marca real, o Gatorade obteve bom impulso de marketing do treinador de Georgia Tech. Ao lhe perguntarem por que seu time havia perdido para a Flórida no Orange Bowl* de 1967, ele lamentou: "Não tínhamos o Gatorade."

Essa é uma grande história, perfeitamente adequada a um ícone americano. Porém, falta um elo interessante que remonta a eventos ocorridos bem longe de Gainsville, Flórida.

---

* *Nota do Tradutor*: Partida final de futebol americano universitário nos Estados Unidos.

No início da década de 1960, houve surtos de epidemia de cólera em Bangladesh e outros lugares do sul da Ásia. O recurso para manter os pacientes com cólera vivos era simples: mantê-los hidratados.

De acordo com Mehmood Khan, diretor científico da PepsiCo (que comprou o Gatorade em 2001), os médicos ocidentais que foram para Bangladesh e outros lugares para ajudar a conter a epidemia ficaram surpresos ao descobrir um tratamento local centenário para a grave diarreia causada por cólera. A mistura incluía ingredientes como água de coco, suco de cenoura, água de arroz, farinha de alfarroba e banana desidratada. Na época, a opinião médica ocidental defendia que colocar carboidratos no estômago de pacientes com diarreia faria a bactéria do cólera se multiplicar, agravando a doença. "No entanto, por milhares de anos, esse era o tratamento normal utilizado pela medicina Ayurveda", diz Khan. "Ao dar carboidrato e açúcar na solução com sal, a absorção era maior e os pacientes se reidratavam mais rapidamente."[1]

O sucesso do tratamento foi relatado pela revista médica britânica *Lancet* e chegou a um médico da University of Florida. O médico viu um problema semelhante na necessidade de reidratação rápida. Se esse tratamento funcionou bem para pacientes com cólera, certamente funcionaria para jogadores saudáveis de futebol americano.

A história do Gatorade foi incomum para sua época. Ela ocorreu no sentido contrário do padrão dominante para as inovações. As inovações geralmente tinham origem nos países ricos e, mais tarde, fluíam para o mundo em desenvolvimento. O Gatorade, por sua vez, nadou contra a maré. Ele foi uma inovação reversa. Explicado de maneira bem simples, a inovação reversa é qualquer inovação que seja adotada em primeiro lugar nos países em desenvolvimento. Sempre de forma surpreendente, essas inovações desafiam a gravidade fluindo para cima.

Historicamente, as inovações reversas têm sido raras. De fato, o motivo de a maioria das inovações fluir para baixo, e não para cima, é intuitivo. Os clientes ricos em países ricos conseguem pagar (e, de fato, eles o exigem) pelo mais recente e o melhor. A demanda faz a tecnologia avançar. No devido tempo, seus benefícios se propagam por todo o globo. Você pode fazer a matemática da inovação: os Estados Unidos e a Alemanha possuem bem mais de 300 ganhadores do Prêmio Nobel em Ciência e Tecnologia. Enquanto isso, Índia e China, com população seis vezes maior, contam com menos de 10. Consequentemente, as pessoas (em especial no Ocidente) esperam que o futuro seja inventado no Vale do Silício ou Houston ou Munique, e não em Bangladesh.

Assim, é natural supor que os países em desenvolvimento estejam engajados em um processo lento e evolutivo de recuperar o atraso com o mundo rico, tanto em nível econômico quanto tecnológico. Eles não precisam de inovação. Eles importarão o que desejam do mundo rico, tão logo possam pagar por isso.

Sob esse conjunto de pressupostos, uma estratégia conhecida como *glocalização* faz todo o sentido. Conforme praticada pelas empresas multinacionais, a glocalização postula que o trabalho de inovação já ocorreu. As empresas podem atingir os mercados emergentes exportando versões ligeiramente modificadas de produtos globais desenvolvidos para clientes do mundo rico – em especial os modelos mais baratos com menos recursos.

Mas as premissas estão equivocadas. Aquilo que funciona no mundo rico não vai automaticamente alcançar ampla aceitação nos mercados emergentes, onde as necessidades dos clientes são completamente diferentes. Em consequência, a inovação reversa está rapidamente ganhando força, e essa situação só tende a aumentar.

Na superfície, a inovação reversa parece ser um fenômeno que vai contra a intuição. Afinal, é fácil entender por que um homem pobre gostaria de ter um produto de um homem rico. Mas por que um homem rico iria querer um produto de um homem pobre? A resposta é que, em determinadas situações, ele oferece um valor novo, inesperado ou há muito esquecido. Considere dois exemplos modernos.

Quando o gigante varejista Wal-Mart entrou nos mercados emergentes da América Central e da América do Sul, descobriu que não poderia exportar sua fórmula de varejo existente. Seria preciso inovar. Especificamente, suas grandes lojas precisariam ser radicalmente reduzidas. A empresa criou uma versão da loja Wal-Mart semelhante às lojas de varejo mais "acolhedoras" comuns no México, no Brasil e na Argentina.

Lojas menores prosperam nesses lugares porque os consumidores geralmente não possuem liquidez para comprar no atacado e manter estoques em casa. Além disso, os consumidores costumam fazer suas compras de bicicleta, motocicletas ou ônibus (ou até mesmo a pé). Há um limite para o que conseguem carregar para casa. Lojas Wal-Mart de tamanho menor são mais compatíveis com as necessidades da cultura local.

Em 2011, o Wal-Mart estava fazendo algo que teria sido difícil de imaginar apenas alguns anos antes: estava trazendo de volta o conceito de "supermercado pequeno" para os Estados Unidos. Por um lado, seus grandes supermercados estavam saturados. Muitos consumidores nos Estados Unidos andavam fatigados com as grandes lojas. Além disso, os ambientes de grande densidade urbana, com espaço limitado e aluguéis altíssimos, poderiam mais facilmente (e de forma lucrativa) comportar inúmeras pequenas lojas em torno da cidade no lugar de uma ou duas com o tamanho de um quarteirão inteiro. Uma variante da mesma lógica se aplica em zonas rurais com áreas pouco povoadas, onde um grande supermercado não poderia prosperar. O Wal-Mart poderia tornar-se um forte concorrente dos supermercados menores porque ainda desfrutava de ampla economia de escala na compra e na gestão da cadeia de suprimento, mesmo com lojas pequenas. Em breve, ao que parece, alguns americanos poderão comprar seu Gatorade inspirado no sul da Ásia em uma loja Wal-Mart na cidade de Nova York com as dimensões de uma mercearia de vilarejo.

Agora, considere os esforços dos Estados Unidos para melhorar a eficácia de custo e acesso à saúde. Os reformadores fariam bem em olhar para a Índia em busca de novas ideias.

O Hospital Narayana Hrudayalaya (NH) tem revolucionado a assistência médica na Índia ao realizar cirurgias cardíacas por apenas $2 mil, em comparação com os mais de $20 mil nos Estados Unidos. Apesar do preço bastante baixo, a margem de lucro líquido do Hospital NH é ligeiramente *maior* do que a média nos Estados Unidos. Além disso, sua qualidade é de classe mundial. A taxa de mortalidade após 30 dias da cirurgia é de 1,4% no Hospital NH, enquanto a taxa média nos Estados Unidos corresponde a 1,9%.

O sucesso do Hospital NH só pode ser parcialmente explicado pelo custo menor de mão de obra na Índia. A verdadeira mágica está no processo de inovação. O NH adotou o passo radical de adaptar alguns dos conceitos industriais bastante conhecidos que têm estado por aí desde o Modelo T da Ford: padronização, especialização da mão de obra, economias de escala e produção em linha de montagem.

Essas técnicas permitem que o Hospital NH utilize seus recursos integralmente, reduzindo o custo por procedimento. Por exemplo, os equipamentos caros adquiridos de multinacionais de renome mundial são utilizados cinco vezes mais intensamente que nos Estados Unidos. E os cirurgiões realizam de duas a três vezes mais procedimentos. Além disso, pelo grande volume de atendimentos no hospital, um médico pode especializar-se em um tipo específico de cirurgia cardíaca. Isso acelera o aprendizado, melhora as habilidades e aumenta a qualidade.

Essas ideias podem parecer simples, mas vão contra a lógica dominante nos sistemas de saúde do mundo rico. Os médicos se concentram em pacientes mais difíceis, tentando fazer avanços na ciência médica e na tecnologia. O custo não é a primeira consideração, e sim a última. Em função disso, a medicina ocidental é organizada com base no pressuposto caro e discutível de que cada paciente é único. As inovações na Índia mostram que, em muitos casos, existe outra forma de pensar. De fato, o Hospital NH está trazendo seu modelo inovador de negócio para o mundo rico. Ele está construindo um grande hospital com 2 mil leitos nas Ilhas Cayman (à distância de uma hora de avião partindo de Miami) para tratar americanos sem seguro médico, cobrando 50% abaixo dos preços dos Estados Unidos.[2]

Esses são apenas dois dos muitos exemplos que destacaremos neste livro. As dinâmicas da inovação global estão mudando.

Em seu discurso sobre o Estado da União de janeiro de 2011, o Presidente Obama disse que os Estados Unidos devem "inovar mais, educar mais e construir mais do que o resto do mundo". Essa é uma bela ambição, mas não acontecerá se os inovadores americanos se concentrarem exclusivamente em problemas americanos.

A nova realidade é que o futuro está longe de casa. Se as nações ricas e as multinacionais estabelecidas pretendem continuar a prosperar, a próxima geração de líderes e inovadores deve ser tão curiosa sobre as necessidades e oportunidades do mundo em desenvolvimento quanto é em relação àquelas de seu próprio quintal. Não importa se você é CEO, financista, estrategista, profissional de marketing, cientista, engenheiro, formulador de políticas nacionais ou mesmo um estudante que pensa em sua carreira, a inovação reversa é um fenômeno que você precisa entender. A inovação reversa tem o potencial de redistribuir o poder e a riqueza entre países e empresas que a compreendem; e de diminuir os daqueles que não a entendem. Possivelmente, ela aceleraria a ascensão de países pobres e o declínio de países ricos.[3] Mas isso não precisa necessariamente ocorrer dessa forma. De fato, a inovação reversa é uma oportunidade aberta para qualquer pessoa, em qualquer lugar, que possua a ambição de ir atrás dela.

Os riscos são elevados. Conforme explicaremos, ignorar a inovação reversa pode custar para as empresas muito mais do que uma oportunidade perdida no exterior, especialmente para as multinacionais atuais de classe mundial. Ela pode abrir a porta para os chamados *gigantes emergentes* (a nova geração de multinacionais sediadas nos países em desenvolvimento) infligirem dificuldades ou até mesmo danos graves em mercados domésticos bem estabelecidos. Atualmente, existem dezenas dessas empresas, com nomes como Tata, Mahindra, Reliance, Lenovo e Haier. Elas estão aqui para ficar (veja "Espécies Invasoras: Mahindra & Mahindra no Coração dos Estados Unidos").

Jeffrey Immelt, presidente e CEO da General Electric, diz o seguinte: "Se não fizermos inovações nos países pobres e as tornarmos globais, novos concorrentes do mundo em desenvolvimento – como Mindray, Suzlon e

Goldwind – o farão. Essa é uma perspectiva estimulante. A GE tem nutrido, por muito tempo, grande respeito por rivais tradicionais como Siemens, Philips e Rolls-Royce. Mas nós sabemos como competir com eles. Eles nunca destruirão a GE. Os gigantes emergentes, por outro lado, podem muito bem nos destruir."[4]

A inovação reversa não é opcional. Ela é oxigênio.

Por que os mercados emergentes precisam de uma abordagem completamente nova?

Como os líderes de multinacionais já estão bem cientes, as economias em desenvolvimento são grandes e crescem a taxas fantásticas. Alguns números simples mostram esse quadro.

O Fundo Monetário Internacional (FMI) classifica regularmente os países por vários indicadores econômicos.[5] Em população, por exemplo, a China está em primeiro lugar e a Índia em segundo. Um número colossal de 85% dos cidadãos do mundo, ou 5,8 bilhões de pessoas, vive em países pobres.[6] Em termos de Produto Interno Bruto total (PIB), a China é a segunda colocada, e o PIB total dos países pobres é de aproximadamente $35 trilhões, quase metade do PIB mundial.[7]

Além disso, as taxas de crescimento projetado do PIB para a China e a Índia são pelo menos o dobro das dos países ricos. Na verdade, o crescimento dos países pobres já superou o crescimento dos ricos durante vários anos consecutivos. A forte recessão desencadeada pela crise financeira de 2008 fez a defasagem no crescimento parecer mais um abismo, e as incertezas geradas pelas crises da dívida dos Estados Unidos e da Europa em 2011 ampliaram ainda mais esse abismo. Os países pobres provavelmente darão conta de pelo menos dois terços do crescimento do PIB mundial nas próximas décadas.

Essa é uma oportunidade enorme, mas que não será facilmente aproveitada por empresas com legados do mundo rico. Vencer nos mercados emergentes requer bem mais do que apenas expansão geográfica. Como simples ponto de partida, isso requer intensa curiosidade sobre como as necessidades do mundo em desenvolvimento são diferentes das de casa.

Você pode ter uma noção preliminar sobre essas profundas diferenças considerando apenas mais uma estatística básica: a do PIB *per capita*, a renda anual média de cada cidadão do país. Esse ranking não se parece nem um pouco com o da população ou com a lista de PIB. Os Estados Unidos ainda têm uma classificação elevada, ocupando o sexto lugar no mundo e o primeiro lugar entre os países com população superior a 10 milhões de cidadãos (um punhado de países pequenos, mas muito ricos, estão no topo da lista). Mas e quanto à China e à Índia? Vá descendo na lista... continue descendo, agora mais um pouco. Lá está! De acordo com o FMI, em 2010 a China está na posição 94 (entre a Bósnia-Herzegovina e El Salvador); e a Índia está na posição 128 (entre a ilha de Cabo Verde e o Vietnã).

A questão é simples. As economias em desenvolvimento são diferentes. Elas não são apenas um pouco diferentes; elas são diferentes como o dia e a noite. No mundo rico, existem algumas pessoas que gastam muito; no mundo em desenvolvimento, há muitas pessoas com cada uma gastando pouco. Das duas formas, o gasto total é muito grande. A China e a Índia são mercados enormes com pequenos consumidores.

Isso implica um desafio de negócios completamente diferente. Uma pessoa com $10 para gastar tem um conjunto completamente diferente de desejos e necessidades em relação a 10 pessoas com $1 cada para gastar. Por isso não é realista esperar que os produtos e serviços do mundo rico tenham impacto muito grande em países pobres. Fazer mais negócios em locais com elevado crescimento – isto é, nações pobres – exige muito mais do que aumentar vendas, distribuição e produção.

Para tanto, é necessário inovação. Inovação reversa.

O propósito deste livro

Neste livro, vamos nos concentrar no que você (e nós assumimos que muitos leitores são líderes de empresas multinacionais sediadas no mundo rico) deve fazer para ficar forte e moldar o futuro. Os líderes dentro dos novos concorrentes, os gigantes emergentes, também valorizarão este livro por sua visão interna sobre o que exatamente as multinacionais estabelecidas precisam superar para concorrer com eficácia no mundo em desenvolvimento. Os gigantes emergentes podem usar as ideias do livro para conduzir as próprias estratégias de inovação reversa em sua expansão global.

Os objetivos do livro são dois: em primeiro lugar, o de ajudá-lo a compreender a teoria e os preceitos subjacentes à inovação reversa, inclusive o importante valor estratégico que se obtém com sua aplicação, e, em segundo lugar, fornecer uma orientação bastante prática sobre como executar iniciativas bem-sucedidas de inovação reversa. Em outras palavras, você aprenderá tanto a definição da estratégia quanto a ação em si: identificar as oportunidades certas, construir e apoiar as equipes locais, encontrar inspiração criativa

Espécies invasoras: Mahindra & Mahindra no coração dos Estados Unidos

Em 1994, quando a Mahindra & Mahindra (M&M) chegou à costa americana, já era uma potência em sua Índia natal. A empresa, fundada como siderúrgica em 1945, entrou no mercado agrícola quase 20 anos depois, estabelecendo parceria com a International Harvester para a fabricação de uma linha de tratores resistentes com 35 cavalos de potência, chamada Mahindra.

Esses tratores se tornaram muito populares na Índia. As máquinas tinham preço acessível e não consumiam muito combustível, duas qualidades altamente valorizadas pelos parcimoniosos agricultores indianos, além de estarem dimensionadas adequadamente para as pequenas propriedades agrícolas da Índia. Ao longo dos anos, a M&M continuou a inovar para aperfeiçoar suas ofertas, e seus tratores proliferaram por todas as vastas regiões agrícolas da Índia. A marca Mahindra ficou bem estabelecida e respeitada. Em meados da década de 1990, a empresa era um dos principais fabricantes de tratores da Índia, e estava pronta para novos desafios. O lucrativo mercado dos Estados Unidos acenava.

Quando a Mahindra USA (MUSA) iniciou suas atividades, a Deere & Company era a marca predominante. O feijão com arroz da Deere eram máquinas enormes, chegando a ter até 600 cavalos de potência para o agronegócio em escala industrial. Em vez de tentar desenvolver um produto que pudesse competir de frente com a Deere, a M&M visou o nicho agrícola menor em que pudesse crescer e tirar o máximo proveito de seus pontos fortes.

A Mahindra imaginou que seu pequeno trator vermelho seria perfeito para pessoas que gostassem de plantar como passatempo, para paisagistas e empresas de construção. A máquina era robusta, extremamente confiável e tinha bom preço de venda. Com algumas modificações para o mercado dos Estados Unidos (como assentos e pedais maiores para acomodar confortavelmente os corpos maiores dos americanos), a Mahindra estava pronta para seguir adiante.

Porém, a empresa estava longe de casa e seu nome não era nada conhecido. Os poucos americanos que haviam ouvido falar na marca pensavam nela de formas diversas, como "vermelha", "estrangeira" ou "barata". Mesmo os concorrentes nacionais mal tinham conhecimento do recém-chegado. A Deere deu mais atenção à Case e à New Holland do que à Mahindra. Voando abaixo do radar, a MUSA decidiu estabelecer sua marca através de um serviço personalizado.

Ela construiu um relacionamento estreito com revendedores de pequeno porte, principalmente as operações dirigidas por famílias. Em vez de grandes concessionárias com estoques caros, a MUSA lhes permitiu trabalhar em um sistema "just in time", oferecendo entregar o trator entre 24 e 48 horas após o recebimento do pedido. A MUSA também facilitou o financiamento. Em troca, a Mahindra se beneficiou com a confiança que os revendedores desfrutavam em suas comunidades.

A MUSA também construiu relações estreitas com os clientes. Cerca de 10% a 15% dos compradores de tratores Mahindra receberam telefonemas do presidente da empresa perguntando se eles estavam satisfeitos com a experiência de compra e com seus tratores novos. A empresa também ofereceu incentivos especiais (bolsas de estudo de horticultura, por exemplo) para segmentos de mercado negligenciados, como pessoas do sexo feminino que tinham a atividade agrícola como passatempo.

Essa estratégia de muita interação deu retornos fantásticos. As vendas da MUSA nos Estados Unidos cresceram em média 40% ao ano, de 1999 a 2006. Isso levou David C. Everitt, presidente da divisão agrícola da Deere, a observar que a Mahindra "poderia um dia passar a Deere em vendas unitárias globais".[8]

A Deere respondeu com incentivos monetários de vida curta (e aparentemente desesperados) para induzir os compradores da Mahindra a trocarem pela Deere. Isso teve o efeito não pretendido de promover a marca M&M ("E nós nem mesmo pagamos por isso", disse Anjou Choudhari, CEO do segmento de equipamentos agrícolas da M&M de 2005 a 2010). A Mahindra reagiu com um anúncio intitulado: "Caro John, encontrei alguém novo."*

Enquanto a Mahindra fazia sucesso crescente nos Estados Unidos, a Deere lutava para se firmar na Índia. Diferentemente da Mahindra, que inovou tanto no produto quanto nos processos para o mercado dos Estados Unidos, a Deere tentou atrair os agricultores indianos com o mesmo produto que havia estabelecido seu sucesso em casa. A estratégia não funcionou e a Deere foi forçada a reestruturar seu pensamento, assim como seu produto (ver Capítulo 8).

"Representamos um alerta para a John Deere", observa Choudhari. "Nossa ameaça global [foi] uma das motivações para a Deere redesenhar um trator de baixa potência – na Índia e para a Índia."[9]

Nesse ínterim, a M&M tornou-se o fabricante número 1 de tratores em todo o mundo, medido pela quantidade de unidades vendidas.

---

* *Nota do Tradutor*: Trocadilho com o nome do concorrente no original em inglês: Deere John (*Deere* do nome da marca com *dear*, no sentido de caro ou querido).

em circunstâncias limitadas, superar obstáculos internos e externos, bem como evitar armadilhas possivelmente letais.

Além da visão geral apresentada neste capítulo, a Parte I do livro contém nossas recomendações em três categorias: em nível estratégico, em nível organizacional e em nível de projeto. A estratégia é nosso foco no Capítulo 2. Vamos explicar por que você deve repensar a estratégia global criando espaço, especificamente, para uma estratégia de inovação reversa. Essa estratégia deve basear-se em uma profunda compreensão sobre as grandes diferenças entre as necessidades do mercado emergente e as necessidades dos países ricos, e as dinâmicas que podem fazer as inovações do mercado emergente fluírem para cima. No Capítulo 3, explicaremos como você deve reformular a organização global mudando pessoas, poder e recursos para mercados emergentes, criando unidades de negócio distintas com scorecards (tabelas de indicadores) distintos nos mercados emergentes e criando uma mentalidade de inovação reversa por toda a empresa. Finalmente, no Capítulo 4 mostraremos como realizar projetos específicos de inovação reversa. Você deve avaliar necessidades, projetar soluções e montar equipes de projeto a partir do zero, e ainda fazer o possível para essas equipes aproveitarem os recursos globais. Além disso, essas equipes devem executar experimentos disciplinados.

Resumimos essas recomendações na "Cartilha de Inovação Reversa" que você encontrará logo após o Capítulo 4.

A Parte II do livro, Capítulos de 5 a 12, consiste de oito estudos de caso profundos que, considerados em conjunto, exemplificam toda a Cartilha de Inovação Reversa. Com base em entrevistas realizadas com os principais diretores, todas as histórias incluem boa parte dos desafios e frustrações que as equipes e seus líderes enfrentam ao longo do processo.

As frustrações certamente são inevitáveis. A trama de geografias e culturas em que você realizará os esforços de inovação reversa provavelmente exigirá adaptações consideráveis e, às vezes, até mesmo certa dose de improviso. Os casos exemplificados na Parte II mostram que você pode ser disciplinado e flexível em sua busca pelas recompensas da inovação reversa.

Após um breve incitamento à ação na conclusão, oferecemos dois apêndices. O primeiro é um kit de ferramentas que você pode utilizar para moldar as conversas sobre inovação reversa em sua própria empresa. O segundo, dirigido a acadêmicos, explica como este livro se baseia em trabalhos anteriores e sugere novos e importantes direcionamentos para pesquisas futuras.

CAPÍTULO 2

Os cinco caminhos da inovação reversa

Para definir a estratégia, é preciso compreender os cinco caminhos mais comuns para a inovação reversa

N O CAPÍTULO 1 descrevemos países como Índia e China como mercados enormes com pequenos consumidores. Alertamos para o fato de que uma pessoa com $10 para gastar conta com um conjunto amplamente diferenciado de desejos e necessidades em relação a 10 pessoas com $1 cada para gastar. Esse é um bom começo, mas colher o benefício integral da inovação reversa requer compreensão muito mais profunda das diferenças entre as necessidades de países pobres e países ricos.

Isso também exige evitar o pressuposto natural e instintivo sobre os caminhos do desenvolvimento econômico. Para entender a armadilha, compare o avanço econômico da Índia com a ascensão econômica anterior dos Estados Unidos.

Em 2010, a renda *per capita* anual nos Estados Unidos era de aproximadamente $47 mil. Na Índia, foi cerca de $3 mil. Mesmo sob a hipótese mais otimista de crescimento econômico, será preciso uma lenta e longa marcha de pelo menos duas gerações para a Índia alcançar os Estados Unidos neste indicador. À medida que for crescendo a renda dos cidadãos indianos, eles procurarão atender a necessidades urgentes. Isso exigirá, por exemplo, mais e melhores equipamentos agrícolas, mais e melhores transportes, mais e melhor refrigeração e mais e melhor entretenimento em casa.

Até agora o pensamento está correto. Mas, para os executivos empoleirados em países ricos, pode ser difícil evitar uma perigosa armadilha no pensamento: "Esses desafios foram enfrentados há muito tempo no mundo rico. Por que seria necessária uma inovação para os mercados emergentes? Por que não podemos exportar os produtos e serviços que já possuímos?"

Infelizmente, esse pensamento é muito simplista. A Índia não seguirá o mesmo caminho de desenvolvimento econômico trilhado pelas nações ricas que a precederam. Em especial, a Índia tem a forte vantagem de poder enfrentar antigos problemas com nova tecnologia. Além disso, mesmo onde as necessidades fundamentais são semelhantes, devem ser tratadas em condições distintas – em diferentes infraestruturas, geografias, culturas, linguagens, governos, e assim por diante.

Devido a essas grandes diferenças, os líderes empresariais que cresceram, trabalharam e estão impregnados pelas tradições dos países ricos, enfrentam um grande desafio. A inovação reversa começa não com o inventar, e sim com o esquecer. Você deve abrir mão daquilo que aprendeu, daquilo que viu e daquilo que lhe trouxe seus maiores sucessos. Você deve abrir mão da lógica dominante que lhe tem sido tão útil nos países ricos. Se deseja utilizar a ciência e a tecnologia de hoje para atender às necessidades não satisfeitas no mundo em desenvolvimento, então deve começar com humildade e curiosidade.

Na verdade, é melhor assumir que você acaba de desembarcar em Marte.

Neste capítulo, daremos um grande salto além da simples e óbvia identificação das diferenças na renda *per capita* ilustrando cinco enormes defasagens nas necessidades que separam os mercados emergentes dos países ricos. Também mostraremos os caminhos pelos quais as soluções que atendem às necessidades do mercado emergente podem fluir para cima.

Como começa a inovação reversa: criando longe de casa

Você pode pensar nas cinco defasagens de necessidades como pontos de partida para as oportunidades de inovação reversa. As cinco defasagens são: defasagem de desempenho, defasagem de infraestrutura, defasagem de sustentabilidade, defasagem de regulamentação e defasagem de preferências. Vamos analisar de perto cada uma delas.

A defasagem de desempenho

Com pouco dinheiro no bolso, os compradores no mundo em desenvolvimento não podem exigir os altíssimos níveis de desempenho a que estamos acostumados nos países ricos. De fato, em muitos casos, não conseguem pagar nem mesmo aquilo que no mundo rico seria considerado produto de segmento inferior. Entretanto, isso não significa que eles não precisem de inovação.

Considere uma linha típica de produtos "bom-ótimo-melhor". O produto bom oferece 80% de desempenho a 80% do preço; o produto ótimo oferece 90% de desempenho a 90% do preço; e o produto melhor, por sua vez, dá 100% de desempenho com 100% do preço.

A coisa mais fácil a fazer, para tentar atender às necessidades nas economias emergentes, é personalizar um pouco o produto bom, talvez reduzindo sua sofisticação para um produto confiável que ofereça 70% de desempenho a 70% do preço. Em geral, porém, esse tipo de oferta consegue pegar apenas uma pequena fatia do mercado.

Em vez disso, as nações em desenvolvimento estão mais ávidas por novas tecnologias de ponta que proporcionem um desempenho decente a um custo bastante baixo; isto é, uma solução que ofereça 50% por apenas 15% do preço. É impossível projetar essa relação radical se você começar com a oferta existente. A única maneira de chegar a uma curva preço-desempenho inteiramente nova é a partir do zero.

A Nokia, por exemplo, conseguiu obter enorme participação de mercado, de 60%, na Índia, desenvolvendo um aparelho de custo extremamente baixo que alguns usuários compram pelo equivalente em rúpias a apenas $5 (com descontos sobre o preço de tabela de $20 a $30, que ainda é uma mera fração do preço de varejo dos telefones mais sofisticados no mundo rico).

Como a Nokia fez isso? Recriando o telefone celular. A empresa cortou custos produzindo somente alguns poucos modelos básicos em um momento em que seus concorrentes globais ofereciam dezenas ou mais. A Nokia fez alguma personalização, como adicionar mensagens de texto no idioma híndi, mas fez isso com software, e não com hardware, em uma abordagem muito menos dispendiosa. Ela também acrescentou funcionalidades ao aparelho, como lanternas potentes, que eram valorizadas por clientes das áreas rurais, por conta do fornecimento irregular de energia elétrica. A Nokia entendeu com clareza as diferenças de necessidades – principalmente a defasagem de desempenho. Ela desenvolveu uma oferta que atendia às necessidades reais a um preço realista.[1]

A defasagem de infraestrutura

O mundo rico conta com uma ampla infraestrutura instalada; já o mundo pobre, não. Os países ricos possuem uma infraestrutura física altamente desenvolvida, como estradas, redes de telecomunicação, usinas de energia elétrica e aeroportos;

infraestrutura social, como escolas, universidades e hospitais; infraestrutura institucional, como bancos, tribunais e mercados de ações. Nas nações pobres, essas bases para o desenvolvimento econômico estão em construção.

Alguém pode naturalmente pensar que a infraestrutura bem desenvolvida do mundo rico seria um trunfo poderoso. Novos produtos podem ser desenvolvidos no mundo rico sob o pressuposto de que uma infraestrutura sólida e confiável já esteja instalada. No entanto, a falta de infraestrutura pode, na verdade, ser uma vantagem no jogo da inovação. Restrições difíceis, como energia elétrica pouco confiável, inspiram soluções criativas que às vezes conduzem a direções inesperadas. Por exemplo, a falta de infraestrutura de assistência médica na Índia inspirou a GE Healthcare a desenvolver avanço na tecnologia para fabricar máquinas portáteis de eletrocardiograma; um desenvolvimento que, desde então, também tem tido impacto no mundo rico (falaremos muito sobre essa história no Capítulo 10).

Existem também grandes diferenças entre países ricos e pobres nos próprios mercados de infraestrutura. De fato, as oportunidades de inovação reversa são especificamente robustas nesta área. Para começar, como os países em desenvolvimento estão construindo suas infraestruturas pela primeira vez, a demanda por serviços de construção é muito grande. O mesmo não ocorre em países ricos, onde os investimentos em infraestruturas novas são adiados até que a infraestrutura atual mostre sinais de envelhecimento. Os países em desenvolvimento são mercados de construção robustos; os países ricos são mercados mornos de reposição.

Além disso, quando os países ricos adotam tecnologias inovadoras de infraestrutura, precisam fazer os novos sistemas compatíveis com os que já existem. Os países ricos estão, portanto, limitados por escolhas feitas décadas atrás. Os países em desenvolvimento, livres de sistemas herdados, têm a flexibilidade de saltar direto para tecnologias mais avançadas.

Em consequência, deparamos com um estado de coisas aparentemente estranho. A infraestrutura é, muitas vezes, penosamente ausente no mundo em desenvolvimento, mas onde ela existe é frequentemente de ponta.

Já existem vários exemplos de nações do Terceiro Mundo com infraestrutura de Primeiro Mundo. De fato, às vezes nos perguntamos quais são os países em desenvolvimento e quais são os desenvolvidos. Pegue um avião no Aeroporto JFK em Nova York com destino a Pequim, compare os aeroportos e você verá a diferença. Ou faça uma ligação pelo telefone celular na zona rural de Vermont e depois na zona rural do Marrocos (um motivo para a Nokia haver conseguido elevada participação de mercado na Índia foi ter construído uma avançada infraestrutura sem fio nas áreas rurais do país).

Os rápidos investimentos em telecomunicação sem fio no mundo em desenvolvimento afetaram mais do que as ligações telefônicas. Os países pobres puderam passar direto para serviços bancários móveis, sem precisar de bancos de tijolo e cimento; além disso, são os primeiros a adotar tecnologias de telemedicina.

A defasagem de sustentabilidade

À medida que cresce a economia mundial, os confrontos entre a atividade econômica e as preocupações ambientais se tornam cada vez mais graves. No entanto, a intensidade não subirá uniformemente em todo o globo. Em uma escala de 1 a 10, a intensidade de determinada dimensão do problema de sustentabilidade, como a qualidade do ar, pode ser 9 em uma parte do mundo e 3 em outra. Em alguns casos, a intensidade é maior no mundo em desenvolvimento.

Veja o caso dos graves problemas de poluição do ar na China. A título de comparação, em uma escala de qualidade do ar que vá de 1 a 500 (onde 1 é mais limpo e 500, o mais poluído), Pequim muitas vezes atinge a marca de 500; uma pontuação de 100 seria inaceitável nos Estados Unidos. Não admira que a China esteja tão interessada em carros elétricos.

O conceito de carro elétrico é centenário, mas tem se mantido impraticável pela falta de uma bateria eficaz em termos de custo. As empresas locais estão enfrentando o desafio. Uma empresa pouco conhecida sediada em Shenzhen, chamada BYD, anunciou um carro elétrico abastecido na tomada com uma bateria de íon de lítio de fosfato ferroso – um nome pouco atraente para o que os investidores esperam ser uma bateria atraente. Uma indicação de como essa empresa é promissora: Warren Buffett comprou 10% de participação no negócio ($230 milhões).

Se os 5,8 bilhões dos pobres do mundo consumirem e produzirem bens de uma forma que não seja ambientalmente saudável, os resultados serão catastróficos para os países pobres – e para o planeta. A única maneira de os países pobres conseguirem um crescimento econômico sustentável é através de soluções "verdes". Em consequência, os mercados emergentes saltarão direto para a próxima geração de várias tecnologias amigáveis com o meio ambiente.

A defasagem de regulamentação

A legislação é uma faca de dois gumes. Um novo regulamento quase sempre surge na ocorrência de uma fatalidade ou de um "mau" comportamento em algum mercado que, em retrospecto, foi considerado demasiadamente livre. O mundo rico, por conta de sua economia mais antiga e de suas tradições culturais e jurídicas, conta com sistemas regulatórios avançados que, quando aplicados de forma eficaz, mantêm os mercados confiáveis e os consumidores e locais de trabalho seguros. Porém, os sistemas de regulamentações também podem ser barreiras desnecessárias a inovações quando se tornam confusos, tecnologicamente obsoletos ou tomados por interesses particulares que buscam manter o *status quo*. Sob tais condições, as inovações no mundo em desenvolvimento podem desfrutar das vantagens de menor atrito e progresso mais rápido (ao fazer essa observação, não sugerimos que os baixos níveis de regulamentação em um mercado emergente sejam uma coisa boa ou má; eles são o que são, e podem às vezes propiciar um meio vantajoso para certas inovações).

A Diagnostics For All, por exemplo, é uma empresa iniciante da área de Boston que tem desenvolvido testes para diagnóstico em papel, do tamanho de um selo postal. Quando os produtos químicos incorporados no papel reagem com sangue, urina, saliva ou suor, o papel muda de cor. Trata-se de uma alternativa rápida, simples e barata às máquinas de diagnóstico, que custam dezenas de milhares de dólares e produzem resultados que exigem a interpretação de especialistas. Apesar do interesse despertado por esse tipo de produto nos mercados do mundo rico, a Diagnostic For All optou por comercializar primeiro sua tecnologia no mundo em desenvolvimento, onde a empresa poderia contornar o lento e penoso processo de aprovação da U.S. Food and Drug Administration* e contornar a resistência à mudança (e até mesmo as pressões hostis) dos interesses estabelecidos, que contam com os elevados reembolsos vinculados aos equipamentos caros.

A defasagem de preferências

Um dos aspectos mais agradáveis de se viajar pelo mundo está em descobrir, de país para país, a rica diversidade de gostos, hábitos e rituais. Muitas vezes, essa diversidade é revelada em produtos de consumo aparentemente banais, como os salgadinhos. Muitas das bases nutricionais que ancoram as dietas nos países em desenvolvimento raramente são consumidas no mundo rico. Na Índia, por exemplo, a PepsiCo está desenvolvendo novos salgadinhos que não se baseiam em milho (onipresente no mundo rico), e sim em lentilhas – dificilmente um alimento que a maioria dos americanos esteja acostumada a comer (ver Capítulo 11).

---

* *Nota do Tradutor*: O FDA (Food and Drug Administration) é o órgão governamental americano responsável pelo controle e fiscalização de alimentos, medicamentos, cosméticos e equipamentos médicos nos Estados Unidos.

Conforme sugerem essas defasagens substanciais, os clientes do mundo em desenvolvimento têm problemas que ainda não foram resolvidos no mundo rico (ver Tabela 2-1). Além disso, os países pobres podem desfrutar do luxo relativo de enfrentar seus desafios com tecnologias modernas que não estavam disponíveis quando os países ricos enfrentaram necessidades semelhantes, décadas atrás.

TABELA 2.1

Por que a inovação reversa deve ser uma inovação completamente nova

As cinco defasagens de necessidades entre as economias emergentes e o mundo rico são tão substanciais que as necessidades da economia emergente apenas raramente conseguem ser atendidas com adaptações nos produtos do mundo rico.

Defasagem	Descrição	Implicação	Exemplo
Desempenho	Por conta de sua baixa renda, os clientes nos países pobres estão preparados para fazer sacrifícios significativos em termos de desempenho – pelo preço correto.	Projete uma solução que forneça 50% de vantagem, a 15% do preço.	Telefones celulares Nokia
Infraestrutura	As infraestruturas nos países ricos já foram totalmente construídas; as infraestruturas na economia emergente estão em construção.	Em primeiro lugar, os clientes em países pobres necessitam de soluções que não dependem de infraestrutura confiável. Em segundo lugar, os construtores de infraestrutura nos países pobres podem imediatamente adotar soluções com tecnologia de ponta.	Máquinas de eletrocardiograma portáteis e alimentadas por bateria para uso onde a energia elétrica não é confiável. A telecomunicação na Índia saltou direto para a tecnologia sem fio na ausência de um sistema de telefones fixos.
Sustentabilidade	Os países pobres enfrentam muitos dos desafios mais assustadores em termos de sustentabilidade do planeta.	Os países pobres estão muitas vezes mais ansiosos do que os ricos pela próxima geração de soluções ambientais.	Carros elétricos na China.
Regulamentação	Os sistemas de regulamentação em economias emergentes são menos desenvolvidos e apresentam menos atrasos quando uma empresa está trazendo soluções inovadoras para o mercado.	Os novos produtos podem passar primeiro pelos obstáculos da regulamentação em países pobres.	Diagnostics For All
Preferências	Cada país tem gostos e preferências distintos.	Os esforços de inovação precisam levar em conta essas diferenças.	A prevalência de alimentos à base de lentilha na Índia.

Portanto, aproveitar oportunidades no mundo pobre significa começar do zero. A inovação reversa é o que chamamos de inovação *completamente nova*.

Completando o ciclo de inovação reversa: ganhando em todos os lugares

Até agora, nossa mensagem tem sido bem simples:

1. Existem grandes oportunidades no mundo em desenvolvimento.
2. Os países em desenvolvimento são diferentes – não apenas um pouco, mas muito diferentes.
3. Os inovadores ganham; os exportadores perdem.

Esse é um bom começo, mas não é a mensagem completa, porque não dá a devida atenção à total consequência da inação. Deixar de fazer inovação reversa não é apenas perder uma oportunidade no exterior. Os riscos podem ser muito mais ameaçadores do que isso. Uma perda no exterior pode levar a uma perda ainda maior em casa.

Por quê? Porque, embora a inovação reversa seja adotada primeiramente no mundo em desenvolvimento, esse não é o fim da história. A economia global está ricamente interligada. As inovações reversas podem ter impacto global. Em última análise, elas têm o potencial de migrar de países pobres para os ricos.

Essa migração vai, à primeira vista, contra a intuição. Afinal, a grande defasagem nas necessidades representa, na verdade, aquilo que cria oportunidade para inovações nos mercados emergentes. Dadas essas defasagens, como é que essas inovações poderiam fluir para cima?

Acreditamos que existem dois mecanismos distintos. As inovações reversas se tornam atraentes para o mundo rico através do *mercado marginalizado de hoje* ou do *mercado convencional de amanhã*.

Mercados marginalizados de hoje

No mundo rico, os mercados marginalizados são malservidos ou ignorados não porque não precisem de inovação, mas por serem muito pequenos para justificar um investimento oneroso na inovação. Mas e se para cada cliente possivelmente marginalizado no mundo rico houver outros 50 clientes semelhantes no mundo em desenvolvimento? Quando um mercado anteriormente visto como marginal é multiplicado por 50, de repente parece muito mais interessante.

O segmento bem inferior do mercado automotivo no mundo rico tem sido, há muito tempo, marginalizado. Companhias como a Ford e a Audi têm direcionado seus esforços de inovação para a faixa de clientes ricos ou de classe média. Os compradores pobres ficam com aquilo que sobrar após a retirada dos recursos que não conseguem pagar. Esta pode parecer uma abordagem sensata, mas só faz sentido para um executivo com viseiras do mundo rico. O segmento inferior do mercado é uma mina de ouro, não uma cidade fantasma, se seu ponto de observação for Nova Deli em vez de Detroit.

Em 23 de março de 2009, a divisão automotiva do lendário conglomerado de negócios indiano, Tata, lançou o Nano. Por pouco mais de $2 mil, Nano é, de longe, o carro mais barato do mundo. A Tata praticou a *engenharia frugal*: questionou cada pressuposto tradicional da indústria para alcançar sua posição de custo extremamente baixo, usando projetos inteligentes, novos materiais e parcerias com fornecedores. Súbita e drasticamente, o lançamento mudou o tamanho e a composição do mercado automotivo na Índia. Por algumas estimativas, o Nano tornará possível a compra de um carro por mais de 65% de indianos da classe média, todos ávidos por uma alternativa mais segura às bicicletas motorizadas.

Trata-se de uma enorme oportunidade. Não obstante, ela foi negligenciada não apenas por um ou dois fabricantes de automóveis do mundo rico, mas por todos eles. Essas montadoras não perderam apenas uma oportunidade; puseram-se em risco perto de casa. A Tata Motors planeja ampliar a plataforma Nano e lançar o carro na Europa e nos Estados Unidos. É provável que a Tata venha a se tornar um temível novo concorrente no segmento mais baixo do mercado, desafiando gigantes da indústria como Honda e Ford.

De forma semelhante, o setor bancário também tem ignorado o segmento inferior do mercado. Muhammad Yunus aproveitou a oportunidade fundando o Grameen Bank de Bangladesh e desencadeando a revolução do microcrédito (e, em 2006, levando para casa o Prêmio Nobel da Paz). Para permitir que o pobre inicie pequenos negócios, a Grameen faz empréstimos minúsculos, que são muito pequenos para se mostrar rentáveis para os grandes bancos.

Em cada aspecto do negócio, Yunus desafiou a sabedoria convencional dos grandes bancos comerciais. Os bancos emprestam aos ricos; o Grameen empresta aos pobres. Os bancos emprestam aos homens; o Grameen empresta às mulheres. Os bancos operam em zonas urbanas; o Grameen opera em áreas rurais. Os bancos pedem garantias; o Grameen trabalha com a confiança. Os bancos têm contratos legais; o Grameen se baseia na pressão dos pares (se o membro de um grupo não paga, deixam de ser liberados empréstimos para todo o grupo). Desde a sua criação, em 1983, o Grameen emprestou mais de $9 bilhões, com índice de quitação de empréstimo de 98%. O banco teve lucro todos os anos, exceto 1983, 1991 e 1992.

Desde seu início em Bangladesh, o modelo de banco de microcrédito se espalhou por mais de uma centena de países. Hoje, ele ainda conquistou posição em um mercado bancário marginalizado nos Estados Unidos: os bairros pobres da cidade de Nova York.

Mercados convencionais de amanhã

Quando a inovação reversa atinge mercados tradicionais, torna-se uma força poderosa: aquela que detém tremendas oportunidades para as pessoas com os olhos abertos e riscos terríveis para os participantes atuais com olhos fechados. Os negócios estabelecidos perdem algo muito mais importante do que oportunidades. Eles passam a perder posições de mercado há muito conquistadas.

As inovações reversas nem sempre fluem para cima para mercados tradicionais, mas as circunstâncias ficam maduras sempre que existe uma tendência que lentamente atenda à defasagem de necessidades. Graças à defasagem, a inovação do mundo pobre não será atraente nos mercados tradicionais do mundo rico *no dia em que é lançada*. Por causa da tendência, ela eventualmente se torna atraente (veja "O Ultrassom da GE Flui para Cima").

O Ultrassom da GE flui para cima

Como uma inovação "Made in China", para a China, encontrou seu caminho para os mercados do mundo rico

Da próxima vez que você visitar seu médico para fazer um checkup de rotina, não fique surpreso se ele colocar de lado o estetoscópio. Esse dispositivo antigo vem, há muito tempo, ajudando os diagnosticadores habilidosos a identificar um sem-número de doenças. No entanto, em breve seguirá o caminho da máquina de escrever. A habilidade de ouvir dentro do corpo humano é poderosa, mas a capacidade de ver é transformadora. A tecnologia de imagens médicas avançou atualmente a ponto de cada médico poder carregar seu aparelho de ultrassom no bolso do casaco.

Em 2010, a GE Healthcare lançou o Vscan, um aparelho de imagens do tamanho de um celular baseado na tecnologia de ultrassom. O aparelho portátil, fácil de usar e alimentado por bateria, pode provocar uma revolução na medicina. Ele pode ampliar os benefícios das imagens sofisticadas, a um custo extremamente baixo, para muitos milhões de pacientes no mundo todo.

Apesar desse potencial, o mais interessante a respeito do Vscan não é a mágica de sua tecnologia diminuta, mas sua genealogia: a GE plantou as sementes para a criação do dispositivo em 2002, quando desenvolveu seu primeiro aparelho de ultrassom compacto na China. Ele é um dos primeiros exemplos de como uma inovação reversa transformadora consegue completar a jornada migratória desde atender às necessidades de um mercado emergente até encontrar lugar no mundo rico – ambos em mercados marginalizados de hoje e nos mercados convencionais de amanhã.

A Ge Healthcare tem sido uma das principais fornecedoras de equipamentos de ultrassom grandes, poderosos e de preço elevado desde a década de 1980. Visando estimular o crescimento, a empresa procurou mercados adicionais no exterior. A China, com sua população de mais de 1 bilhão de habitantes, oferecia enorme potencial. Assim, a empresa fez o que parecia natural: criou um centro de vendas e distribuição na China, com o objetivo de distribuir produtos globais localmente.

Esse foi um movimento clássico de glocalização. Após 10 anos no mercado, a GE Healthcare não conseguiu desbloquear o potencial da China. As vendas foram de apenas $5 milhões (insignificantes em termos de GE) e o crescimento foi lento. A empresa continuou sendo um participante marginal nesse mercado.

Tudo isso mudou durante a primeira década do século XXI. Em 2002, a GE lançou seu primeiro scanner portátil de ultrassom na China. Em 2008, o produto era ofertado por apenas $15 mil, apenas 15% do custo do segmento mais baixo de unidades tradicionais de ultrassom. Claro que o desempenho não era tão bom, mas certamente era muito melhor do que uma solução com 15% de desempenho, e desde então tem melhorado bastante.

Como a GE Healthcare chegou lá? Abandonando o modelo de glocalização e reconhecendo que a inovação reversa era a única maneira para atender às necessidades exclusivas desse mercado:

- **Custo extremamente baixo.** Mais de 90% da população chinesa é atendida por hospitais mal financiados e de baixa tecnologia ou por clínicas básicas em aldeias rurais. Para esses pacientes, o custo da assistência médica é sua primeira preocupação.
- **Portabilidade.** As clínicas das áreas rurais não contam com tecnologia de imagens sofisticadas, e o transporte para hospitais urbanos é difícil, principalmente para os doentes. Muitos pacientes na China não podem viajar até a máquina de ultrassom; assim, a máquina deve ser capaz de viajar até eles.

- **Facilidade de uso.** Os médicos rurais chineses não são especialistas em campos específicos, como costuma acontecer no mundo rico. Na verdade, eles devem ser "pau para toda obra". Eles precisam de aparelhos de ultrassom que sejam muito fáceis de usar.

A GE confiou o desenvolvimento da máquina chinesa de ultrassom a Omar Ishrak, um líder com experiência global (atualmente, Ishrak é CEO da Medtronic). Ishrak tinha influência suficiente para assegurar a autonomia de uma equipe de engenharia local com seu próprio orçamento e para facilitar o acesso da equipe aos necessários recursos globais. A equipe conseguiu construir com base em uma inovação conceitual de um grupo de desenvolvimento de produto da GE em Israel que descobriu economias radicais de custo ao transferir o músculo operacional da tecnologia de ultrassom do caro hardware personalizado para o bem menos oneroso software.

Hoje, a máquina portátil é o motor de crescimento do negócio de ultrassom da GE na China. Entre 2002 e 2008, as vendas no mundo todo de produtos portáteis de ultrassom dispararam de $4 milhões para aproximadamente $278 milhões, uma taxa média de crescimento anual composta de 50% a 60%. E, para os membros da equipe que fizeram o trabalho de engenharia, há a satisfação de saber que melhoraram as condições de vida de milhões de pessoas. Em muitos países pobres, onde a morte de mães e bebês ainda é comum, mulheres que precisavam viajar de 24 a 36 horas de ônibus para chegar a um hospital estão agora fazendo exames de ultrassom em suas próprias aldeias.

Esses resultados foram recompensadores, mas não representam a história toda. Uma agradável surpresa para Ishrak e seus colegas foi a facilidade imediata com que conseguiram encontrar oportunidades para o novo aparelho no mundo rico. Essas oportunidades estavam em mercados marginalizados (mercados no mundo rico que, por si sós, eram muito pequenos para justificar um grande esforço de inovação):

- **Paramédicos.** Hoje, graças ao desenvolvimento de aparelhos compactos de ultrassom, os paramédicos conseguem utilizar imagens de ultrassom em suas ambulâncias e em acidentes em locais distantes.
- **Salas de emergência.** Como os aparelhos de ultrassom são portáteis e fáceis de usar, os médicos conseguem fazer diagnósticos rápidos (por exemplo, localizando hemorragias internas e coágulos de sangue) antes de decidir se o paciente deve realizar exames mais caros.
- **Salas de cirurgia.** Os anestesistas usam aparelhos compactos de ultrassom para guiar a colocação de agulhas e cateteres para a aplicação de anestesia antes da cirurgia.

A inovação reversa pode também, após um período, ter impacto nos mercados tradicionais, sempre que há uma tendência que preencha a defasagem de necessidades. Nesse caso, as constantes melhorias tecnológicas fazem exatamente isso. Entre 2002 e 2011, a GE melhorou a qualidade de imagem dos aparelhos compactos de ultrassom a ponto de os consumidores tradicionais ficarem cada vez mais fascinados. Os modelos portáteis especiais de preço mais elevado baseados no PC podem agora realizar funções de cardiologia, radiologia e obstetrícia que antes exigiam uma máquina muito mais cara.

Considerando a poderosa meta social de controlar os custos da assistência médica, os Estados Unidos e outros mercados desenvolvidos terão amplo incentivo para adotar uma tecnologia de custos menores que fornece um desempenho quase igual ao de modelos especiais mais caros. O investimento de uma década da GE em ultrassom portátil certamente foi iniciado em antecipação ao dia em que a expansão geral do mercado iria compensar a ameaça de canibalização.

O intervalo de tempo entre o lançamento de um novo produto em um país pobre e o desenvolvimento de uma demanda robusta no mundo rico é exatamente o que torna a inovação reversa tão arriscada aos atuais participantes no mercado. No momento em que percebem não ter visto uma gigantesca mudança em seu setor de atividade (que teve origem no mundo em desenvolvimento), eles estão anos atrás em habilidade, experiência e capacidade industrial (ver Tabela 2.2).

TABELA 2-2

Inovações reversas fluem para cima de duas maneiras

Destino	Período	Força motriz	Consequências da inação	Exemplo
Mercado marginalizado	Imediato	Nichos de mercado no mundo rico com necessidades semelhantes às do mercado de massa nos países pobres	Oportunidade perdida	Microcrédito em bairros pobres na cidade de Nova York
Mercado convencional de amanhã	Com atraso	Uma tendência que preenche a defasagem de necessidades	Erosão, possivelmente grave, da posição existente no mercado do mundo rico	Aparelhos portáteis de ultrassom que melhoram seu desempenho a ponto de conseguir competir com aparelhos tradicionais

Tendências que preenchem as defasagens de necessidades

As tendências que preenchem as defasagens não são difíceis de enxergar, se você souber o que está buscando. Vamos rever as cinco defasagens.

Como se preenche a defasagem de desempenho

Uma solução que fornece 50% do desempenho a 15% do preço pode não ser muito atraente para o mundo rico, onde nada menos do que uma solução a 80% seria necessário. Mas as novas tecnologias sempre são aperfeiçoadas, muitas vezes de forma rápida e implacável. As trajetórias do avanço tecnológico são as tendências que, com mais frequência, preenchem as defasagens de desempenho. Soluções a 50% podem tornar-se soluções a 90% dentro de apenas poucos anos. E *voilà*! Os clientes do mundo rico estão de repente muito interessados.[2]

Considere os netbooks. Esses laptops pequenos, leves, ultraportáteis e de baixo custo são uma mania nos Estados Unidos e em outros países ricos. Embora tenham chegado com muito menos fanfarra do que o iPad da Apple, os netbooks representam uma enorme oportunidade global, um segmento em rápido crescimento dentro da outrora estagnada indústria dos PCs. Os netbooks combinam as melhores características dos laptops e dos smartphones, oferecendo uma ampla gama de aplicações na Web, uma tela de tamanho confortável, um teclado real e fácil portabilidade.

Você esperaria que os primeiros usuários dos netbooks fossem do mundo rico, mas não foi isso que aconteceu. As sementes para a revolução dos netbooks foram lançadas no mundo em desenvolvimento. Primeiro veio a iniciativa One Laptop Per Child (OLPC)* em 2006, que visou disponibilizar um laptop de custo extremamente baixo para alunos nos países pobres. O laptop foi concebido pelo MIT Media Lab e fabricado pela Quanta Computer. Ele atingiu o preço incrivelmente baixo de $175.

Inspirada, em parte, pelo OLPC, a multinacional de Taiwan Asus, maior fabricante mundial de placas-mãe para PC, também projetou seu netbook para países em desenvolvimento. O Eee PC (os três *Es* são de *Fácil – Easy* – para estudar, trabalhar e brincar) teve preços a partir de $200. A partir de então, foi apenas uma questão de tempo para que a tecnologia melhorasse, a qualidade aumentasse e as vendas de netbook decolassem nos países ricos.

Os orçamentos cada vez mais apertados no mundo rico também podem ajudar a preencher a defasagem de desempenho, tornando o desempenho

---

* *Nota do Tradutor*: No Brasil, projeto Um Computador por Aluno (UCA).

"suficientemente bom" mais aceitável em certos contextos. Na área da saúde, por exemplo, onde a taxa de crescimento das despesas se tornou insustentável, soluções como a tecnologia de ultrassom portátil da GE ou as cirurgias cardíacas de custo extremamente baixo do Narayana Hrudayalaya já ganharam ou inevitavelmente ganharão força de tração nos mercados convencionais.

Como se preenche a defasagem de infraestrutura

Veja o caso do setor energético. Os países pobres têm a oportunidade de saltar para a infraestrutura do século XXI porque contam com pouca infraestrutura de energia com que começar. Eles estão construindo quase do zero e, assim, já podem investir, desde agora, em tecnologia mais avançada.

Em comparação, os Estados Unidos fizeram investimentos gigantescos na infraestrutura de energia do século XX: maciças centrais elétricas, extração e refino de combustível fóssil e uma ampla rede de transmissão e de distribuição. Essa infraestrutura foi construída quando a energia renovável era cara e impraticável, os combustíveis fósseis eram baratos e as preocupações com mudanças climáticas eram inexistentes. Muitos desses sistemas possuem décadas de vida útil restante e seus proprietários não vão querer que esses recursos se tornem obsoletos. As companhias de energia dos Estados Unidos investirão nos renováveis, mas exigirão projetos que melhorem (e não substituam) a infraestrutura existente.

A tendência que preenche essa defasagem é o envelhecimento gradual da infraestrutura do mundo rico. No final, o mundo rico adotará a inovação – quando chegar a hora de trocar seus ativos existentes.

O desenvolvimento da infraestrutura de energia na Índia ilustra como os mercados emergentes poderão saltar à frente. A maioria da população da Índia (quase 750 milhões de habitantes) ainda não tem acesso à rede de energia elétrica. À medida que a Índia constrói sua infraestrutura, o país não vai apenas seguir o modelo dos países ricos. É muito mais provável que a Índia salte para a próxima geração.

As fontes de energia renovável, por exemplo, representarão uma parte crucial, e não periférica, da solução energética da Índia. Nas décadas de 2020 e 2030, a proporção de energia derivada de energia solar e eólica será pelo menos cinco vezes maior do que a proporção nos Estados Unidos. E onde a energia solar ou eólica for inadequada, a Índia utilizará turbinas movidas a gás natural ou biogás, que representam menos de um centésimo do tamanho daquelas utilizadas no mundo rico. Em vez de grandes centrais elétricas, a Índia poderá favorecer milhares de pequenas unidades, todas interligadas por uma nova geração de "rede inteligente" que possa lidar com as complexas flutuações de oferta e demanda.

Estamos testemunhando tendência semelhante na China. Em 2003, o país não tinha presença de energia solar. Hoje, é líder mundial. Desde 2006, a China dobrou sua capacidade de energia eólica a cada ano.

Se as multinacionais não assumirem a liderança em moldar o setor energético em lugares como China e Índia, elas se tornarão meros expectadores enquanto concorrentes locais (como as empresas de energia eólica Goldwind e Suzlon, respectivamente) florescem não apenas nos mercados emergentes, mas, no final, em todos os lugares do mundo.

Vemos a mesma dinâmica atuando em termos de "infraestrutura pessoal", como carros. O mercado de carros elétricos provavelmente crescerá mais rapidamente na China do que em países ricos, pelo simples motivo de que a maioria dos consumidores chineses ainda não possui automóvel. Para muitos, seu primeiro veículo será elétrico. A maioria dos compradores do mundo rico possui veículos de combustão interna e evitará trocá-los de forma prematura. Certamente, os veículos elétricos podem enfrentar outros desafios (principalmente nos Estados Unidos) com base na percepção de que esses veículos não apresentam a potência e o desempenho dos carros movidos à gasolina. Quando mudarem essas atitudes incorporadas, os carros elétricos obterão ampla aceitação.

Se a GM e a Toyota quiserem antecipar-se à BYD em um mercado futuro crucial, precisarão da inovação reversa hoje. De fato, em maio de 2010, a BYD entrou em uma joint venture com a montadora alemã Daimler para desenvolver um carro elétrico para o mercado chinês. A experiência em engenharia e projeto da Daimler poderia dar para a BYD o potencial para competir amplamente, incluindo o mundo desenvolvido. A Daimler, por sua vez, ganhará experiência na tecnologia de baterias e visão em um mercado em expansão.

Como se preenche a defasagem de sustentabilidade

Os países pobres, por enfrentarem alguns dos impactos ambientais mais intensos do mundo, provavelmente se tornarão as incubadoras de hoje para as novas indústrias verdes de amanhã em campos tão diversos quanto gestão de resíduos, agricultura sustentável e purificação da água. A tendência que preencherá a defasagem é a inevitabilidade do aumento das pressões sobre a sustentabilidade no mundo rico.

Considere a crise da água que muitos especialistas preveem para um futuro não muito distante no deserto sudoeste dos Estados Unidos. Os habitantes de Phoenix e Las Vegas podem sentir-se aliviados ao saber que a GE já está trabalhando no problema – não para Phoenix ou Las Vegas, mas para a cidade de Argel, onde a empresa concluiu sua maior usina de dessalinização. Com todo o Mediterrâneo servindo agora como reservatório, os moradores dessa cidade seca estão vivendo, pela primeira vez, sem racionamento de água.

Como se preenche a defasagem de regulamentação

Os países pobres saltam à frente quando podem oferecer rápida aprovação do governo e resistência mínima de interesses escusos. No final, os regulamentos do mundo rico evoluem, permitindo que as inovações ocorram em meio ao emaranhado regulatório, quando, então, a defasagem é preenchida. Quando a empresa iniciante Diagnostics For All atender aos regulamentos dos Estados Unidos, entrará no mercado já tendo aperfeiçoado seu produto, obtido experiência e com ganhos de escala.

Como se preenche a defasagem de preferências

Quando uma tendência social preenche uma defasagem nas preferências, as inovações originalmente desenvolvidas para países pobres vêm para o mundo rico. A saber: o frango tikka masala é agora o fast-food número 1 no Reino Unido! De forma mais ampla, os países ricos estão cada vez mais interessados em alimentos naturais e ingredientes saudáveis. Acontece que muitos dos alimentos básicos no mundo em desenvolvimento são exatamente isto: naturais e saudáveis.

A Procter & Gamble lançou, em 2003, um novo remédio contra a tosse, de venda livre a consumidores de baixa renda, no México. VickMiel é um xarope para tosse com mel natural no lugar de aromatizantes artificiais. Ele se destina a consumidores que preferem soluções homeopáticas para tosse e constipações. O produto foi inicialmente lançado no México e depois levado para outros países da América Latina. Começando em 2005, a P&G trouxe seu produto para os países desenvolvidos, incluindo Estados Unidos, Grã-Bretanha, França, Alemanha, Itália e Suíça, a um preço inferior do que o principal produto Vicks da P&G: o Vicks Formula 44. O novo produto teve um sucesso considerável, na medida em que atraiu os clientes de países ricos que se preocupam com os preços ou que preferem ingredientes naturais (ver Tabela 2-3).

A dinâmica da inovação reversa, caracterizada pelas cinco defasagens de necessidades e pelas tendências que podem preenchê-las, deve tornar-se parte do diálogo estratégico que ocorre dentro de todas as multinacionais. No próximo capítulo, veremos os passos específicos que as empresas globais devem seguir para desenvolver uma mentalidade de inovação reversa.

TABELA 2-3

Tendências que preenchem as cinco defasagens de necessidades

Defasagem	Descrição	Tendência
Desempenho	Por causa de seus baixos rendimentos, os clientes em países pobres estão preparados para fazer sacrifícios significativos em termos de desempenho; a um preço justo.	Em primeiro lugar, melhorias tecnológicas aumentam o desempenho a ponto de os clientes do mundo rico ficarem interessados. Em segundo lugar, orçamentos mais apertados nos países ricos forçam que sejam levadas em consideração as opções de preços extremamente baixos.
Infraestrutura	As infraestruturas do mundo rico estão totalmente construídas; as infraestruturas nas economias emergentes estão em construção.	A infraestrutura envelhecida no mundo rico precisará ser substituída.
Sustentabilidade	Os países pobres enfrentam muitos dos desafios de sustentabilidade mais assustadores do planeta.	As pressões quanto à sustentabilidade aumentam no mundo rico.
Regulamentação	Os sistemas de regulamentação nas economias emergentes são menos desenvolvidos e apresentam menos atrasos quando uma empresa está trazendo soluções inovadoras para o mercado.	Os governos no mundo rico acabarão aprovando novas tecnologias ou revisando exigências da regulamentação atual.
Preferências	Cada país tem gostos e preferências distintos.	Os clientes no mundo rico são influenciados pelas preferências nos países pobres.

Resumo das principais ideias

1. É impossível abraçar plenamente as oportunidades de crescimento no mundo em desenvolvimento sem desenvolver novas soluções a partir do zero. A inovação reversa é uma *inovação completamente nova*.
2. Cinco grandes defasagens distinguem as necessidades do mercado emergente das necessidades conhecidas do mundo rico: a defasagem de desempenho, a defasagem de infraestrutura, a defasagem de sustentabilidade, a defasagem de regulamentação e a defasagem de preferências.
3. As inovações reversas podem fluir para cima penetrando nos *mercados marginalizados* do mundo rico ou, com mais consequências, atingindo os *mercados convencionais* após um intervalo de tempo durante o qual a tendência preenche a defasagem entre as necessidades do mundo rico e as do mundo pobre.

CAPÍTULO 3

Mudar a mentalidade

As próprias melhores práticas organizacionais que até agora vinham permitindo o sucesso das empresas globais, ficam na verdade no caminho da inovação nos mercados emergentes

NAS DÉCADAS DE 1970 E 1980, a maioria das empresas globais dividiu o mundo em três segmentos: Estados Unidos e Canadá, Europa Ocidental e Japão. Se havia um quarto segmento, ele era "o resto do mundo" – e era considerado irrelevante.

O resto do mundo não é mais irrelevante. No entanto, as multinacionais do mundo desenvolvido (em especial as mais bem-sucedidas) consistentemente sofrem nos mercados emergentes. Por quê? A resposta simples é que as empresas globais estão aprisionadas em seu passado. Ele colore a maneira de pensar. E, se elas não conseguirem superar sua história, esta colorirá seu futuro com a cor monótona da decepção.

Neste capítulo, analisamos como as empresas multinacionais veem o mundo. Infelizmente, elas tendem a vê-lo através das lentes de refração da lógica dominante: mentalidades construídas pelo que vivenciaram no passado, tanto em seus mercados domésticos quanto em outros lugares no mundo desenvolvido.

Definimos lógica dominante como as ortodoxias variadas que governam o pensamento dos principais tomadores de decisão empresariais. A lógica dominante está profundamente mantida, amplamente compartilhada e arraigada no comportamento e na experiência do passado.

Os executivos são naturalmente motivados a repetir as ações que acreditam ter gerado sucesso. Se o sucesso continua, em algum momento a organização como um todo cruza uma linha: em vez de conscientemente repetir essas ações, aceita-as, de forma inconsciente, como indiscutivelmente correto. Essa certeza fica incorporada não apenas na mente dos executivos, mas também nas relações, nos processos de planejamento, sistemas de avaliação de desempenho, estruturas organizacionais, políticas de recursos humanos e padrões de comunicação que fazem a empresa funcionar.

As ortodoxias são espadas de dois gumes. Por um lado, a lógica dominante que dá sustentação à glocalização é uma força poderosa com contínua relevância. Entretanto, a lógica dominante, se não for contestada, torna-se uma barreira que se impõe sozinha e que limita o sucesso das multinacionais em sua busca de oportunidades no mercado emergente.

Pode fazer parte da natureza humana prever um futuro que se assemelhe ao passado. No entanto, acreditamos que a prisão do passado é o maior obstáculo para se conseguir dominar a disciplina da inovação reversa. O filósofo George Santayana escreveu uma frase memorável: "Aqueles que não se lembram do passado estão condenados a repeti-lo." Com todo o respeito, modificaríamos essa citação para: "As empresas multinacionais que não conseguem *seletivamente esquecer-se* do passado estão condenadas a repeti-lo, ainda que o mundo à sua volta mude."

A primeira metade deste capítulo explica por que a lógica dominante torna o sucesso tão fugaz; a segunda metade apresenta estratégias testadas em campo para se escapar da prisão e mudar a mentalidade.

Como o pensamento antiquado inibe a inovação reversa

Essa mudança de ênfase de *exportar para mercados emergentes* para *inovar para mercados emergentes* é uma mudança cultural significativa. Se você pretende adotar a inovação reversa, e se pensa em incorporar no diálogo estratégico as cinco defasagens de necessidades e as tendências que as preenchem, precisa primeiro remover os pressupostos incorporados, as armadilhas e os medos que se interpõem no caminho.

Para tanto, o primeiro passo implica reconhecer a existência desses pressupostos tóxicos, armadilhas e medos. Você tem de estar completamente ciente da atual lógica dominante.

Nós descobrimos que a melhor maneira de avaliar a lógica dominante de sua própria empresa consiste em considerar uma série de modelos cada vez mais sofisticados de mercados emergentes e o respectivo papel na economia global. O que você quer é que todos em sua organização alcancem o nível mais elevado de sofisticação, o nível 5 de pensamento. Mas em que nível está sua equipe atualmente? Onde estão situados os membros de sua equipe na seguinte escala de negação?

Nível 1 de pensamento. Só o mundo rico é importante. Os países pobres são pobres demais para merecer alguma preocupação a respeito.

Nível 2 de pensamento. Em países pobres há uma oportunidade de vender nossas ofertas no topo da pirâmide econômica. Esse mercado se expandirá lentamente, à medida que as nações pobres forem ficando cada vez mais ricas.

Nível 3 de pensamento. Os clientes nos mercados emergentes possuem necessidades diferentes. Teremos de personalizar nossos produtos e serviços existentes.

Nível 4 de pensamento. Os clientes nos mercados emergentes têm necessidades amplamente diferentes. Para aproveitar a oportunidade, teremos de projetar novos produtos e serviços a partir do zero.

Nível 5 de pensamento. Os riscos são globais, não locais.

Vamos analisar mais de perto esses cinco níveis, um de cada vez.

Nível 1 de pensamento: Países pobres são irrelevantes

Felizmente, poucas empresas globais permanecem presas no nível 1. Os fatos e os números são mais do que suficientes para superar essa mentalidade. As empresas globais que querem crescer precisam ir para onde o crescimento está: nos mercados emergentes.

Nível 2 de pensamento: Apenas aguente firme

O nível 2 de pensamento, por outro lado, ainda é preponderante. Ele está enraizado no pressuposto que abordamos no Capítulo 2: as economias emergentes estão envolvidas em um processo *gradual de se aproximar* do mundo rico, seguindo o mesmo caminho de desenvolvimento.

Essa é uma crença reconfortante, pois alivia as ansiedades dos líderes empresariais do mundo rico. Eles só precisam sentar e esperar enquanto os clientes nos países em desenvolvimento ficam mais ricos. Então, haverá maior demanda pelos produtos que suas empresas já fabricam e vendem. "Estamos fazendo o que precisamos fazer", poderia dizer um executivo. "As condições irão melhorar no devido tempo. As nações em desenvolvimento ficarão cada vez mais parecidas com nossos países, e muito mais clientes desejarão aquilo que oferecemos."

Esse é um pensamento preguiçoso, quase delirante. Considere uma comparação entre os Estados Unidos e a Índia. Apenas com base no PIB *per capita*, a Índia está hoje onde os Estados Unidos estiveram no século XIX. O modelo de "gradualmente alcançar" implica que a história econômica dos Estados Unidos deveria servir como guia útil para o futuro econômico da Índia.

Mas será que poderia? Visualize uma rua movimentada da cidade de Nova York no final do século XIX. Com toda certeza, parte do que você visualizou são cavalos e carroças. Agora, visualize uma rua movimentada na Mumbai dos tempos modernos. As ruas estão obstruídas não com cavalos e carroças, mas com motocicletas! Na verdade, em nenhum momento do desenvolvimento econômico dos Estados Unidos as motocicletas foram o meio mais comum de transporte. As nações em desenvolvimento não seguem o mesmo caminho que as nações ricas que as precederam. As economias emergentes não estão engajadas em um simples jogo de "pega-pega". Não estão nem mesmo perto disso.

A realidade é que, em comparação com os Estados Unidos do século XIX, a Índia e outros países em desenvolvimento estão em posição invejável. Elas enfrentarão seus desafios com ciência e tecnologia do século XXI, e não do século XIX. Essas soluções modernas são únicas e sem precedentes.

Assim, se acha que o problema é que os clientes nos mercados emergentes ainda não estão prontos para seus produtos, então você ficou para trás. Seus produtos não são adequados para os mercados emergentes. As melhores práticas históricas das multinacionais não funcionarão nos países pobres. Você precisa de novas práticas. E precisa inovar.

Nível 3 de pensamento: Personalização é suficiente

Por reconhecer alguma necessidade de inovação, o nível 3 de pensamento, à primeira vista, parece entender a realidade dos mercados emergentes. Na verdade, porém, isso não é nada mais do que o nível 2 de pensamento, com uma roupagem mais bonita.

O nível 3 de pensamento não só é comum, como está profundamente incorporado na mentalidade de muitos altos executivos em empresas globais. Nas décadas de 1970 e 1980, as empresas globais estabeleceram um modelo simples para a inovação: desenvolva excelentes produtos em casa. Em seguida, distribua-os ao redor do mundo, com algumas modificações (normalmente pequenas) para os mercados locais. Glocalização, em poucas palavras.

Conforme o próprio nome indica, glocalização é um compromisso entre a escala global e a capacidade de resposta local. As empresas calculam uma relação ótima entre a escala global, crucial para minimizar custos, e qualquer personalização local que seja necessária para maximizar a participação de mercado.

Desde os anos 1980, a economia global mudou significativamente. Já a estratégia global não mudou. A glocalização ainda é a peça dominante não apenas dentro dos muros das empresas globais, como também no alto das torres idealistas do mundo acadêmico.[1]

A glocalização é assim predominante porque se mostrou poderosa como uma estratégia para a expansão de mercado para outros países do mundo rico. Ela oferece grande eficiência e ainda consegue estabelecer uma ponte para certos tipos de diferenças entre fronteiras. Além disso, transformou muitas multinacionais, independentemente de seu pedigree. Seja com as empresas globalizando-se através da expansão de seus negócios domésticos para o exterior (como a GE fez) ou através da criação de um tipo de federação de negócios adquiridos (como a Unilever fez), a glocalização tem sido bastante útil.

A mentalidade glocalização surgiu quando os países ricos representavam a maioria do mercado. As economias emergentes ainda não haviam começado a decolar; de fato, os segmentos médio e inferior de clientes em países pobres mal existiam. Agora que os mercados emergentes têm crescente vitalidade econômica, a estratégia global precisa adaptar-se às novas realidades globais.

Poucas empresas têm reconhecido essa *deficiência* fundamental da glocalização. *Elas tratam os países pobres e ricos de modo equivalente.* Por exemplo, ela assume que uma empresa britânica expandindo-se para a Índia enfrentará basicamente o mesmo conjunto de desafios que a empresa enfrentou antes, quando entrou na Alemanha. Para ambos os países, a fórmula seria a mesma: pegue uma inovação que funcionou em casa e venda-a no exterior; faça adaptações para atender o gosto local, se necessário, mas não reinvente a roda. A Tabela 3-1 compara a lógica dominante da glocalização com a prática da inovação reversa.

Embora a glocalização seja capaz de lidar com pequenas diferenças entre fronteiras, não está apta a eliminar o fosso existente entre países pobres e ricos. Na maioria dos casos, você não pode pegar um produto concebido para o mundo rico, fazer pequenas adaptações, remover alguns recursos para reduzir custos e, de repente, ter um produto de sucesso na China ou na Índia. Algo mais transformador é necessário se seu objetivo for abordar as diferenças fundamentais entre um mercado de uma pessoa com $10 para gastar e outro mercado de 10 pessoas com cada uma tendo $1 para gastar.

TABELA 3-1

Lógica dominante da glocalização *versus* estratégias de inovação reversa

Glocalização	Inovação reversa
• Aperfeiçoar produtos para o cliente do mundo desenvolvido.	• Melhor solução para o cliente do mercado emergente.
• Produtos de ponta, tecnologicamente sofisticados, de excelente desempenho, com muitos recursos e aplicações novas e modernas.	• Produtos triviais e funcionais, de qualidade boa o suficiente.
• Pegue a abordagem mais simples possível para conceber ofertas para mercados emergentes; remova recursos para reduzir custo.	• Reinventar o produto a partir do zero; inovação completamente nova.
• Orientado para preço especial, com margens elevadas.	• Orientado para preço baixo, com volumes elevados.
• Voltado para a tecnologia; abordagem de colocação do produto no mercado.	• Centrado no cliente; abordagem de trazer para dentro o que o mercado quer.
• Procurar clientes a quem vender o produto.	• Identificar pontos fracos para o cliente e desenvolver produtos que resolvam os problemas dos clientes.
• Vender produtos para consumidores atuais do produto.	• Criar consumo novo entre aqueles que não são clientes.
• Conseguir participação de mercado.	• Criar mercado.
• Aproveitar as atuais competências centrais.	• Construir novas competências centrais.
• Mentalidade de exploração de economias emergentes.	• Mentalidade de investigação de economias emergentes.
• Utilizar produtos do mundo desenvolvido para transformar mercados emergentes.	• Construir novas plataformas de crescimento global com base em mercados emergentes.

    A humilde geladeira ilustra a diferença. As geladeiras eram milagres da tecnologia quando seu uso se popularizou no mundo rico quase um século atrás. Ao permitir a conservação de alimentos por um longo prazo, elas economizaram tempo e trabalho, e reduziram a deterioração de alimentos. Um pensador de nível 3 naturalmente assumiria que os consumidores em geral nos países pobres apresentariam demanda por geladeiras de modo muito semelhante aos do mundo rico (embora talvez com pequena adaptação) tão logo seus rendimentos aumentassem o suficiente para colocar essa compra ao alcance.

    A realidade é mais complexa. O contexto em que o problema de armazenamento de alimentos deve ser resolvido é muito diferente nos países pobres. Em primeiro lugar, os consumidores em países pobres não podem confiar na energia elétrica, principalmente em áreas rurais. Portanto, uma geladeira sem isolamento de altíssima qualidade é de pouca utilidade. Em segundo lugar, pelo fato de o dinheiro ser escasso, os consumidores estão dispostos a aceitar um desempenho menor em troca de um preço bem mais baixo.

Uma nova tecnologia que agora chega ao mercado atende a essa combinação de desejos. O refrigerador ChotuKool, desenvolvido pela Godrej & Boyce e fabricado em Mumbai, custa apenas $69. Ele é solidamente isolado e pode ser alimentado temporariamente por uma bateria. Melhor ainda: é leve e robusto, com apenas poucas peças.

Em vez dos compressores tradicionais, o ChotuKool utiliza um chip semicondutor especial do tipo empregado para refrigerar computadores. Evidentemente, esses chips não estavam disponíveis na década de 1920, quando os modernos refrigeradores começaram a aparecer nas cozinhas ocidentais. Esses chips (abundantes e relativamente baratos hoje) equivalem a uma tecnologia inovadora. É verdade que esse novo refrigerador apresenta baixo desempenho em temperatura; o melhor que ele consegue fazer é ficar 20ºC abaixo da temperatura ambiente (por exemplo, 13ºC em um dia com temperatura de 33ºC). Na Índia, porém, essa é uma troca mais do que aceitável, dadas as outras características que o ChotuKool oferece.[2]

Um pensador nível 3 perde completamente essa oportunidade. Alguém com uma mentalidade desse tipo não percebe que a combinação de um problema muito antigo (a necessidade de refrigeração), condições locais (energia elétrica pouco confiável) e tecnologia recente (chips de resfriamento) pode produzir uma solução inovadora.

Será que uma multinacional ocidental, como a Whirlpool, poderia desenvolver oferta semelhante e sobrepujar a Godrej & Boyce? Sem dúvida. Mas a empresa americana nunca conseguiria fazer isso adaptando um de seus refrigeradores existentes.

Observe que não estamos dizendo que a glocalização se tornou irrelevante. Longe disso. Na verdade, a Nokia tem cedido grandes oportunidades para a Apple e o Google no mercado de smartphones porque a empresa finlandesa colocou ênfase *demais* em inovações para as economias emergentes.[3] A inovação em países ricos ainda é importante.

Na verdade, a glocalização é responsável hoje por ampla preponderância das receitas globais, e temos a expectativa de que ela continue a ser importante nas próximas décadas. A glocalização dá conta com eficácia das diferenças de país rico para país rico. Além disso, alguns clientes em países pobres têm padrão de vida muito parecido com clientes do mundo rico, e a glocalização atende às suas necessidades. O problema é que existem poucos desses clientes endinheirados. A real oportunidade de crescimento em mercados emergentes está no mercado de massa. É aqui que a glocalização dá direto contra o muro.

Nosso argumento, portanto, é que a glocalização não pode ser a totalidade da estratégia global. As empresas globais devem aprender a executar simultaneamente inovação reversa e glocalização.

Nível 4 de pensamento: Vencer requer inovação

Os pensadores de nível 4 compreendem que, para atravessar o abismo entre as necessidades dos países pobres e ricos, as empresas devem não só inovar, como também praticar a inovação completamente nova. Isso significa, quase literalmente, começar com uma página em branco e formular mais uma vez estas perguntas fundamentais:

- Quem são meus clientes-alvo?
- Que valor quero fornecer a eles?
- Qual é a *arquitetura da cadeia de valor* que utilizarei para fornecer esse valor?

A transição da glocalização para a inovação reversa é um salto descontínuo. Isso o trona difícil, mas ao mesmo tempo emocionante.

A glocalização é uma mentalidade de colocação do produto no mercado (*product-out*). Como faço para pegar os produtos que tenho e atingir o maior mercado possível? A inovação reversa exige uma abordagem de ver o que o mercado quer (*market-back*). Você começa com as necessidades específicas dos clientes no mundo em desenvolvimento e trabalha de trás para diante na busca da solução necessária.

O pensamento *market-back* começa com o estudo do mercado, mas muitas multinacionais têm investido pouca energia em adquirir conhecimento sobre os mercados emergentes. Todos os envolvidos na montagem de estratégia devem aprender sobre as exigências e condições locais. Sem uma intensa curiosidade sobre as necessidades prementes dos países pobres, abre-se mão da previsão; e se perde o futuro.

Embora os pensadores de nível 4 compreendam que um salto descontínuo seja necessário, ainda podem cair vítima de três armadilhas de raciocínio que fazem os projetos ficarem aquém das expectativas:

Armadilha 1: Pelo fato de os clientes em países pobres terem baixa renda per capita, *suas necessidades são atendidas de uma forma melhor com produtos baratos baseados em antigas tecnologias.* Trata-se de um erro grave ver os mercados nos países pobres como lixeira para tecnologias antigas. Aproveitar oportunidades nos mercados emergentes não é uma simples questão de reduzir preços. Trata-se de mudar para um novo paradigma preço-desempenho. Desenvolver uma solução que preencha a defasagem de desempenho (isto é, uma solução a 50% com 15% do preço) normalmente requer uma tecnologia inteiramente nova.

A Sony vendeu produtos e tecnologia mais antigos na China e perdeu terreno para a Samsung em função disso. As pessoas pobres na Índia rural não estão esperando ansiosamente em fila para comprar aparelhos de televisão baratos em preto e branco. Nem estão abocanhando livros didáticos recolhidos pelas editoras. Na verdade, estão tirando proveito do fato de o setor de ensino pela internet estar avançando mais rapidamente nas economias em desenvolvimento. Por exemplo, a McGraw-Hill e a Wipro (empresa indiana de TI) firmaram parceria em um produto chamado mConnect. Esse serviço de ensino de baixo custo para os moradores da Índia rural é fornecido através de dispositivos móveis. Para milhões de indianos jovens, que são usuários fanáticos de celulares (mais de cinco horas por dia, em média), essa abordagem de alta tecnologia para treinamento em competências, ensino da língua inglesa e preparação para os exames de acesso à universidade acerta em cheio. Na mesma linha, os telefones celulares de baixo custo na África permitem que os clientes joguem os videogames mais modernos e naveguem na internet.

Armadilha 2: Inovações reversas sempre envolvem visar o menor preço possível. Embora o preenchimento das defasagens de desempenho envolva drásticas reduções de preço, as outras defasagens (infraestrutura, sustentabilidade, regulamentação e preferências) não exigem necessariamente preços menores. Os investimentos da China em energia alternativa, por exemplo, não estão sendo impulsionados por preço baixo, mas porque a maior parte da infraestrutura energética da China ainda está prestes a ser construída, e as restrições ambientais já estão pressionando.

Armadilha 3: Inovação reversa é inovação de produto. Essa é uma visão muito estreita. As possibilidades de inovação reversa são muito mais amplas. Não se trata apenas de mexer com o design do produto. Muitas inovações reversas são inovações no modelo de negócios. Elas podem exigir novos processos, novas parcerias e até mesmo a reinvenção da cadeia de valor. Além disso, inovações comerciais (isto é, em estratégias de "ir para o mercado") também podem dar retornos excelentes. E as inovações reversas mais eficazes são, em geral, as inovações de plataforma (isto é, inovações que podem se sofisticar ou se simplificar para atender a diversos níveis de preços).

Como exemplo de inovação de modelo de negócios, considere a Bharti Airtel Limited, maior provedor de serviços de telecomunicações na Índia. A Bharti não se parece em nada com seus primos ao redor do mundo. A equipe de gestão percebeu que suas principais competências eram a marca e o diagnóstico preciso das necessidades dos clientes. Ao contrário da maioria de seus concorrentes na área de telecomunicações, a Bharti conhecia pouco de tecnologia. Assim, deu um passo com que um provedor de serviço de telecomunicações no mundo rico jamais sonharia: terceirizou a instalação da rede, a manutenção e o serviço para Ericsson, Nokia e Siemens, e escolheu a IBM para desenvolver e administrar seus sistemas de TI.

O modelo de negócios inovador da Bharti diminuiu drasticamente os custos ao converter os custos fixos de despesas de capital em custos variáveis baseados na utilização da capacidade. Em função disso, a empresa consegue fornecer serviço de telecomunicação móvel ao custo de $0,005 a $0,01 por minuto, talvez as tarifas mais baixas do mundo. A Bharti obteve um crescimento anual composto das receitas de vendas de 120% e crescimento do lucro líquido de 282% por ano entre 2003 e 2010. Sua capitalização de mercado tem crescido constantemente ao longo do mesmo período e atingiu cerca de $30 bilhões em outubro de 2011.[4]

Mesmo os pensadores em nível 4 que conseguem evitar essas armadilhas talvez não adotem uma ideia promissora para uma inovação reversa. Eles se preocupam com o fracasso. "É muito difícil ganhar dinheiro. É muito arriscado. É muito diferente do que já somos bons em fazer."

Não há como negar que a inovação reversa envolve a possibilidade de fracasso. Entretanto, três medos específicos que frequentemente se interpõem no caminho são extremamente exagerados.

Medo 1: As margens serão inevitavelmente muito baixas para conseguirmos ganhar dinheiro. Essa preocupação não se encaixa com a experiência. Pense em exemplos famosos de empresas do mundo rico que ganharam fortunas atingindo preços extremamente baixos. Você certamente não pode dizer que a Microsoft e a Apple, que deram início à revolução do PC, em vez de fabricarem mais sistemas centrais, ou a Canon, que nos trouxe a alternativa de copiadora de mesa no lugar das máquinas gigantescas independentes da Xerox, tenham deixado de auferir lucros saudáveis.

Os executivos das empresas globais preveem margens menores nas economias emergentes apenas porque esses líderes empresariais estão acostumados com a glocalização. A inovação reversa é diferente. Ela implica um novo projeto, tanto da oferta quanto de sua estrutura de custos. É plenamente possível obter margens iguais ou até mesmo melhores em um produto com projeto radicalmente novo e de custo extremamente baixo. Além disso, as margens representam apenas um componente do desempenho financeiro. Mesmo que a porcentagem de margem bruta seja menor, os custos fixos em países pobres são relativamente baixos e os volumes são potencialmente muito maiores. Assim, as margens operacionais e o retorno sobre o investimento podem ser equiparáveis ou melhores.

Veja o caso do Hospital Aravind Eye da Índia, que ajudou na prevenção da cegueira para mais de 3 milhões de cidadãos indianos oferecendo cirurgias oftalmológicas de alta qualidade e custo extremamente baixo, principalmente para a remoção de catarata ($30 por olho, em comparação com até $1 mil no mundo rico). Seu método é conceitualmente simples: o Aravind industrializou o processo cirúrgico, executando-o de forma tão eficiente e eficaz quanto o melhor fabricante do mundo. Para aumentar substancialmente a produtividade de seus funcionários e equipamentos, o hospital programa rigorosamente a utilização dos principais recursos (salas de operação, tempo de cirurgiões e enfermeiras); ele divide os procedimentos cirúrgicos em fases e ações, padronizando processos e técnicas para buscar a repetição; e mede resultados, sempre se esforçando para melhorar.

Apesar de oferecer cirurgias a preços incrivelmente baixos, o Aravind realiza mais de 60% dos procedimentos gratuitamente para os necessitados. Ainda assim, consegue atingir margens brutas superiores a 35%. O Aravind não recebe doações ou caridade, mas consegue lucro suficiente para financiar um novo hospital de três em três anos.[5]

Medo 2: Nós colocaremos nossa marca premium *em risco, ou vamos canibalizar as vendas de nossas ofertas no segmento mais sofisticado se competirmos em um mercado de baixo custo.* Esses são riscos reais, mas podem ser gerenciados. Muitas empresas com marcas fortes (Honda, GE, P&G, PepsiCo, Tata, Toyota e outras) operam com diversos níveis de preço, muitas vezes criando marcas distintas. De fato, em um setor econômico moldado pela inovação reversa, competir em diversos níveis de preço é pré-requisito para ser competitivo em mercados globais. Além disso, o risco de canibalização sempre parece muito menor quando comparado com o risco da inação (e a possibilidade de ficar olhando enquanto um gigante emergente faz a canibalização por você).

Medo 3: Nossa empresa se destaca em liderança tecnológica. Isso é incompatível com custo extremamente baixo. Errado. Apple, Microsoft e Canon deram início a uma nova era de custos extremamente baixos em seus setores de atividade e, ainda assim, continuaram tecnologicamente proeminentes.

Para a GE Healthcare, a liderança em tecnologia e a liderança em custo caminham lado a lado. Em 2010, a empresa lançou o Vscan, o aparelho portátil de ultrassom leve e de custo extremamente baixo que descrevemos no Capítulo 2. Durante o processo de desenvolvimento, a equipe de produto chegou a um impasse. Seu objetivo de miniaturizar aparelhos de ultrassom pareceu estar fora de alcance. A complexidade técnica da formação do feixe de ondas (o envio e recebimento de ondas sonoras) parecia inviabilizar a produção de imagens de ultrassom de alta qualidade em equipamentos de bolso.

A ajuda veio de uma fonte inesperada: uma equipe trabalhando em um dos novos produtos mais caros de ultrassom para cardiologistas. A equipe estava tentando melhorar a funcionalidade 4-D (o 4-D mostra as três dimensões espaciais mais o movimento). O objetivo era gerar imagens claras que mostrassem o fluxo sanguíneo através do coração humano (talvez a mais difícil aplicação do ultrassom). A equipe desenvolveu uma abordagem inovadora para a formação de feixe de ondas que, por sua vez, tornou-se o componente essencial do minúsculo e relativamente barato Vscan. Surpreendentemente, a tecnologia desenvolvida para uma das máquinas mais caras da GE se mostrou crucial para seu equipamento mais barato.

Nível 5 de pensamento: Os riscos são globais, não locais

Os pensadores em nível 4 aceitam que as multinacionais do mundo rico devam praticar inovação completamente nova para tirar proveito do tremendo potencial de crescimento das economias emergentes. Os pensadores em nível 5 dão um passo adiante ao reconhecerem os altos custos da inação. Eles percebem que os avanços na Índia de hoje podem gerar novos mercados explosivos nos Estados Unidos de amanhã (novos mercados que interferem nas operações dos fornecedores tradicionais).

Conforme explicamos no Capítulo 2, isso pode acontecer toda vez que existe uma tendência que preenche a defasagem de necessidades. Lembre-se de que uma defasagem nas necessidades gera a oportunidade para uma inovação que, em primeiro lugar, é adotada no mundo em desenvolvimento. A tendência, ao preencher a defasagem, acaba criando as condições para a mesma inovação ser adotada em países ricos. Por conta dessa dinâmica, os países pobres podem saltar à frente do mundo rico. Portanto, as multinacionais que ficam esperando os países pobres as alcançarem podem deparar com um destino que vai contra a intuição: ter de se apressar para alcançar os países pobres.

Quando as multinacionais do mundo rico ignoram a inovação reversa, fortalecem e permitem o crescimento dos gigantes emergentes: a nova geração de empresas globais com raízes no mundo em desenvolvimento. Esses novos atores no pedaço adorariam poder matar um velho monstro no próprio quintal. As multinacionais do mundo rico devem enfrentar uma verdade inconveniente: o fracasso no exterior pode levar ao fracasso em casa.

Os gigantes emergentes podem tornar a vida bastante difícil para as multinacionais ocidentais. No setor de serviços de TI, por exemplo, as empresas indianas Infosys, Tata Consulting Services e Wipro têm sido pioneiras em um modelo em que atendem a clientes no mundo desenvolvido a partir da distante Índia, onde talentosos engenheiros de software recebem salários substancialmente menores. Isso desafia a IBM e a Accenture a repensar seus modelos de negócios. Os avanços no projeto de jatos pela Embraer do Brasil estão permitindo uma forte concorrência contra a Bombardier do Canadá na aviação regional. A Cemex do México tem inovado na indústria do cimento, humilhando a Holcim da Suíça e a Lafarge da França. A Huawei da China está desafiando empresas globais de telecomunicações como Siemens, Ericsson, Alcatel e Cisco. A Mahindra & Mahindra da Índia está desafiando a empresa ícone de equipamentos agrícolas nos Estados Unidos, a Deere & Company, no segmento de tratores de baixa potência na própria casa da Deere. Isso é apenas o começo.

Entretanto, muitas multinacionais do mundo rico continuam a considerar suas colegas do mundo rico as únicas rivais que importam. Isso é uma vergonha. A batalha pelos mercados emergentes não se refere a uma participação de mercado. Trata-se de criar o mercado. E o principal concorrente não é o cavalo com quem você vem disputando corrida por anos a fio; é o cavalo do qual você talvez nunca tenha ouvido falar.

Assim, mentalidades antigas fomentam problemas novos.

Nas próximas décadas, a liderança de mercado em países pobres será pré-requisito para uma contínua vitalidade nos ricos. Se você ficar parado assistindo, enquanto outros resolvem problemas nos países pobres, descobrirá que, além de ter novos rivais, acabará ficando bem para trás; talvez muito para trás para conseguir se recuperar.

Mudando mentes e mentalidades

Perceber a lógica dominante, com seus pressupostos, armadilhas e medos incorporados, é um bom começo. Em seguida, os CEOs podem adotar medidas para enfraquecer o aperto sufocante das ortodoxias que surgiram com o sucesso histórico.[6]

Com as ortodoxias, porém, o desafio é enfraquecer seu aperto, mas, ao mesmo tempo, maximizar seus benefícios. O objetivo não é destruir a mentalidade da glocalização; ao contrário, o objetivo é reforçá-la com a inovação reversa. Cada uma delas tem seu lugar, seus benefícios e limitações.

A capacidade de praticar a glocalização já está estabelecida nas multinacionais. A inovação reversa ainda precisa ser aprendida. Para criar uma mentalidade de inovação reversa, os CEOs devem dar três passos. Primeiro, devem alterar o centro de gravidade de sua organização para os mercados emergentes. Em segundo lugar, devem fortalecer seu conhecimento e experiência nos mercados emergentes. Em terceiro lugar, devem mudar o tom tomando atitudes pessoais altamente visíveis e simbólicas.

Alterar o centro de gravidade para mercados emergentes

Tente este exercício em sua organização. Em um mapa-múndi coloque grandes etiquetas em países nos quais você acredita que existam grandes oportunidades e adesivos menores em países em que acredita que as oportunidades de crescimento são menos atraentes. Agora coloque adesivos diferentes no mapa para indicar onde seus 50 alto executivos mais poderosos estão localizados fisicamente.

As pessoas e as oportunidades estão nas mesmas localidades? Para a maioria das empresas, a resposta é que elas não estão nem mesmo perto. As oportunidades estão nos mercados emergentes; as pessoas estão perto da sede da empresa.

Alterar o centro de gravidade significa mudar pessoas, poder, dinheiro e atenção para onde o crescimento está. Aqui estão alguns exemplos de como isso é feito:

- *Colocar importantes tomadores de decisão em países pobres.* A Cisco nomeou Wim Elfrink diretor de globalização (CGO), respondendo diretamente para o CEO John Chambers. A residência principal e a sede do escritório do CGO ficam em Bangalore, na Índia (o epicentro dos serviços de TI no mundo). A missão central de Elfrink é aumentar o foco da Cisco e de sua equipe de alto executivos na Ásia e na Índia. Desde o início da década de 2000, a Cisco mudou 20% de seus executivos corporativos para Bangalore.
- *Crie novos cargos de executivos graduados com a responsabilidade de supervisionar os mercados emergentes e meça o desempenho deles com demonstrativo de lucros e perdas em separado.* Em dezembro de 2009, a General Electric buscou acelerar o progresso na Índia criando um demonstrativo de resultados em separado que incluísse todos os negócios da GE no país. A nova unidade, chefiada pelo vice-presidente sênior John Flannery, recebeu poder considerável para explorar os recursos globais de P&D da GE. Começando em 2011, Flannery respondia diretamente

ao vice-presidente da empresa, John G. Rice, que se mudou da sede central da GE em Connecticut para Hong Kong. Rice supervisiona as operações da GE fora dos Estados Unidos, com foco especial nos mercados em rápido crescimento. Essa é uma radical mudança organizacional em uma empresa em que o produto sempre veio em primeiro lugar e o país em segundo.

- *Aumente o gasto em P&D nos mercados emergentes e concentre-o nas necessidades locais.* Várias empresas já fizeram isso. Nestlé, P&G, PepsiCo, Whirlpool, Cadbury e The Coca-Cola Company já aumentaram suas atividades de P&D na Índia, com foco específico em consumidores preocupados com custos. De forma similar, a Xerox fundou, em março de 2010, em Chennai, na Índia, o primeiro centro de inovação da empresa fora do mundo desenvolvido. Meera Sampath, chefe da nova unidade, colocou no contrato social: "Nosso objetivo é focar principalmente em produtos e serviços feitos sob medida para os mercados emergentes. Se conseguirmos descobrir como implementar com sucesso soluções para esses ambientes altamente desafiadores e de baixo custo, isso nos dará uma tremenda plataforma para depois também implantá-las globalmente."[7]
- *Incentivar os centros de resultados nos mercados emergentes a conduzirem experimentos de baixo custo.* Em março de 2010, a Best Buy, varejista de produtos eletrônicos, fez uma reorganização e criou três divisões (Américas, Europa e Ásia), com três executivos graduados no comando, respondendo diretamente para o CEO Brian Dunn. Citando Kal Patel, vice-presidente executivo da Ásia: "Recebemos considerável liberdade para definir nossas próprias estratégias e modelos de negócios. Na Ásia, isso significa adotar uma abordagem experimental para que as ideias possam ser testadas e, se bem-sucedidas, ter seu raio de ação ampliado rapidamente. Operamos de forma semelhante a uma empresa iniciante do Vale do Silício."[8]
- *Defender a ideia de que os mercados emergentes podem ser centros de incubação para o crescimento global e inovação.* Dê destaque a indicadores de crescimento que apontem o sucesso da empresa captando todo o potencial dos mercados emergentes.

Fortalecer seu conhecimento e experiência nos mercados emergentes

Até mesmo os líderes localizados no mundo rico precisam libertar-se da mentalidade de glocalização que os tornou bem-sucedidos ao longo de suas carreiras. Eles devem aumentar seu conhecimento e consciência sobre os mercados emergentes, e prestar atenção às possíveis oportunidades oferecidas por esses mercados. Considere adotar os seguintes passos:

- *Altere a composição do conselho de administração e da equipe de executivos para incluir líderes com profunda experiência em mercados emergentes.* Os líderes com currículos do mundo rico serão influenciados pelas pessoas a seu redor; assim, cerque-os com pessoas que entendam as economias emergentes. Em 2011, o Conselho de Administração da IBM incluiu Lorenzo Zambrano, presidente e CEO da Cemex, empresa sediada no México. O Bank of America, maior banco dos Estados Unidos por ativos, nomeou, em março de 2011, seu primeiro membro de diretoria que não é de origem americana, Mukesh Ambani. Ambani, de nacionalidade indiana, é o CEO da Reliance Industries, uma das empresas de mais rápido crescimento da Índia, com $45 bilhões em vendas. Ao anunciar a indicação, a equipe administrativa do banco (após focar por anos na atividade bancária doméstica) salientou sua ambição de se tornar um participante importante nos mercados emergentes. De forma semelhante, a indicação de Dinesh C. Paliwal como CEO da Harman International e de Indra K. Nooyi como CEO da PepsiCo tiveram grande impacto na cultura e na mentalidade dessas empresas, conforme descrevemos nos Capítulos 9 e 11.
- *Designe indivíduos para atribuições no exterior por muitos anos em países em desenvolvimento.* A experiência no exterior é, de longe, o mais poderoso acelerador para o aprendizado individual sobre as possibilidades existentes em outros mercados. A Unilever, multinacional britânico-holandesa, promove a rotatividade de seus executivos de alto potencial entre países substancialmente diferentes entre si em termos de idioma, cultura e economia. Esses executivos de alto potencial também passam por várias tarefas em uma única função (como publicidade, venda e gestão da marca dentro da função de marketing) e por categorias de negócios bastante diversas (como sorvete, detergentes e chá). Essas atribuições bastante variadas permitem a realização de diversos objetivos:
    - Geram profunda compreensão dos problemas dos clientes em países pobres.
    - Transferem conhecimento e capacitação para países pobres.
    - Constroem redes sociais fortes que podem ajudar no fluxo de inovações dos mercados emergentes para países ricos.
    - Finalmente, essas atribuições são cruciais para que os executivos em ascensão possam desenvolver e demonstrar firmeza, criatividade, versatilidade, resiliência e desenvoltura – qualidades valiosas de liderança.

- *Dê aos executivos de países ricos experiências de imersão de curta duração em países pobres.* O Standard Chartered, banco global sediado em Londres, envia trainees recrutados em Londres para atribuições de dois a três meses em vários locais da Ásia.
- *Aumente a força dos vínculos sociais entre executivos do mundo rico e de países em desenvolvimento.* O Speech Technologies Group, da Microsoft, unidade de pesquisa avançada, tinha equipes tanto em Redmond, Washington, quanto em Pequim. Os cientistas em cada local servem de membros afiliados para a outra equipe. E as equipes se encontram com frequência entre si, tanto virtualmente quanto pessoalmente.
- *Realize reuniões de diretoria, reuniões de alta gerência e programas de treinamento de executivos em países em desenvolvimento.* A EMC Corporation (ver Capítulo 7) realiza uma conferência e uma competição de toda empresa sobre inovação em um mercado diferente a cada ano.

Mudar o tom tomando atitudes pessoais altamente visíveis e simbólicas

As pessoas não acreditam naquilo que não podem ver ou ouvir de seus líderes. Para tornar a inovação reversa real para uma empresa, o CEO precisa estabelecer o tom (com consistência) sobre a importância crítica de se vencer em mercados emergentes.

Na GE, o presidente e CEO Jeff Immelt tornou a inovação reversa prioridade estratégica. Os 600 principais executivos da GE se encontram anualmente na Reunião de Liderança Global da empresa em Boca Raton, na Flórida, para discutir prioridades estratégicas. No início de 2008, Immelt dedicou um dia inteiro a um único tema: a redefinição da GE como um tigre do mercado emergente. Havia nada menos do que 18 apresentações sobre o tema.

Immelt é claro em suas prioridades. Ele causou vívida impressão em um gerente específico: o chefe de um negócio importante que estava caminhando bem na China e na Índia. Conversando com Immelt, o gerente parecia preocupado com problemas além de seu controle nos Estados Unidos. Immelt respondeu: "Não quero sequer falar com você sobre planos de crescimento para os Estados Unidos. Você tem de triplicar o tamanho de seu negócio na Índia nos próximos três anos. Precisa colocar mais recursos, mais pessoas e mais produtos naquele país, para se aprofundar no mercado, e não apenas ficar na superfície. Vamos pensar como podemos fazer isto."[9]

Em conjunto, os passos que descrevemos permitem um grande avanço no sentido de abrir os olhos da empresa a uma nova maneira de ver o mundo.

Claro que não é suficiente ver o mundo através de uma nova lente. No Capítulo 4 detalharemos abordagens específicas para executar projetos de inovação reversa – e de fazê-lo de uma forma que permita excelência sustentada na estratégia existente de glocalização.

Resumo das principais ideias

1. Traga à tona e discuta pressupostos que apoiem a glocalização, mas que inibam a inovação reversa. Pressione os líderes a perceber que o sucesso em economias emergentes exige inovação completamente nova e que os riscos são globais, e não locais.
2. Desloque pessoas, poder e dinheiro para onde está o crescimento: o mundo em desenvolvimento.
3. Desenvolva uma mentalidade de inovação reversa em toda a empresa. Coloque o foco sobre os mercados emergentes utilizando designações no exterior, experiências de imersão, eventos da empresa que são realizados nos mercados emergentes, nomeações criativas para a diretoria e ações altamente visíveis do CEO.
4. Crie tabelas de indicadores de negócios em separado para os países em desenvolvimento com responsabilidade plena quanto a resultados e ênfase em indicadores de crescimento.

CAPÍTULO 4

Mudar o modelo de gestão

Para criar uma inovação completamente nova nos mercados emergentes, as multinacionais precisam adotar um novo modelo de gestão, com equipes de desenvolvimento locais

NO CAPÍTULO 3 analisamos o pensamento de inovação reversa. Com certeza, lutar contra a lógica dominante pela criação de uma mentalidade de inovação reversa é um passo fundamental. Entretanto, não basta levar todos na empresa para o nível 5 de pensamento. Neste capítulo, voltamos a atenção para a ação de inovação reversa.

Nosso principal objetivo neste capítulo é fornecer um conjunto de recomendações sobre como gerenciar projetos específicos. Primeiro alerta: nossas recomendações serão controversas. Elas serão desconfortáveis para muitos. E parecerão até mais agressivas do que as recomendações que fizemos até agora.

A criação de uma mentalidade de inovação reversa, tema do capítulo anterior, requer ações *em nível de CEO* que *gradualmente* gerem mudanças que acomodem *toda* a empresa. O objetivo é *complementar* a lógica dominante. A execução de iniciativas específicas de inovação reversa, por sua vez, requer ações *em nível de projeto* que *imediatamente* gerem mudanças *drásticas* para um pequeno subconjunto da empresa, a equipe de projeto. O objetivo é *subverter* a lógica dominante.

Pelo fato de as recomendações serem drásticas, vale a pena, em primeiro lugar, mostrar exatamente por que é tão improvável que uma iniciativa de inovação reversa possa chegar a prosperar (ou até mesmo sair do chão) dentro de uma multinacional obsessivamente focada em glocalização. Conforme observamos no Prefácio, nosso trabalho com a GE nos inspirou a escrever este livro, e utilizaremos a GE como nosso principal exemplo neste capítulo, especialmente a história de suas inovações em aparelhos compactos de ultrassom, que apresentamos no Capítulo 2.

Por que coisas ruins acontecem com boas ideias

Uma vez que as organizações seguem a estratégia, não chega a ser surpresa que a glocalização tenha moldado a forma como as multinacionais são estruturadas e dirigidas. A GE é um caso em questão. Durante 30 anos, sua organização evoluiu para a máxima eficácia em glocalização. O poder estava concentrado nas unidades de negócios globais que foram sediadas no mundo rico. As principais funções dos negócios, incluindo P&D, fabricação e marketing, foram centralizadas na sede. Os líderes de negócios nos países em desenvolvimento eram responsáveis pela venda e distribuição dos produtos globais (e também forneciam ideias sobre necessidades locais – ideias que ajudavam a GE a fazer pequenas adaptações nos produtos globais). Embora muitos dos centros de P&D e operações de fabricação da empresa tenham sido transferidos para o mundo em desenvolvimento, os objetivos dessa medida era o de aproveitar os talentos no exterior e reduzir custos. Essas unidades se reportavam para a sede global e continuavam focadas em ofertas do mundo rico.

Essa abordagem tem vantagens enormes. Ela é muito eficiente. Infelizmente, uma organização com foco dirigido para a glocalização apresenta grandes barreiras para a inovação reversa.

Veja o caso de V. Raja, chefe do negócio da GE Healthcare na Índia em 2004. Sua principal tarefa era a de desenvolver o mercado para os produtos mundiais da GE Healthcare. Ainda assim, quando Raja pesquisou os clientes da GE na Índia, viu incompatibilidade entre as necessidades deles e os produtos que a empresa poderia oferecer.

Considere, por exemplo, um equipamento comum de imagens de raios X, encontrado em muitos conjuntos básicos de cirurgia. Ele é chamado de braço em C cirúrgico (*C-arm*) e não é um item especialmente complicado: um braço móvel na forma de um "C", com uma unidade de imagem na parte superior que pode ser posicionada onde quer que seja necessário acima de um paciente na mesa de operação. A tecnologia é anterior a 1960.

Mudar o modelo de gestão

Na virada do novo milênio, a GE Healthcare ofereceu ao mercado indiano um braço em C cirúrgico de alta qualidade e de preço elevado, concebido para os países ricos. Ele ficou com um preço significativamente mais elevado do que a alternativa do concorrente local. Não é de admirar, portanto, que isso tenha dificultado a venda da oferta da GE para hospitais e clínicas da Índia. Eles teriam ficado mais felizes com a solução negociada de um produto com preço bem menor.

Raja viu uma solução para o problema e fez uma proposta. Ele queria que a empresa desenvolvesse, fabricasse e vendesse um produto mais simples, mais fácil de usar e substancialmente mais barato na Índia.

Sua proposta era sensata em termos empresariais, mas, mesmo assim, teve pouca chance de aprovação. Segue, em resumo, o que Raja precisaria ter feito para superar a lógica dominante e levar sua proposta adiante:

- **Tome iniciativa bem além de seu dever.** Raja talvez fosse o executivo mais graduado na Índia, mas suas responsabilidades formais não incluíam nem a administração geral nem o desenvolvimento de produto. Sua função era principalmente a de vender e distribuir produtos mundiais da GE na Índia. Esperava-se que ele aumentasse as vendas de 15% a 20% ao ano e, ao mesmo tempo, ampliasse as margens ao manter baixas as despesas para esse crescimento. Este era um emprego mais do que de tempo integral, no qual sua responsabilidade era a de aplicar o planejado. Encontrar tempo para defender um produto específico para a Índia era um desafio em si mesmo. Mas isso não é nada em comparação com o desafio do próximo passo: vender a proposta internamente.
- **Gere interesse nos níveis mais graduados.** Para fazer isso, ele teria de conseguir a atenção do gerente-geral da sede nos Estado Unidos – não de seu superior imediato, mas de alguém ainda mais graduado na organização global. A Índia representava 1% das receitas mundiais da GE na época; assim, Raja poderia esperar demandar aproximadamente 1% da atenção desse gerente com responsabilidade mundial.
- **Apresente o caso rapidamente.** Ainda que Raja tivesse a sorte de conseguir uma reunião, teria um tempo limitado para apresentar sua ideia. A lei da mensagem persuasiva e sucinta se aplica: vá para a emoção e o entusiasmo. Infelizmente, ele estaria defendendo sua ideia para alguém mais familiarizado com hospitais-escola americanos de renome mundial do que com clínicas rurais na periferia de Bangalore. Naquela época, os líderes mundiais nos Estados Unidos não costumavam visitar os mercados emergentes para aprofundar sua visão sobre as condições

locais. Como se poderia esperar que alguém entendesse as necessidades de assistência médica na Índia rural ficando sentado na sede da empresa em Milwaukee?
- *Supere o preconceito contra as "pequenas" oportunidades.* Raja imaginou um esforço modesto de início. Ele previu que seriam necessários apenas dois engenheiros em tempo integral para projetar o produto e que a fabricação seria terceirizada. Ele estimou um negócio de $5 a $6 milhões em um mercado avaliado entre $30 a $35 milhões. Esses números eram pequenos para a GE, mas Raja acreditava que o mercado indiano iria crescer significativamente no futuro (principalmente se oferecesse os tipos certos de produtos). No entanto, os gerentes mundiais estão acostumados a fazer grandes apostas em negócios projetados em bilhões de dólares. No contexto da glocalização, um novo braço C cirúrgico para o mercado indiano parecia ser uma drenagem injustificável de atenção administrativa e de engenhosidade de P&D, e tudo isso por um retorno do tamanho de um mosquito.
- *Construa apoio mais amplo.* Se Raja se mostrasse bastante persuasivo, seria convidado a compartilhar sua proposta com líderes por função. Essas conversas representariam um desafio. Para o chefe de fabricação mundial, produtos globais simples e racionais são mais eficientes do que ofertas personalizadas. O chefe de marketing iria temer que um produto com preço mais baixo pudesse enfraquecer a marca GE e canibalizar as ofertas mundiais existentes. O chefe de finanças argumentaria que produtos com preços menores arrastariam para baixo as margens gerais. E o chefe de P&D global iria querer saber quais engenheiros seriam desviados de projetos para clientes mais sofisticados da GE (compradores que sabem exatamente o que querem e que podem pagar bastante dinheiro).
- *Lide com o sistema orçamentário.* Com Raja conseguindo de alguma maneira obter o apoio de todos esses executivos, o sistema formal de orçamento exigiria que ele apresentasse uma proposta com projeções de fluxo de caixa apoiadas em pesquisa de mercado para mostrar que o projeto poderia atender o custo de capital da empresa e gerar valor presente líquido positivo. Não é preciso dizer que é quase impossível fazer pesquisa de mercado ou reunir dados concretos quando você está tentando criar mercado para um produto que ainda não existe – não importa; calcule o valor exato do retorno sobre o investimento.
- *Continue lutando o bom combate mesmo após a proposta ser aprovada.* Uma simples aprovação inicial dificilmente teria sido suficiente.

O projeto de Raja ainda teria um retorno incerto e, ano após ano, teria de competir por capital adicional com outras apostas de curto prazo, mais lucrativas. Não apenas isso; Raja ainda teria de manter a eficiência nas operações que já supervisionava, enquanto executasse de alguma forma o produto de braço C com baixo custo dentro de uma estrutura organizacional construída para a glocalização. Assim, boa sorte com tudo isso!

Será que é possível que a inovação em países pobres possa apresentar uma dificuldade tão grande dentro de uma forte empresa global? Sem dúvida. A situação difícil enfrentada por Raja é bastante comum, e não apenas dentro da GE, mas também dentro de todas as empresas globais com legados históricos. Cada argumento apresentado contra uma proposta como a de Raja faz pleno sentido, pelo menos visto da perspectiva daqueles que dirigem negócios globais. Após deparar com uma recepção fria para sua ideia de um novo braço C cirúrgico adaptado às necessidades do mercado indiano, Raja voltou novamente a atenção para as pressões e realidades práticas de seu trabalho diário (porém, como veremos neste mesmo capítulo e em capítulos posteriores, a GE realizou várias mudanças em sua estrutura organizacional para catalisar a inovação reversa e, desde então, o projeto de braço C cirúrgico tem seguido adiante).

A moral da história da vida real de Raja? O foco rígido e disciplinado na glocalização cria barreiras intransponíveis para a inovação reversa. Além disso, os maiores obstáculos para a inovação reversa não são científicos, técnicos ou orçamentários; são gerenciais e organizacionais.

O antídoto

A solução, pelo menos em um nível elevado, não poderia ser mais simples ou mais óbvia. É criar unidades organizacionais especiais que não sejam construídas para a glocalização, e sim para a inovação reversa.

Chamamos essas unidades especiais de equipes locais de crescimento (ELCs). Uma ELC é uma unidade pequena, composta por várias funções empresariais, que fica fisicamente localizada no mercado emergente. Ela tem um conjunto completo de recursos empresariais e ampla autoridade para estabelecer a estratégia e desenvolver produtos e serviços.

A ELC deve seguir três princípios essenciais:

- Realizar um projeto organizacional completamente novo. Construir uma ELC é semelhante a construir uma empresa a partir do zero – uma empresa com sua própria lógica dominante.

- Estar conectada com a organização global e conseguir aproveitar seus recursos.
- Praticar a experimentação disciplinada.

Se essas recomendações são controversas ou não, isso depende do ponto de vista. Se você for o líder que pediu para levar adiante o projeto de inovação reversa, provavelmente estará bastante satisfeito, se não totalmente entusiasmado: "A vida é boa! Minha empresa está me dando poderes para construir exatamente a equipe de que necessito. Está prometendo me apoiar com recursos e capacidades globais. Além disso, espera que eu aprenda rapidamente conduzindo experimentos disciplinados."

Menos animados, porém, estarão aqueles encarregados por continuar a dirigir os negócios estabelecidos: "Minha empresa assumiu a responsabilidade de uma iniciativa importante de crescimento nos mercados emergentes longe de mim. Ela desviou capital e pessoas talentosas para fora das operações que gerencio. E não é apenas isso; agora há a expectativa de que eu torne prioridade apoiar essa iniciativa pequena e distante. Isso, inevitavelmente, será uma distração, e poderá ou não gerar frutos. Certamente, ainda tenho de me manter dentro do planejado e do orçamento – todo dia, toda semana e todo mês. Enquanto isso, este líder da ELC está tendo facilidades! Este gestor tem o privilégio de conduzir experimentos!"

Apesar do potencial para um crescimento explosivo, o lançamento de um projeto liderado pela ELC encontrará esta dinâmica (explícita ou implícita) na maioria das organizações. Na verdade, essas reações iniciais são apenas o começo. O normal é que haja conflito contínuo e rotineiro entre a ELC e a organização global. Isso é esperado.

No entanto, não há outra maneira de obter sucesso com a inovação reversa sem construir ELCs. Não tente evitar o conflito. Fazer isso apenas comprometerá os esforços da inovação reversa. Na verdade, o conflito deve ser aceito como normal e, depois, ativamente gerenciado e acalmado.

Um grande primeiro passo seria sinalizar com clareza que a inovação reversa não substitui a glocalização. A glocalização continuará a ser a estratégia dominante. Como tal, a regra número 1 quando você constrói ELCs é não prejudicar as capacidades existentes. De fato, é importante que os líderes da ELC se lembrem de que os líderes do sistema de glocalização existente não representam o inimigo.

Isso vai contra a intuição. De modo geral, os líderes das ELCs se sentem como se devessem "combater o sistema". Pelo contrário; eles deveriam reconhecer que a glocalização funciona bem para aquilo em que foi concebida:

crescer de maneira eficiente nos mercados do mundo rico. Ela continua sendo os alicerces da competitividade global para a maioria das multinacionais. Se o modelo fosse desmoronar, as ELCs cairiam junto. Afinal, a glocalização fornece os lucros que bancam a inovação reversa.

Portanto, as ELCs parecem ser uma solução organizacional mais radical do que realmente são. Aceitar a necessidade de haver ELCs não é atirar uma bola de destruição sobre a organização existente. As ELCs são concebidas como complementos, e não alternativas, à organização existente. Tanto a glocalização quanto a inovação reversa devem prosperar. As ELCs se distanciam tanto das normas apenas porque têm uma missão especial que está fora da capacidade atual da organização. A inovação no mundo rico continua a ser importante.

É inteiramente possível que uma única empresa aplique ambos os modelos ao mesmo tempo. Na verdade, glocalização e inovação reversa precisam fazer mais do que coexistir; precisam cooperar. Conforme discutido no Capítulo 3, a equipe de desenvolvimento de produtos de custo baixo da GE Healthcare, por exemplo, emprestou uma nova tecnologia de formação de ondas para a unidade portátil Vscan de um grupo trabalhando em um produto para o mundo rico.

Construindo ELCs a partir do zero

Fundamentalmente, toda inovação, incluindo a inovação reversa, diz respeito a avaliar necessidades e desenvolver soluções. A complicação "não tão pequena" é que as empresas globais com legados estão acostumadas a inovar para o mundo rico, e as necessidades e soluções nas economias emergentes são completamente diferentes. Em função disso, a inovação reversa deve começar com um pensamento completamente novo.

Porém, exercitar o pensamento completamente novo não é uma questão de apenas acordar um dia, apertar um botão mental e decidir começar do zero. A única maneira de realizar isso é através de um projeto organizacional completamente novo. Em especial, as ELCs precisam unir pessoas que compreendam as necessidades dos mercados emergentes a pessoas que possam fornecer soluções para esses mercados. Elas devem reunir conhecimento do mercado e capacitação técnica. E devem integrar vendas e marketing com P&D.

Isso pode parecer simples e óbvio, mas essas interações não são frequentes em uma organização obcecada por glocalização. Os líderes funcionais localizados nos mercados emergentes não são subordinados aos gerentes-gerais em mercados emergentes; eles respondem aos líderes funcionais na sede global.

De fato, as pessoas que compreendem as necessidades dos mercados talvez nunca venham a conhecer as pessoas que podem desenvolver soluções. Assim, essas interações devem ser propositadamente criadas nas ELCs.

O processo de construção de uma ELC começa com a seleção dos membros da equipe. A maneira errada de fazer isso é concentrar-se naqueles que estão mais facilmente disponíveis (em geral, seus colegas atuais). As ELCs provavelmente precisarão de novas competências. Muitas vezes serão conjuntos de habilidades que sua empresa nunca precisou antes. Assim, o fundamental para a escolha dos membros da ELC é, em primeiro lugar, identificar as habilidades que você precisa e depois contratar o melhor talento que conseguir – seja internamente ou fora da empresa (ou talvez através da aquisição de uma pequena empresa local).

Quando as iniciativas começam a mostrar sinais de sucesso, a ELC precisará expandir-se, e esse processo pode exigir a construção de novas fontes de recrutamento dentro da empresa, o que nem sempre é fácil. Mesmo em países como China e Índia, com suas grandes populações instruídas, existe uma guerra por talentos. As multinacionais competem ferozmente com empresas locais pelo mesmo grupo de cientistas, engenheiros e gerentes-gerais talentosos. Os indivíduos que oferecem, ao mesmo tempo, profundo conhecimento dos mercados locais e experiência de trabalho em multinacionais ocidentais são especialmente procurados.

Muitas empresas favorecem a contratação interna, mas a contratação externa faz ainda mais pela iniciativa completamente nova do que apenas trazer novas habilidades. Elas ajudam as ELCs a iniciar realmente do zero. Trazem pontos de vista novos que ajudam as ELCs a superar a tendência de cair na lógica dominante. As ortodoxias podem ser perniciosas porque sua influência ocorre, muitas vezes, de forma inconsciente. Além disso, em cada organização estabelecida, há expectativas, papéis e responsabilidades estabelecidos para pessoas com certos cargos ou experiência técnica. De forma ainda mais importante, pode haver uma hierarquia assumida. Em algumas empresas, os gestores de contas desempenham papéis fortes, e os engenheiros, papéis relativamente fracos; em outras empresas, ocorre exatamente o oposto. A lógica dominante deve ser reconhecida e ativamente questionada na medida em que se forma uma ELC.

Em parte, isso pode ser realizado com a criação de novos cargos, com novas descrições de função, e levando os membros da equipe a repensarem formalmente suas relações e expectativas uns em relação aos outros. Entretanto, nada é mais eficiente do que trazer sangue novo. O pessoal de fora não é prisioneiro da lógica dominante. Eles são catalisadores naturais no processo de romper com as relações de trabalho e reconstruí-las a partir do zero.

De modo crítico, as ELCs devem incluir suas próprias equipes de desenvolvimento de produto, em vez de confiar apenas nos grupos globais de P&D. Os grupos globais foram formados e organizados para resolver desafios de inovação para o mundo rico. Eles contam com inúmeros especialistas eficazes em tecnologias de ponta que estão no coração dos produtos dos países ricos. Entretanto, ainda têm muito poucos especialistas em tecnologias com maior probabilidade de levar a avanços nos países pobres. Compare o número relativo e o status dos especialistas em bateria dentro de uma montadora estabelecida com seus correlatos em um novo fabricante de carros elétricos. Neste último, a bateria é a tecnologia central, e não um componente comum.

A evolução do negócio de ultrassom da GE ilustra perfeitamente os princípios fundamentais para a construção de ELC. No final dos anos 1990, o negócio de ultrassom da GE operava em três segmentos: radiologia, cardiologia e obstetrícia. As três unidades da GE, sediadas no mundo rico, tinham cada uma delas responsabilidade em termos de resultados e se subordinavam a Omar Ishrak, líder do negócio global de ultrassom. Essas unidades de negócio estavam todas focadas em produtos especiais de ultrassom para clientes do mundo rico. Elas buscavam tecnologias de ponta e enfatizavam desempenho, velocidade e qualidade de imagem. Elas criaram características e funções únicas (atualmente, as imagens de ultrassom em 3-D, e até mesmo em 4-D, com captura de movimento, são rotineiras).

Quando Ishrak começou a projetar um aparelho compacto de ultrassom para a China, viu que o novo negócio teria pouco em comum com as três unidades existentes. Assim, ele optou por não designar o desenvolvimento do ultrassom compacto para uma das três unidades. Em vez disso, montou uma ELC com responsabilidade em termos de resultados, sediada em Wuxi, na China. A ELC da China era distinta e separada da estrutura atual, e tinha a autoridade e o dever de atuar como participante do mercado local. A ELC foi construída como uma unidade de negócios completa, com toda uma cadeia de valor, incluindo desenvolvimento de produto, cadeia de suprimento, fabricação, marketing, vendas e serviços.

Ishrak selecionou Diana Tang para liderar a ELC. Tang tinha anos de experiência em marketing no negócio de ultrassom da GE na Ásia. Através de suas interações com os clientes, ela compreendeu muito claramente por que os produtos especiais da GE geravam uma resposta tão morna. E também estava ciente de que o governo chinês dava início a um esforço vigoroso para melhorar a saúde em áreas rurais.

A localização da ELC em Wuxi também era importante. Tang e seus colegas poderiam não só vigiar de perto seus concorrentes locais, como também visitar as clínicas locais e obter compreensão ainda maior de suas necessidades, seu fluxo de trabalho e as aplicações mais importantes do ultrassom. Imagine como seria difícil para uma equipe de gestão situada a milhares de quilômetros de distância obter esse tipo de conhecimentos.

Tang recrutou pessoal localmente, buscando especialistas em miniaturização e baixo consumo de energia, áreas relativamente pouco importantes para os negócios especiais da GE, mas cruciais para a ELC de Wuxi. Na montagem da equipe de comercialização, Tang buscou profundo conhecimento nas condições de mercado locais. Esperando evitar distorções e ideias preconcebidas aprendidas ao vender máquinas sofisticadas, ela diminuiu as transferências internas. Além disso, deliberadamente optou por não contratar vendedores vindos da Philips ou da Siemens, concorrentes globais da GE Healthcare. Em vez disso, atraiu pessoas de concorrrentes locais, incluindo a Mindray, adversária chinesa mais formidável da empresa.

Além de contratar pessoas de fora com currículos não tradicionais, a ELC se afastou de outras normas organizacionais. Por exemplo, em vez de depender do apoio ao cliente e da organização de reposição de peças da GE Healthcare global, a ELC montou equipes no interior do país que pudessem fornecer um serviço mais rápido e barato.

Criando ligações com os recursos globais

Até agora, enfatizamos a necessidade de construir uma ELC como se você estivesse criando uma nova empresa a partir do zero. Na realidade, porém, uma ELC deve ser muito mais poderosa do que uma empresa iniciante. Isso porque uma ELC tem o potencial (se devidamente previsto) de aproveitar plenamente os recursos e capacidades de sua controladora global.

Se uma empresa faz pouco esforço para conectar a ELC com a companhia como um todo, as chances de sucesso da equipe contra os rivais locais, os chamados gigantes emergentes, diminuirão muito. Considere as enormes vantagens comparativas dos concorrentes locais:

- Têm forte sentido de urgência. Se fracassarem, estarão mortos. Ao contrário das multinacionais, não podem se dar ao luxo de distribuir apostas entre mercados e países.
- Têm compreensão instintiva das necessidades do mercado local.
- São mais ágeis do que as subsidiárias locais de multinacionais ocidentais, que, em geral, são sobrecarregadas por exigências de aprovação por parte de uma sede distante.

- São jovens. Não possuem legados para proteger, ou mentalidades entrincheiradas ou ortodoxias para superar.
- Todos os recursos são locais e de fácil acesso.
- A maioria dos gigantes emergentes (como Tata, Reliance e Mahindra & Mahindra) é gerida por empresários de primeira e segunda geração. Eles são investidores pacientes que buscam apostas de longo prazo.
- Eles possuem imagens favoráveis como empresas locais.
- Estão bem conectados com importantes atores locais, incluindo instituições financeiras e governos.
- Têm grandes aspirações. Possuem uma paixão que vai além do sucesso nos negócios, no sentido de contribuir para o desenvolvimento econômico de seus países.

As multinacionais podem compensar essas vantagens consideráveis somente permitindo que a ELC tire partido da imensa base de recursos empresariais da companhia controladora: tecnologia, marca global, presença global, relações existentes com clientes, canais de distribuição, redes de abastecimento e capacidade de produção. Esses recursos são ativos com os quais os concorrentes dos mercados emergentes só podem sonhar. As ELCs devem ser distintas e ter poder, mas não devem trabalhar de forma isolada. As mais eficazes se envolvem em parcerias saudáveis com a empresa controladora.

Com a facilitação de Ishrak, a equipe de ultrassom de Diana Tang pôde explorar a ampla base de recursos globais da GE. A equipe de engenharia se "apropriou" de três talentos estelares dos centros de P&D da GE em Israel, Japão e Coreia do Sul. Eles estavam entre os melhores e mais respeitados engenheiros da empresa. O israelense Nahi Halmann, por exemplo, especialista em software com doutorado em Engenharia Biomédica, tem sido a força motriz por trás do trabalho da GE de mudar do oneroso hardware personalizado para a arquitetura centrada no software. Como tal, seu trabalho foi essencial para o objetivo do ultrassom compacto de redução radical do custo de um dispositivo de ultrassom.

Todos os três engenheiros convidados forneceram orientação ativa e pessoal para a equipe chinesa, especialmente quando o projeto começou a sair do papel. Eles também trouxeram para o projeto uma rica rede de relacionamentos com centros de P&D da GE ao redor do mundo. Cada engenheiro conseguiu identificar oportunidades para utilizar conhecimentos existentes em outros lugares da empresa. Por causa do talento e do status do trio, outros centros de P&D se colocaram à disposição para responder às suas dúvidas. A própria presença deles na ELC sinalizava a importância da missão.

Todavia, o desenvolvimento de parcerias saudáveis entre a ELC e o restante da empresa é um desafio. A inovação reversa e a glocalização representam uma mistura estranha. Pense em água e óleo. Sempre que os dois entram em contato, há conflito. Os líderes na unidade de negócios global podem ter várias reações em relação às ELCs:

- Questionar a sabedoria de alocar recursos (capital, tempo e energia) em um projeto distante com retorno incerto em longo prazo.
- Temer quaisquer novas ofertas que, eventualmente, possam canibalizar as existentes.
- Tentar proteger ativos cruciais, como marcas globais ou relacionamento com clientes, de possíveis prejuízos com projetos arriscados.
- Exigir medições quantitativas do desempenho e do progresso em relação ao planejamento como meio de justificar a continuação do investimento na ELC.

Somente um executivo inexperiente esperaria que os líderes da ELC e seus correspondentes no negócio global conseguiriam resolver por conta própria os inevitáveis (e às vezes bastante acalorados) conflitos. Os chefes da ELC e os líderes das unidades de negócio global dificilmente podem ser considerados equivalentes. Os últimos normalmente comandam recursos bem maiores, têm mais tempo de casa e gozam de conexões políticas mais amplas dentro da organização. Além disso, os líderes globais conseguem justificar seus pedidos de recursos com necessidades de curto prazo, em geral para satisfazer um cliente existente. Em comparação, um líder da ELC tem um orçamento menor, menos experiência, menor influência e menos conexões. Ele consegue prometer, na melhor das hipóteses, uma esperança em longo prazo. Supor que essas duas partes consigam resolver sozinhas suas diferenças é como esperar que o prego pudesse resolver suas diferenças com o martelo. Essa é uma via rápida para o fracasso.

Os conflitos só conseguem ser resolvidos a favor da ELC quando uma força mais poderosa de compensação entra na mistura. É por isso que a ELC deve estar subordinada a um executivo bastante graduado. Mesmo quando era minúscula, a ELC da China se reportava diretamente a Ishrak.

Os executivos que supervisionam as ELCs devem ser capazes de realizar as seguintes tarefas:

Identificar e solidificar conexões valiosas entre a ELC e a organização global. Essas conexões podem assumir muitas formas, inclusive visitas ocasionais e telefonemas, "empréstimos" temporários de especialistas e comprometimento de recursos significativos. Esses arranjos não ocorrem apenas porque uma ELC pede educadamente por ajuda voluntária; um executivo graduado deve facilitar as conexões. Ishrak ajudou a ELC China a tirar proveito da ampla base de recursos globais da GE.

Proteger os recursos da ELC. As ELCs são apostas de vários anos. A menos que supervisionadas por executivos com influência sobre orçamentos de capital de longo prazo, as ELCs poderiam ficar sujeitas a concorrer com prioridades de curto prazo. Isso é mais do que uma questão de orçamentos. Os executivos patrocinadores devem também ter bastante poder para priorizar os esforços de funcionários-chave. Como no exemplo do ultrassom, os engenheiros de P&D da organização global talvez precisem argumentar em apoio de uma ELC, mesmo que isso signifique transferir tempo e energia do lançamento do produto do próximo trimestre. Ishrak teve poder suficiente para estabelecer que a ELC fosse uma prioridade na qual não houvesse interferência. Além disso, se Ishrak não tivesse protegido a ELC, seus engenheiros na China poderiam ter sido desviados para outros projetos – prioridades-padrão, dada a agenda extremamente ambiciosa da GE para o desenvolvimento de produtos para países ricos.

Adicionar recursos para permitir que a organização global possa realizar dois trabalhos. Antes de a ELC ser formada, as pessoas na organização global tinham um único trabalho: as operações em andamento. Depois dela, passam a ter dois: as operações em andamento e apoiar a ELC. Os conflitos geralmente surgem quando as pessoas são solicitadas a fazer mais com recursos inadequados. Para realizar dois trabalhos em vez de um, as pessoas precisam de ajuda. Pode ser necessário aumentar o quadro de pessoal. Muitas vezes, as ELCs são deixadas implorando por ajuda voluntária, mas essa abordagem só é realista quando as iniciativas de inovação reversa são nascentes, e as ELCs, pequenas. Mais uma vez, seu projeto deve encontrar seu Ishrak.

Modificar as avaliações de desempenho individual. Torne bem claro que as respostas à pergunta "Qual foi seu apoio para as ELCs da empresa nas economias emergentes?" pesarão muito nas avaliações anuais de desempenho.

Fazer as ELCs pagarem pela ajuda que recebem da organização global. Isso pode ser conseguido através de uma transferência contábil interna. A quantia exata da transferência é menos importante do que aquilo que ela sinaliza: quando as ELCs pagam pelo que obtêm, são tratadas mais como clientes do que como distrações.

Ajudar a recrutar bons "contatos". Enquanto as contratações de fora oferecem um reforço importante à característica de algo completamente novo de uma ELC, as contratações internas são inestimáveis na construção de bons relacionamentos entre a ELC e a organização global. Ishrak designou executivos de Israel, Japão e Coreia do Sul para a ELC China. No longo prazo, esses especialistas globais ganharam conhecimento sobre as realidades econômicas, sociais, culturais e em nível de rua dos mercados emergentes.

Em função disso, esses especialistas se tornam colaboradores cada vez mais valiosos para os futuros esforços de inovação reversa e poderosos educadores para o restante da equipe de liderança da empresa. Através desses mecanismos simbióticos, a cultura legada da empresa ganha conforto, confiança e entusiasmo com relação ao valor da inovação reversa em geral e das ELCs em especial.

TABELA 4-1

Como gerenciar as tensões entre as equipes locais de crescimento (ELCs) e a organização global

Os conflitos entre as ELCs e a organização global são inevitáveis e podem esmagar os esforços de inovação reversa. No entanto, você pode (e deve) estabelecer uma parceria saudável entre os dois, tomando as seguintes atitudes:

- Enfatize que a inovação reversa *não substitui a glocalização*.
- Ajude as ELCs a aproveitarem os recursos globais identificando e solidificando conexões valiosas entre a ELC e a organização global.
- Proteja os recursos da ELC.
- Onde as ELCs contam com a ajuda da organização global, adicione recursos de modo que a organização global consiga realizar dois trabalhos: ter um bom desempenho nas operações em andamento e apoiar a ELC.
- Modifique as avaliações de desempenho individual para que os líderes da organização global compreendam que o apoio às ELCs é responsabilidade crítica.
- Através de transferência contábil interna, faça as ELCs pagarem pela ajuda que recebem da organização global.
- Ajude a ELC a recrutar bons contatos internos: pessoas que compreendam as necessidades dos mercados emergentes e as pressões do negócio global.

A Tabela 4-1 resume nossas recomendações para criar ligações sólidas e saudáveis com a organização global.

Gerenciando experimentos disciplinados

Todos os esforços de inovação são inerentemente incertos. Em consequência, nos primeiros estágios de um esforço de inovação reversa, é menos importante cumprir o plano do que estabelecer hipóteses sobre o futuro, testá-las, converter incertezas em conhecimento e aplicar as lições aprendidas para desenvolver um modelo de negócio viável. Na batalha pela conquista de novos mercados, o vencedor não é necessariamente a empresa que começa com a melhor estratégia. Muitas vezes é aquela que aprende e se adapta de forma mais rápida e inteligente.

As práticas a seguir ajudarão a ELC a maximizar o aprendizado.

Foco na resolução das incógnitas fundamentais

Em uma empresa estabelecida, os planos tendem a estar carregados de dados. Os líderes de ELCs também devem lutar para reunir o maior número possível de dados, mas também devem reconhecer que, não importa quão ampla seja sua pesquisa inicial, os aspectos desconhecidos provavelmente ultrapassarão os conhecidos. Portanto, o plano de negócios inicial deve ser visto pelo que ele realmente é: o melhor palpite. Portanto, as conversas durante as revisões dos negócios devem concentrar-se em resolver as incógnitas, principalmente as seguintes:

- Qual é o tamanho do mercado?
- Qual nível de preço desbloqueará o mercado?
- Será que os clientes estarão dispostos a assumir o risco de um novo produto revolucionário?
- Quais outros concorrentes entrarão no mercado? Com que rapidez? Com que agressividade?
- Será que conseguiremos projetar o produto certo?
- Será que conseguiremos fabricar o produto pelo preço certo?

Para acelerar o aprendizado, vale a pena classificar as incógnitas mais importantes: pressupostos que, caso estejam errados, poderiam ser fatais para a estratégia. Em seguida, teste-os da forma mais rápida e barata possível.

Ishrak fez isso com a ELC China. Desenvolver e comercializar aparelhos portáteis de ultrassom na China rural era um processo cheio de incertezas. Apropriadamente, a equipe adotou uma abordagem do tipo "experimentar e aprender". Sempre que possível, conduzia experimentos de baixo custo para testar pressupostos críticos sobre como sua abordagem libertaria todo o potencial dos mercados. A exortação de Ishrak era: "Mantenha o ciclo de aprendizado rápido e o custo baixo. Aprenda primeiro, depois invista e amplie. Não invista demais e depois fique esperando aprender."

Por exemplo, a ELC sabia que os médicos na China rural estavam menos familiarizados com aparelhos de ultrassom do que os médicos nas cidades. Mas havia uma incógnita crítica sobre quais características (em que nível de complexidade técnica) atenderiam às necessidades dos médicos rurais. Assim, a equipe convidou médicos para usar e criticar os protótipos de máquinas. Os membros da equipe aprenderam que a facilidade de uso, principalmente na triagem de primeiros cuidados, era bem mais crucial do que haviam previsto. Em função disso, aumentaram a ênfase em treinamento, ofereceram orientações on-line, projetaram teclados mais simples, criaram predefinições embutidas para determinadas tarefas e pesquisaram a satisfação do cliente após a venda para medir o sucesso.

Mais tarde, a fim de reduzir os riscos associados à construção e à distribuição de uma rede que atingiria todos os cantos da China, a ELC procedeu a uma estratégia progressiva de implantação. As equipes de venda foram montadas antes em regiões em que o concorrente local, Mindray, era mais fraco. Isso aumentou as chances de sucesso da GE e otimizou a curva de aprendizado. A ELC conseguiu obter mais conhecimento sobre o cliente antes de ampliar seu investimento. A equipe observou o comportamento de compra dos clientes e analisou como usavam o produto. Além disso, a ELC aprendeu como contratar, treinar e distribuir melhor sua força de vendas – tudo isso antes de enfrentar a Mindray nos redutos do concorrente.

Desenvolva um scorecard *personalizado*

Os indicadores comumente usados dentro de uma empresa podem tornar-se pontos de referência quase instintivos para avaliar o desempenho. Porém, talvez sejam de pouco uso para um esforço de inovação reversa. Portanto, o scorecard para o progresso de uma ELC deve ser personalizada para o projeto. Deve destacar especialmente os principais indicadores – medidas que darão os primeiros indícios sobre se a estratégia está funcionando ou não.

Ishrak teve o cuidado de elaborar critérios locais relevantes para avaliar o desempenho da equipe. Por exemplo, pelo fato de o processo de aprovação governamental para o lançamento de novos produtos ser menos pesado na China do que no mundo desenvolvido, ele definiu ciclos de desenvolvimento de produto muito mais curtos. Além disso, como os salários são menores e a demanda por serviços é maior na China, ele também permitiu uma equipe maior de serviços de suporte em relação ao número de máquinas instaladas (um desvio dos padrões globais da GE Healthcare, mas que fazia sentido nesse contexto).

Revise os planos frequentemente

Na maioria das empresas, os planos são fixados por um ano de cada vez. Isso é bom quando o passado pode servir como guia confiável para o futuro, mas esse não é o caso com as inovações. Para aprender rapidamente, os líderes da ELC devem revisar seus planos com frequência. A iteração anual é insuficiente.

No início do projeto de ultrassom compacto, Ishrak se reuniu muitas vezes com a ELC China (mensalmente, pelo menos, e às vezes semanalmente) para analisar seu progresso. Ele acreditava que revisões frequentes acelerariam o aprendizado da equipe.

Avalie os líderes da ELC pelo aprendizado, e não pelos resultados em relação ao planejado

A profusão de incertezas nos esforços de inovação reversa faz com que não seja justo nem realista avaliar os líderes de inovação pela entrega conforme o planejado ou avaliá-los com base em indicadores financeiros de curto prazo. Porém, isso não significa que eles tenham passe livre. Os líderes da ELC podem e devem enfrentar duras avaliações e expectativas exigentes. As questões que mais importam incluem as seguintes: Será que o líder conduziu um experimento disciplinado? Será que a equipe aprendeu do modo mais rápido e barato possível? Será que tomou decisões sensatas com base em lições aprendidas claramente identificadas? E, finalmente, a equipe está resolvendo bem ou refinando pressupostos importantes no caminho de desenvolver uma estratégia viável? Perguntar e saber responder a essas questões são atitudes que mantêm o foco onde ele deveria estar: no aprendizado rápido e disciplinado.

Explorando plenamente as oportunidades globais

Uma ELC que atende com sucesso às necessidades dos clientes locais tem algo para comemorar. Porém, este não é o final da jornada. O próximo passo é difundir a inovação para outros mercados ao redor do mundo.

Aqui é onde as multinacionais com legado têm sua maior vantagem sobre os concorrentes locais. Elas já têm presença global. Elas podem mover-se rapidamente para cantos do mundo que os gigantes emergentes ainda não visitaram. Para tirar o máximo dessa vantagem, os altos executivos devem iniciar discussões que incluam foco explícito na identificação de oportunidades.

Por exemplo, durante o final da década de 1990, Ishrak criou um grupo chamado Conselho Global do Produto Ultrassom da GE Healthcare. Ele era constituído pelos principais especialistas da empresa neste setor, por seus mercados e por suas tecnologias atuais e futuras. Quando chegou o momento de difundir o ultrassom compacto em outros mercados, Ishrak utilizou o conselho para ajudar a avaliar as oportunidades em todo o mundo.

Possíveis movimentações para dentro de outros países em desenvolvimento tendem a ser relativamente simples. Provavelmente, as necessidades de um país pobre para outro não diferem muito. As necessidades fundamentais, como preço extremamente baixo, portabilidade, facilidade de uso e utilidade em condições de infraestrutura mínima, são comuns entre os mercados emergentes. Em consequência, não é necessário definir um esforço de inovação completamente novo para cada país pobre. Na verdade, personalizações relativamente simples da inovação reversa original serão suficientes.

Também não é necessário estabelecer ELCs em cada mercado emergente (uma boa coisa, pois existem mais de 150 deles). Em vez disso, as multinacionais podem pensar em termos de um ou de um punhado de centros globais de excelência para a inovação reversa. Eles poderiam concentrar-se nos 10 maiores mercados emergentes que representam mais de 60% da população e mais de 60% do PIB no mundo em desenvolvimento: Brasil, China, Índia, Indonésia, México, Nigéria, Rússia, África do Sul, Turquia e Vietnã.

As movimentações para o mundo rico poderiam avançar pelos mercados marginalizados ou convencionais. O processo de identificação de mercados marginalizados é simples. Um mercado marginalizado é, por definição, aquele que geograficamente faz parte do mundo rico, mas é semelhante, em aspectos fundamentais, aos mercados do mundo pobre. Mesmo no mundo rico, existem pessoas pobres, ou pessoas com necessidades semelhantes às do mundo pobre.

Apontar o surgimento de mercados convencionais para inovações reversas é um pouco mais complicado. A ideia é formular perguntas que focalizem na defasagem de necessidades e nas tendências que possam preencher essas defasagens conforme descrevemos no Capítulo 2. Com essas defasagens e tendências em mente, certifique-se de que suas discussões sobre estratégia incluam os seguintes tópicos:

1. Quanto tempo levará até que a tecnologia subjacente à nossa inovação reversa melhore a tal ponto que nossos clientes tradicionais do mundo rico fiquem interessados? Além disso, será que nossos clientes tradicionais do mundo rico enfrentarão restrições orçamentárias tão significativas que nossa inovação reversa de preço extremamente baixo virá a se tornar mais atraente?
2. Nossas inovações em infraestrutura estão tendo sucesso em inúmeros mercados emergentes. Em algum ponto, elas poderão interessar clientes do mundo rico. Em quanto tempo a infraestrutura do mundo rico atingirá a idade de substituição?

3. Quando nossos clientes do mundo rico enfrentarão pressões de sustentabilidade que sejam tão extremas quanto as enfrentadas por nossos clientes do mundo em desenvolvimento?
4. Quanto tempo levará até que os sistemas de regulamentação do mundo rico estejam adequados às inovações já em curso nos países pobres?
5. Será que nossos clientes do mundo rico estão experimentando ou adotando gostos e preferências que são predominantes no mundo em desenvolvimento?

Fazer a transição da inovação para a propagação pode ser complicado. Isso coloca novas exigências desconhecidas sobre a ELC. Durante a fase de inovação, as ELCs ficam acostumadas com o grau extraordinário de independência. Seu trabalho é apoiado por outras pessoas de todo o mundo. Entretanto, quando têm sucesso no mercado local, essa orientação muda. À medida que sua inovação se espalha pelo mundo, as ELCs devem deixar de serem apoiadas para se tornarem apoiadoras. Elas devem aceitar (e aprender a desempenhar) esse papel de apoio. As ELCs só conhecem os próprios mercados locais. O esforço de expansão global de uma inovação deve ser conduzido por líderes em outros lugares, e as ELCs devem atender às necessidades deles. Essa transição exige grande atenção dos altos executivos.

Os indivíduos com bons contatos são, mais uma vez, extremamente valiosos para ajudar as ELCs a desempenhar esse novo papel. Os bons contatos compreendem, ao mesmo tempo, os mercados locais e os globais, as culturas e os modelos de negócios. Eles podem servir como guia para os que não estão familiarizados (para todos os envolvidos).

No devido tempo, e com apoio adequado, as ELCs bem-sucedidas se tornam muito mais do que apenas negócios locais. Elas se tornam centros globais de excelência em suas atividades. A ELC de ultrassom da GE na China se tornou o centro mundial para o desenvolvimento de unidades compactas de ultrassom.

Acalmando os temores de canibalização

Em muitos casos, trazer as inovações reversas para dentro de casa atiça os temores de canibalização. Por que substituir as vendas de produtos com qualidade superior pelas de produtos com preços baixos?

Certamente, é razoável ficar preocupado com a canibalização, mas é perigoso ser congelado por seu espectro. Afinal, se você não canibalizar a si mesmo, alguém o fará em seu lugar. Por outro lado, se você for o primeiro a colocar o produto no mercado, poderá controlar a taxa de canibalização; pelo menos até um concorrente chegar com uma oferta similar.

A entrada original da GE no mercado de ultrassom sob o comando de Jack Welch foi, em si mesma, uma barreira contra a canibalização. Parecia possível que o ultrassom tivesse um avanço no desempenho a ponto de ameaçar as máquinas de diagnóstico de preços mais elevados da GE, tais como os scanners CAT e as máquinas de ressonância magnética. Mesmo na década de 1980, a GE previa a necessidade de se canibalizar.

Além disso, os produtos com potencial de canibalização também apresentam, muitas vezes, impacto compensatório: estimulam um novo consumo. Os preços extremamente baixos estimulam a demanda entre aqueles que nunca comprariam um modelo de qualidade superior (no caso do ultrassom compacto, os novos clientes são as pequenas clínicas e os consultórios médicos, em contraposição aos grandes hospitais). Deve-se considerar ainda que as inovações reversas têm potencial para atingir mercados inteiros marginalizados, que consistem de clientes até então não atendidos (por exemplo, o ultrassom compacto pode agora ser encontrado em ambulâncias. Os aparelhos podem ser utilizados por paramédicos no atendimento de acidentes em locais remotos).

Por fim, a canibalização completa é altamente improvável, pois as inovações reversas não conseguem duplicar o desempenho e funcionalidade dos produtos existentes. Em geral, há espaço para coexistência tanto do novo quanto do velho. Embora venham sendo realizadas grandes melhorias em toda a gama de aparelhos portáteis de ultrassom, eles dificilmente substituirão os equipamentos tradicionais de maior porte, que ainda oferecem melhor qualidade de imagem e mais recursos do que até mesmo os melhores sistemas portáteis.

Adicionando novas forças

As recomendações que temos apresentado neste capítulo representam um grande desafio (ver Tabela 4-2, com um resumo dos principais passos para se construir uma ELC). No entanto, elas não estão fora de proporção com o alto grau inerente de dificuldade das inovações reversas. A inovação reversa representa uma diferença substancial em relação à glocalização. Não se trata de melhorar um modelo de negócios existente; trata-se de criar novos modelos de negócios. Não se trata de ganhar participação de mercado; trata-se de criar novos mercados robustos.

Para ter sucesso nesse novo desafio completamente diferente, as empresas globais devem afastar-se, de forma substancial, de antigas normas organizacionais. Mudanças descontínuas na estratégia exigem mudanças descontínuas na organização. De fato, a inovação reversa exige suprema agilidade institucional. Ela pode representar a manobra organizacional e gerencial mais incômoda que as empresas globais já tenham alguma vez tentado.

TABELA 4-2

Como a lógica das equipes locais de crescimento (ELCs) difere da lógica das organizações globais com legado

Arquitetura organizacional para a glocalização	ELCs
• Conta com líderes por função localizados em mercados emergentes se reportando à sede mundial.	• Conta com chefes de função colaborando estreitamente em uma pequena equipe empreendedora. Em especial, aqueles com conhecimento de mercado trabalham em estreita colaboração com os de capacidade técnica.
• Fortalece o pessoal interno com profundo conhecimento construído durante longas carreiras.	• Aproveita pessoas de fora com novas habilidades e experiência que possam ajudar a atender às necessidades características dos mercados emergentes.
• Respeita normas organizacionais tradicionais estabelecidas há muito tempo, como a maneira de definir funções e responsabilidades e de formar as hierarquias.	• Ignora normas organizacionais estabelecidas há muito tempo. Monta ELCs para as tarefas em questão, como se fossem novas empresas sendo constituídas a partir do zero.
• Foco na apresentação de resultados: dentro do prazo, orçamento e especificações.	• Foco na solução de aspectos desconhecidos, aprendendo rapidamente e visando diretamente a um modelo de negócios bem-sucedido.
• Foco em indicadores de desempenho bastante conhecidos e de longa data.	• Desenvolve um scorecard personalizado que destaca medições que ajudam a resolver incógnitas.
• Segue um ciclo de planejamento anual.	• Permite revisões frequentes do planejamento, com a mesma frequência com que surgem novos dados que possam solucionar aspectos desconhecidos.
• Avalia os líderes principalmente pelos resultados fornecidos.	• Avalia os líderes principalmente pelo aprendizado ao conduzir experimentos disciplinados.

Conforme já afirmamos, porém, as inovações reversas exigem que se parta das práticas do passado com um alvo definido (e não no atacado). A intenção não é desmantelar a capacidade de glocalização, e sim melhorar o que existe com uma nova força: a inovação reversa.

Embora os desafios organizacionais sejam difíceis, são solucionáveis. E, quando são resolvidos, passam a se constituir em propostas em que todos ganham: tanto as multinacionais quanto os países pobres. A força imensa das empresas globais será posta para trabalhar nos mais importantes desafios de desenvolvimento econômico de nossa era. Com o tempo, tanto as multinacionais quanto os países pobres serão transformados. As empresas aprimorarão capacidades novas e mais relevantes para os mercados emergentes, e os clientes que elas atendem terão acesso a bens e serviços com valor superior e que verdadeiramente refletem a maneira como as pessoas vivem.

A Parte II mostra como oito organizações bastante diferentes estão fortalecendo seus músculos de inovação reversa. Suas jornadas estão cheias de armadilhas, mas também, como você verá, de recompensas estimulantes.

Resumos das principais ideias

- Instale equipes locais de crescimento (ELCs) com plena capacidade empresarial para cada oportunidade de inovação reversa. As ELCs devem atuar como empresas inteiramente novas:
  - Elas devem conduzir avaliações de necessidades completamente novas.
  - Devem desenvolver soluções completamente novas.
  - Devem praticar projetos organizacionais completamente novos.
- Permita que as ELCs aproveitem a base de recursos globais de sua empresa através de parcerias cuidadosamente gerenciadas.
- Gerencie iniciativas de inovação reversa como experimentos disciplinados, com foco na resolução, de forma rápida e barata, de aspectos desconhecidos críticos.

PRINCIPAIS TAREFAS

A cartilha da inovação reversa

AQUI resumimos as recomendações mais importantes da Parte I do livro. Na Parte II, analisaremos oito estudos de caso que mostram esta cartilha em ação.

Estratégia

1. Para obter crescimento em mercados emergentes, você deve inovar, e não apenas exportar.
2. Aproveite oportunidades para transferir as inovações em mercados emergentes para outras partes do mundo: para outros países pobres, para mercados marginalizados em países ricos e, finalmente, para mercados tradicionais em países ricos.
3. Mantenha os chamados gigantes emergentes em sua tela de radar. Essas empresas pequenas, mas de crescimento muito rápido, sediadas no mundo em desenvolvimento, possuem aspirações globais que podem um dia ameaçar as suas.

Organização global

1. Desloque pessoas, poder e dinheiro para onde está o crescimento: o mundo em desenvolvimento.
2. Desenvolva uma mentalidade de inovação reversa por toda a empresa. Coloque o foco sobre os mercados emergentes utilizando designações no exterior, experiências de imersão, eventos da empresa que são realizados nos mercados emergentes, nomeações criativas para a diretoria e ações altamente visíveis do CEO.
3. Crie scorecards de negócios em separado para os países em desenvolvimento com responsabilidade plena quanto a resultados e ênfase em indicadores de crescimento.

Organização do projeto

1. Instale equipes locais de crescimento (ELCs) com plena capacidade empresarial para cada oportunidade de inovação reversa. As ELCs devem atuar como empresas inteiramente novas:
   - Devem conduzir avaliações de necessidades completamente novas.
   - Devem desenvolver soluções completamente novas.
   - Devem praticar projetos organizacionais completamente novos.
2. Permita que as ELCs aproveitem a base de recursos globais de sua empresa através de parcerias cuidadosamente gerenciadas.
3. Gerencie iniciativas de inovação reversa como experimentos disciplinados, com foco na resolução de forma rápida e barata de aspectos desconhecidos críticos.

PARTE II

A inovação reversa em ação

CAPÍTULO 5

Logitech e o Mouse* que rugiu

*Se ignorar os concorrentes iniciantes,
você pagará um preço alto*

Quantos concorrentes não detectados são necessários para derrubar uma estratégia? Apenas um – mesmo um que não seja maior do que um rato.

Esta é uma história admonitória de como a Logitech, fabricante pioneira de periféricos de computador, incluindo dispositivos de entrada de dados como teclados e mouses, utilizou princípios de inovação reversa para evitar um desastre em potencial. Ela também reforça como é importante que toda multinacional preste muita atenção nos concorrentes locais em mercados emergentes. Se eles não estão em sua tela de radar, deveriam estar.

A Logitech, multinacional com mais de 30 anos sediada na Califórnia, tem feito negócios na China desde a sua primeira joint venture em 1993 para fabricação em Xangai. A empresa acreditava que tinha uma estratégia vencedora na China. A estratégia, uma glocalização clássica, assumia que as inovações fluíam para baixo – que os mesmos produtos feitos para os consumidores ocidentais acabariam tendo sucesso nos mercados emergentes, com pequenas modificações, na melhor das hipóteses.

---

* *Nota do Tradutor*: A tradução literal de *mouse* em português é "rato", o que gera o duplo sentido do título do capítulo.

De fato, na visão de mundo da Logitech, os usuários de tecnologia estavam se tornando iguais por todo o mundo, na medida em que a informação onipresente pela internet aguçava o apetite de consumo em todos os lugares pelos dispositivos mais novos. Os usuários chineses de computadores, em seu comportamento e preferências, acabariam, no final, se tornando iguais aos dos Estados Unidos. Seria apenas uma questão de tempo e paciência.

Na China, a Logitech vinha empurrando mouses sem fio com preços aproximadamente a partir de $50. A Logitech acreditava que poderia pedir um preço especial por características especiais. Seu modelo mais caro, com preço de $149, não necessitava de uma superfície dura: podia operar no ar! Embora os resultados na Logitech da China não fossem brilhantes, a empresa estava disposta a esperar que o mercado chinês alcançasse o do mundo rico. O que a Logitech não havia percebido, porém, era que, conforme observamos no Capítulo 3, você poderia realmente ser ultrapassado enquanto ficava esperando.

A paciência estratégica (o oposto em termos de temperamento das fibras de contração rápida da inquietação estratégica) é muitas vezes uma característica admirável nos negócios. Porém, uma estratégia de produto que trata os mercados pobres como se fossem evoluir para mercados exatamente iguais aos ricos de hoje pode levar à perda de oportunidades. E pode até mesmo ser perigosa em relação ao mercado doméstico.

No final de 2008, uma empresa chinesa chamada Rapoo lançou um mouse sem fio por $15 – um preço extremamente baixo pelo qual os chineses ansiavam. Além disso, nas características que eram mais importantes para a China, o produto da Rapoo dispunha de recursos equivalentes aos dos modelos de $50 da Logitech.

Rapoo? Quem eles pensam que são? Naquele momento, Rapoo era Davi para o Golias da Logitech. O mouse da Rapoo era como uma pedra atirada exatamente em direção ao centro da estratégia da Logitech.

Na verdade, a Rapoo já vinha funcionando há 10 anos ou mais. Como parte de uma empresa controladora chamada MLK, ela vinha fornecendo mouses e teclados com marca própria dos distribuidores para fabricantes de computadores e grandes lojas varejistas de produtos eletrônicos. Somente em 2008, ela começou a concorrer no mercado com o nome Rapoo.

De acordo com Rory Dooley, que comanda os negócios de mouses e teclados da Logitech, o lançamento do mouse Rapoo desencadeou inicialmente "um pouco de negação".[1] Companhias com longos registros de vendas e história de sucesso estão acostumadas com pequenas empresas novatas que vêm e vão rapidamente. Assim, quando a Rapoo surgiu com um produto que parecia querer virar o jogo, Dooley diz que houve a inevitável negação.

Chame isso de assobiar fingindo tranquilidade: "Já vimos isso antes e essas pessoas sempre desaparecem." No entanto, dados independentes do mercado mostravam que os consumidores chineses estavam adquirindo rapidamente o novo mouse da Rapoo. Segundo Dooley, a Rapoo havia encontrado uma maneira de fornecer apenas os recursos certos pelo preço certo. A novata estava ganhando participação à custa da Logitech.

As empresas multinacionais tendem a acompanhar obsessivamente seus concorrentes de alto nível. O principal rival da Logitech no mercado de mouse, por exemplo, é a Microsoft; assim, a Logitech está acostumada a prestar muita atenção na tecnologia da Microsoft e em suas jogadas de marketing. No entanto, deu pouca importância à Rapoo.

Em tempo, porém, Dooley e outros analisaram os dados de mercado. Eles viram que a ameaça da Rapoo era real e que era pouco provável que fosse desaparecer.

O que faz um supermouse?

Para a média dos pouco exigentes usuários ocidentais de computador, um mouse é apenas um mouse – uma peça pequena no uso do computador que só é notada quando funciona mal. Alguém que utiliza o mouse tranquilamente enquanto trabalha em um computador de mesa contenta-se com um modelo simples com fio. Pense nele como o Honda Civic dos mouses: confiável, mas não chamativo.

O mouse com fio, porém, é uma espécie em extinção. Além disso, a maioria dos usuários (jogadores de videogame, designers, desenvolvedores e consumidores de conteúdos ricos em gráficos) quer a BMW do mouse sem fio, e não o Civic com fio. Se você não tem se perguntado recentemente sobre o que seria um mouse sem fio "top de linha" no estado da arte, aqui está seu perfil de personalidade:

- *Alcance.* Ele funciona a longas distâncias, até 100m.
- *Velocidade.* Ele é rápido, sem atrasos perceptíveis entre o movimento do mouse e o movimento na tela.
- *Blindagem.* Acontece que os mouses mais simples não respondem bem à pressão dos colegas. Seu desempenho pode ser prejudicado por interferência de mouses vizinhos ou outros dispositivos sem fio.
- *Superfícies.* Ele funciona bem em praticamente qualquer superfície. O vidro, diz Dooley, é uma superfície notoriamente complicada, mas a Logitech tem um modelo que funciona sobre vidro.

- *Programação*. Ele pode ser personalizado. Os usuários podem fazer ajustes nas características do mouse, como sensibilidade ao movimento, o intervalo máximo entre cliques que ainda constitui um clique duplo, e assim por diante.
- *Simplicidade*. É fácil de usar; basta ligá-lo.
- *Ergonomia*. Ele atenua os efeitos de estresse repetitivo.

Linha de produtos da Logitech: bom, melhor, ótimo

No coração do mouse sem fio, está seu chip sem fio. Havia três padrões de tecnologia amplamente utilizados em jogo em 2008. Em ordem crescente de desempenho, havia o chip de 27 megahertz (MHz), o chip de 2,4 gigahertz (GHz) e o chip Bluetooth. A escolha da tecnologia sem fio era, em grande parte, determinada pelo desempenho do mouse nas primeiras três características listadas (alcance, velocidade e blindagem) e era também o principal motivo do preço.

A Logitech segmentou sua linha de produtos em três categorias principais: bom (baixo preço, baixo desempenho, chip de 27 MHz); melhor (preço médio, desempenho médio, chip de 2,4 GHz) e ótimo (alto preço, alto desempenho, chip Bluetooth). Os modelos bom, melhor e ótimo tinham alcance de 0,3m a 1,5m, 2 a 10m e 11m a 100m, respectivamente, e preços de aproximadamente $30, $50 e de até $150. Porém, quando os clientes da Logitech avançavam do chip bom para o chip melhor e para o chip ótimo, obtinham mais do que melhoria de alcance, velocidade e blindagem; também adquiriam melhor desempenho nas outras características do mouse, incluindo superfícies, programação e ergonomia. Esses conjuntos de características e recursos pareciam funcionar muito bem no mundo rico.

Por que a China necessitava de um mouse mais poderoso

No entanto, a abordagem da Logitech não funcionou bem na China. Por quê? Porque os clientes chineses são diferentes.

Em primeiro lugar, a densidade populacional em cidades chinesas é extremamente elevada. A interferência de um mouse no apartamento ao lado podia, inadvertidamente, perturbar a transmissão do sinal de seu mouse, retardando ou impedindo sua ação. Em consequência, a blindagem robusta não era uma opção de luxo em áreas urbanas; era uma necessidade.

Outra característica distintiva do mercado chinês é que os consumidores favorecem o conteúdo de vídeo gratuito da internet em relação à TV a cabo. Parte do motivo é que as infraestruturas de satélite e cabo na China são muito menos desenvolvidas do que nos Estados Unidos. Além disso, enquanto os consumidores nos Estados Unidos talvez não pensem duas vezes em pagar $50 ou mais mensais por uma assinatura de TV a cabo, os consumidores chineses tendem a hesitar. "Muitas motivações na China são movidas pela economia", diz Dooley. Os usuários chineses ligam seus notebooks nas televisões para assistir a filmes e programas de televisão baixados pela internet. Eles precisam de um mouse com alcance suficiente para permitir que fiquem sentados no sofá e utilizem o mouse como unidade de controle remoto da televisão.

A Logitech tinha sua base em uma visão de mundo ocidental. Em função disso, essas diferenças facilmente passaram despercebidas. Relativamente poucos clientes nos Estados Unidos sofrem com problemas graves de interferência. A maioria dos americanos vive em casas isoladas, construídas em grandes terrenos, com muitos metros separando-os de seus vizinhos (a densidade populacional na China é mais do que quatro vezes a dos Estados Unidos). Além disso, as TVs a cabo ou satélite são praticamente onipresentes nos Estados Unidos. Poucos americanos se sentem inclinados a tratar a internet como uma alternativa para a TV a cabo. Assim, eles não ligam seus computadores nas televisões e não precisam do mouse funcionando como controle remoto.

Onde a Logitech estava temporariamente cega, a Rapoo viu a luz. Havia um buraco no mercado que a Logitech não percebia com sua linha de produtos "bom-melhor-ótimo". Embora os consumidores chineses, ansiosos por conseguir o menor preço possível, pudessem estar dispostos a abrir mão de certas dimensões do desempenho, definitivamente precisavam de um chip sem fio "melhor" para conseguir alcance suficiente e blindagem. A Rapoo ofereceu um mouse com o desempenho superior de um chip de 2,4 GHz, mas ao preço mais baixo do de 27 MHz (Figura 5-1).

Enquanto isso, a Logitech permanecia presa em sua visão de mundo da glocalização. Segundo Dooley, a empresa acreditava que precisaria esperar alguns anos mais para os chineses adotarem em grande quantidade o mouse sem fio "melhor". Na realidade, os consumidores chineses estavam prontos. Eles só não estavam prontos para adotá-lo pelo preço que a Logitech havia estabelecido, e não se importavam com as características que a Logitech havia empacotado junto com ele.

FIGURA 5-1

Mercado de mouse sem fio

Inovação da Rapoo: combinar "melhor" característica específica do chip com outras características "boas o suficiente" e identificar o ponto ideal do mercado: a tecnologia certa pelo preço correto.

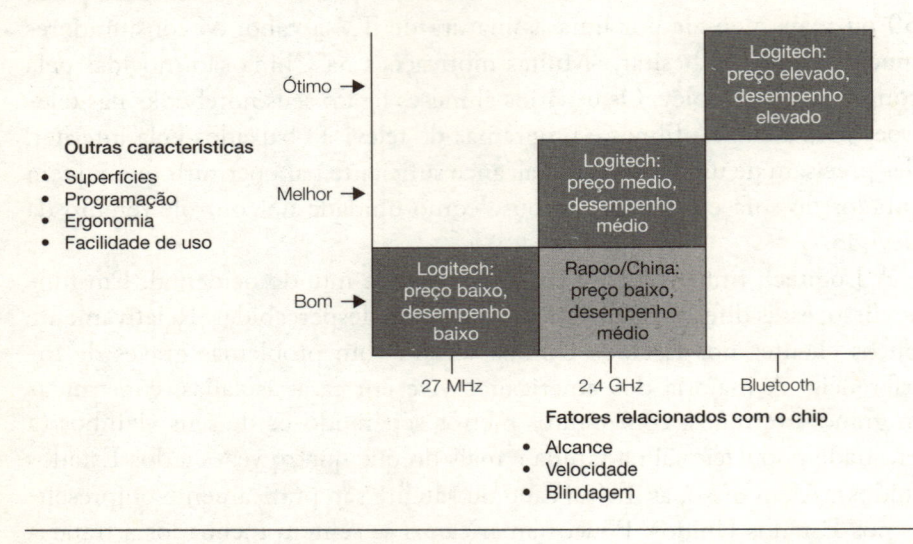

	27 MHz	2,4 GHz	Bluetooth
Ótimo			Logitech: preço elevado, desempenho elevado
Melhor		Logitech: preço médio, desempenho médio	
Bom	Logitech: preço baixo, desempenho baixo	Rapoo/China: preço baixo, desempenho médio	

Outras características
- Superfícies
- Programação
- Ergonomia
- Facilidade de uso

Fatores relacionados com o chip
- Alcance
- Velocidade
- Blindagem

Evidência concreta

Aqueles que praticam a inovação reversa devem, algumas vezes, enfrentar forte oposição interna, frequentemente envolta na devoção ao *status quo*. Os inovadores que não estiverem preparados para encarar essa resistência passarão por maus bocados.

Na Logitech, a negação tinha de ser colocada de lado pelos fatos. "Os dados eliminam o emocional e as opiniões", diz Dooley. Eles apontam a discussão na direção das evidências que ajudam as pessoas a aceitar a realidade objetiva. Da mesma forma que em qualquer processo de recuperação, o primeiro passo é admitir a existência do problema.

A Logitech tinha acesso a várias fontes independentes de informações confiáveis – o antídoto perfeito para impulsos retrógrados. Havia dois tipos de dados: um sobre vendas de produto e participação de mercado; e o outro sobre o grau de entusiasmo dos clientes com a Logitech e seus produtos. Essa última pesquisa mostrou claro descontentamento com o mouse de 27 MHz da Logitech e ajudou a revelar uma dimensão do problema estratégico da Logitech que, caso contrário, poderia ter permanecido oculto. A suposição instintiva entre os executivos da Logitech era de que, se os clientes chineses estavam insatisfeitos, o problema deveria ser somente com o preço. Mas os dados mostraram algo diferente. Era o desempenho da tecnologia sem fio que gerava a insatisfação.

Ambas as fontes de informações confirmaram a existência de um grave problema e encurtaram o ciclo de negação. No início de 2009, a Logitech estabeleceu uma nova estratégia, forjada em um cadinho de fatos. A empresa começaria a eliminar gradualmente sua tecnologia de 27 MHz e substituí-la pela de 2,4 GHz. Mas o projeto dos modelos de 2,4 GHz da Logitech precisaria ser radicalmente alterado. Caso contrário, a empresa nunca conseguiria competir com os preços da Rapoo.

O golias contra-ataca

Elaborar uma nova estratégia é uma coisa, mas fazê-la acontecer é outra bem diferente. Mesmo depois de os tomadores de decisão terem chegado a um consenso, havia ainda muita inércia para superar. "Havia a necessidade de aceitar, como unidade de negócio, que o mundo havia mudado", diz Dooley. Chegara o momento da verdade que a empresa não poderia mais ignorar: "Tínhamos uma grande quantidade de produtos que não estavam mais no nível que considerávamos razoável para o mercado."

A Logitech deparava agora com uma verdade inconveniente. Em empresas de alta tecnologia, há uma tendência de se apaixonar por tecnologias específicas. Dentro da Logitech, diz Dooley, havia partidários enamorados pelas tecnologias e características incluídas em cada um dos três tipos de produtos. "Tínhamos encontrado um meio de encaixar todos eles em um ponto de vista, e essa visão se tornou nossa lógica dominante e nossa sabedoria convencional."

Para se libertar da lógica dominante, em março de 2009 a Logitech constituiu uma pequena equipe local de crescimento (ELC). A equipe chamou seus membros de Taiwan e da China, e obteve apoio adicional da equipe da Suíça. Como boa parte da tecnologia sem fio é projetada na Suíça, foi lá que a empresa desenvolveu a arquitetura básica.

A meta ambiciosa era ter uma resposta competitiva contra a Rapoo no mercado dentro de seis meses. *O mais tardar em setembro!* Olivier Egloff, cidadão suíço com formação em engenharia elétrica, foi posto no comando da equipe. Egloff havia passado três anos trabalhando no escritório de Taiwan da Logitech. Dooley o descreve como um líder de projeto altamente capacitado, com a vantagem de significativa experiência na Ásia. O líder da

ELC compreendeu a urgência da tarefa que tinha em mãos e a necessidade de avançar rapidamente.

Antes do surgimento da Rapoo, Egloff acreditava que seria impossível fabricar um mouse de 2,4 GHz com um nível de preço do de 27 MHz. Agora precisaria provar a si mesmo que estava errado.

Um dos primeiros lugares que a ELC analisou em busca de economia foi a exploração das economias de escala nos semicondutores (o item de maior custo em um mouse). Em 2009, a Logitech havia vendido 14 milhões de mouses de 27 MHz e 10 milhões de mouses de 2,4 GHz em todo o mundo. Sua nova estratégia iria subverter essa relação. Quase toda a produção seria de 2,4 GHz. Assim, a empresa conseguiu seduzir a Nordic Semiconductor, seu principal fornecedor de chip de 2,4 GHz, com um volume muito maior de negócios. A Nordic não fabricava chips para o mouse de 27 MHz, mas agora, que a Logitech estava mudando para uma tecnologia mais rápida, o fornecedor se dispôs a oferecer um preço vantajoso.

A equipe buscou outras oportunidades para economizar, trocando para uma forma mais barata de sistema de memória (que armazena o programa que permite ao mouse comportar-se como um mouse). A arquitetura anterior da Logitech havia incorporado memórias que podem ser apagadas (reutilizáveis), semelhantes àquelas usadas em câmeras digitais. Em vez disso, a equipe optou por memórias mais baratas programáveis uma única vez. E também reduziu o programa do sistema para que o software ocupasse 16 em vez de 32 kilobytes de memória.

Juntas, essas economias em projeto e materiais trouxeram os custos para baixo a um ponto em que o mouse pudesse, ao mesmo tempo, apresentar desempenho e ter preço para competir com o do Rapoo. A ELC cumpriu seu prazo final de setembro.

Embora o esforço para elaborar uma resposta técnica para o mouse da Rapoo caminhasse bem, havia dificuldades previsíveis em outros lugares. Em algum momento, seria exigido um voto de confiança de todos. Isso nem sempre foi um ajuste fácil de fazer. Por exemplo, desde o início, era importante contar com a força de vendas da região da China a bordo da proposta. Mas os vendedores acostumados a vender mouses pelo preço de $50 ou mais por unidade não se empolgam rapidamente com a ideia de lançar um modelo similar com preço abaixo de $20. Devido às implicações na margem de lucro, algumas pessoas da área de vendas desejavam profundamente que a Rapoo tivesse desaparecido.

"Se eu estivesse em vendas", diz Dooley, "também teria essa expectativa. É mais fácil cumprir a cota vendendo um pouco de algo a um preço elevado do que muito mais a um preço mais baixo".

Dooley teve discussões por vezes acaloradas com a equipe de vendas e fez algumas viagens para a região. Sua mensagem principal foi construída em torno das lições extraídas dos dados de participação de mercado. Era de vital importância estabelecer um preço apropriado para o mercado da China. Uma coisa era esperar conseguir uma margem, mas não era razoável esperar uma margem duas vezes maior do que aquela que a concorrência estava obtendo. Os resultados estavam ali e os clientes haviam votado pelo nível de preço da Rapoo!

Após uma pesquisa considerável, a Logitech definiu o preço de $19,99; era um acréscimo mais modesto sobre o preço da Rapoo, mas, ainda assim, aumentou as margens e apaziguou a relutante equipe de vendas. A mesma batalha sobre canibalização travada na China também foi travada sobre a possibilidade de se lançar o novo mouse no mundo todo. O componente estreou na Europa em fevereiro de 2010 e nos Estados Unidos em abril. Em menos de um ano, a empresa havia embarcado mais de 4,5 milhões de unidades do novo mouse. De todos os lançamentos de produtos novos da Logitech, este foi o primeiro produto a superar $10 milhões em vendas na China dentro de apenas 12 meses.

Uma nova prontidão estratégica

O que aconteceu na Logitech foi simples miopia, induzida pela prática de glocalização da empresa. A Logitech havia segmentado o mercado e desenvolvido seus produtos de um modo que acreditava fazer sentido para o conjunto unificado de usuários de tecnologia global. Inicialmente, a falta de apetite pelas ofertas sofisticadas da Logitech entre os usuários chineses apenas reforçou a visão de que a empresa precisava ser paciente. Os usuários chineses ainda não tinham evoluído a ponto de exigir bens ocidentais de qualidade superior. No entanto, a paciência pode levar à falta de atenção.

"Na China, todo mundo é um usuário básico, do ponto de vista de viabilidade econômica", diz Dooley. Mas isso é apenas uma fatia do quadro. A realidade que a Rapoo demonstrou para a Logitech era que as necessidades de computação dos clientes chineses não estavam atrasadas em relação às do mundo rico. Elas eram, de fato, bastante distintas.

De certa forma, a Rapoo fez um favor à Logitech. A empresa chinesa forçou a Logitech a enfrentar o descontentamento de seus clientes. "Se eles não tivessem aparecido, eu provavelmente precisaria tê-los inventado", brinca Dooley.

Segundo Dooley, o mercado chinês se expandiu significativamente nos três anos ou mais desde que o mouse inovador da Rapoo rugiu pela primeira vez. Se a Logitech não tivesse respondido rapidamente, teria perdido esse crescimento. Claramente, o valor de uma experiência de quase morte em um importante mercado local oferece lições revigorantes sobre "prestar atenção".

"[A Rapoo] foi um grande alerta", diz Dooley. "Eu diria que estávamos um pouco complacentes... Acho que todos nós reconhecemos hoje que o mundo está mudando. Estamos olhando para algo como o iPad e dizendo: 'Talvez o iPad venha a substituir todos os notebooks por aí. Isso poderia ter grande impacto em nossos negócios.' Não podemos ficar sentados e dizer: 'Não, não, não vai acontecer, porque não queremos que isso aconteça.'" E agora a Logitech sabe muito bem que as Rapoos do mundo podem criar tanta confusão quanto as Apples.

Além da Rapoo, além da China

A história da Rapoo ressalta a importância de se ficar a par da evolução nos mercados locais. Mas este não é apenas um expediente defensivo. Os mercados locais podem ser fontes de uma visão estratégica que repercute através das fronteiras e ao redor do mundo. As ameaças locais podem ter implicação global. Mesmo um pequeno novo concorrente em um país emergente pode crescer e ameaçar uma multinacional, até em seu mercado doméstico.

Quando a Logitech lutou com a Rapoo, não havia muitos consumidores do mundo rico conectando os PCs em seus televisores para assistir a vídeos da internet, mas a Logitech sabia que isso poderia mudar. A popularidade de conteúdos agregadores como o Hulu estava crescendo rapidamente (provedores de TV a cabo, cuidado!). Assim, a falta de infraestrutura de TV a cabo e satélite na China pode ter posto o país à frente da curva no entretenimento na sala de estar.

A Logitech, recém-chamuscada pela Rapoo, está hoje reelaborando sua estratégia global. A nova arquitetura que ela criou para responder à Rapoo constitui agora a base para vários produtos em desenvolvimento em mouses e teclados, bem como algumas novas categorias, como áudios direcionados a mercados em todo o mundo. Se Dooley e seus colegas tivessem ignorado a Rapoo, a Logitech poderia ter se reduzido ao status de mero espectador vendo a Rapoo conquistar o mundo.

As lições da cartilha para a Logitech

1. *Mantenha os gigantes emergentes em seu radar* (Cartilha de Inovação Reversa, Lição 3). A Logitech estava acostumada a monitorar seus concorrentes no mundo rico, como a Microsoft, mas deixou de prestar atenção na Rapoo, um desconhecido rival chinês. Em função disso, a Logitech teve de lutar para recuperar sua posição no mercado chinês. A seu favor, a Logitech "não desperdiçou uma boa crise". A empresa reavaliou amplamente e reviu sua estratégia de posicionamento. Além disso, aprendeu a prestar atenção. Ela utilizou dados independentes para superar bolsões de resistência e negação.
2. *Realize avaliações de necessidades completamente novas* (Cartilha de Inovação Reversa, Lição 7). Não assuma que os clientes em mercados emergentes possuem as mesmas prioridades que as dos clientes do mundo rico. Até perguntar, você estará apenas adivinhando aquilo a que eles realmente dão valor. Acontece que a Logitech estava cobrando muito por um produto que não atendia às principais necessidades dos clientes chineses.

Questões para reflexão

1. Quais são os atributos dos produtos e serviços de sua empresa mais altamente valorizados por seus clientes do mundo rico? Além da sensibilidade em relação ao preço, como os clientes nas economias em desenvolvimento priorizariam esses atributos de modo diferente?
2. Quanto esforço sua empresa faz para monitorar os movimentos de rivais pequenos, porém de rápido crescimento, que estão sediados em economias em desenvolvimento?
3. Você consegue antecipar quem em sua empresa resistiria a uma iniciativa de inovação reversa? Por quê? Como essa resistência pode ser superada?

CAPÍTULO 6

Procter & Gamble, inovando na maneira "não P&G"

Em mercados emergentes, o cliente não familiarizado precisa dominar a tecnologia de ponta

EM MERCADOS EMERGENTES, a glocalização às vezes tropeça nas próprias suposições equivocadas. Um tropeço cognitivo comum é a crença de que, não importa aonde você vá, as pessoas são mais semelhantes do que diferentes. É o erro que ameaçou a Logitech; e a Logitech não está sozinha.

Na década de 1980, a Procter & Gamble alcançou sucesso marcante com um produto para a higiene feminina chamado Always. O design inovador e o desempenho do Always eram revolucionários. Entre outras coisas, o produto introduziu um novo material que era mais absorvente e menos volumoso, e incluiu "abas" adesivas que prendiam o produto na roupa de baixo. A marca Always logo se tornou líder de mercado nos Estados Unidos e em outros países desenvolvidos. E obteve ampla aceitação.

O sucesso mundial do Always foi bastante impressionante, a ponto de reforçar a ideia de que as mulheres menstruadas em Tashkent ou Tijuana não eram diferentes das de Tallahassee. A geografia podia mudar muitas coisas, mas não mudava o corpo ou a biologia das mulheres. Portanto, o Always foi comercializado internacionalmente utilizando a abordagem da glocalização.

Pareceu funcionar por um tempo, mas essa abordagem acabou tropeçando. O primeiro mercado a sinalizar problemas foi o México. Naquele país, a marca teve algum sucesso inicial, mas pelo final dos anos 1990, as vendas foram caindo. O produto estava deixando de ter a preferência das mulheres mexicanas. Algo estava errado.

Alvaro Restrepo, vice-presidente mundial da P&G para produtos de higiene feminina (*fem-care* na linguagem da P&G), diz que grandes sucessos como o Always inspiram "a tendência a pensar que o mundo todo vai gostar do produto. Mas na realidade, existem alguns mercados em que você vai direto contra o muro. Então, começa a descobrir que há consumidores por aí que estão em busca de uma experiência diferente".[1]

Quando o Always teve dificuldades no México, a liderança da P&G ficou ansiosa para descobrir o motivo.

Enfrentando uma nova determinação de crescimento e encontrando uma nova maneira de inovar

Muitos dos mercados da P&G no mundo desenvolvido haviam alcançado seu ponto de saturação. Portanto, a empresa buscava cada vez mais o crescimento em mercados emergentes. Essa determinação começou sob o comando do ex-CEO A.G. Lafley e tem sido intensificada por seu sucessor, o CEO e presidente Robert McDonald. Conforme McDonald contou para a revista *Fortune* em janeiro de 2011, "nossa estratégia de inovação não é apenas a diluição dos produtos de primeira linha para o consumidor menos sofisticado. Você deve inovar separadamente para cada um desses consumidores da curva econômica, e se não fizer isso, acabará fracassando".[2] McDonald estabeleceu uma meta de 800 milhões de novos clientes até 2015, para serem conquistados, "atingindo e melhorando mais vidas em mais partes do mundo". Essa ambição exigia mudança na ênfase do Ocidente para o Oriente.

As oportunidades nos mercados emergentes são atraentes. No segmento de fem-care, a própria característica demográfica da população justifica. Aproximadamente 90% das mulheres em idade de menstruar vivem em mercados emergentes, segundo Restrepo. Esses são os lugares, ele diz, "em que a P&G normalmente conta com menor participação e onde os mercados ainda estão para ser explorados".

O desempenho medíocre do Always no México foi um aviso simbólico – uma grave advertência precoce de problemas grandes e iminentes. Muitos produtos P&G poderiam passar pelo mesmo problema: ofertas que são concebidas para uso mundial, mas que ignoram as necessidades específicas das economias emergentes. Era chegado o momento de a empresa repensar sua abordagem nos mercados emergentes. Na verdade, era chegado o momento de a P&G repensar sua abordagem em relação à inovação.

Alguns processos de inovação começam com tecnologia avançada própria e patenteada, cujas aplicações posteriormente são exploradas. Outras começam com uma necessidade do cliente claramente expressa e depois trabalhada de trás para a frente em busca de uma solução tecnológica. Inevitavelmente, a inovação é um ato de equilíbrio entre o empurrão da tecnologia e o pensamento do mercado.

A P&G possui laboratórios de pesquisa famosos por sua produtividade. De forma mais frequente, as inovações da empresa têm começado com tecnologia. A conformação ao mercado vem em seguida. Somente quando há uma clara vantagem na tecnologia própria, os baluartes de marketing da empresa começam a construir uma forte proposição de valor em torno dos benefícios da tecnologia.

Para a P&G, a inovação reversa significava subverter esse processo característico. Em vez de começar com a tecnologia, o grupo de Restrepo começaria definindo uma proposição de valor férrea com base em uma avaliação completamente nova das necessidades dos clientes locais.

De fato, a maneira como Restrepo e sua equipe responderam ao dilema do Always serve agora como modelo para uma nova maneira "não P&G" de inovar. Restrepo descreve essa drástica mudança: "Tínhamos um projeto de embalagem, um forte conceito e uma marca – tudo *antes* de projetarmos o produto. A criação do protótipo, o desenvolvimento do produto e o desenvolvimento da tecnologia foram as últimas coisas que fizemos. Isso é totalmente não P&G. Para nós, em P&D, isso foi muito pouco convencional! Era exatamente o contrário da maneira como normalmente fazíamos as coisas."

Dadas as acentuadas restrições orçamentárias que a equipe de Restrepo enfrentou (típicas de esforços de inovação para mercados emergentes), realmente não havia outra opção. A equipe precisava ter certeza de primeiro entender a proposta de valor para o cliente com absoluta clareza. Não havia recursos suficientes para se dar ao luxo de trabalhar a tecnologia na base de tentativa e erro.

Não assumindo nada como garantido

Em 2000, Restrepo e sua equipe começaram a diagnosticar o problema. Em primeiro lugar, procuraram medir a profundidade da insatisfação do consumidor. Talvez ela fosse relativamente superficial: neste caso, um simples ajuste no Always poderia mudar a situação.

A pesquisa inicial, porém, mostrou que a insatisfação era profunda. As entrevistadas estavam mais do que apenas um pouco infelizes com o Always. Diz Restrepo: "Elas foram negativas, *totalmente* negativas!" Na verdade, a resposta foi tão negativa que a equipe de Restrepo se sentiu encorajada a conceber a "marca anti-Always".

A P&G tem uma reputação de classe mundial de inovações bem-sucedidas. Porém, seus grandes sucessos, como o Always, foram desenvolvidos no e para o mundo desenvolvido. No México, a P&G estava descobrindo como podem ser diferentes os mercados emergentes. O terreno e os termos de compromisso não são tão fáceis de entender. Para cultivar o crescimento, a P&G teria de identificar outras necessidades dos clientes. Teria de prestar muita atenção às condições locais. Em resumo, precisaria tornar-se especialista em não assumir nada como garantido.

Para Restrepo e sua equipe, não assumir nada como garantido começou com um simples postulado. Se os corpos e a biologia das mulheres são de fato muito semelhantes de lugar para lugar, o contexto em que as mulheres vivem certamente deve ser diferente.

Avaliando as necessidades únicas das mulheres mexicanas

Os parâmetros de referência para padrão de qualidade em um produto fem-care são sua capacidade de evitar vazamentos (e de impedir que as roupas fiquem manchadas) e sua capacidade de absorver um volume suficiente de fluido menstrual. Restrepo e sua equipe compreenderam que um novo produto teria de alcançar a paridade com os concorrentes nesses parâmetros de referência para padrão de qualidade. Mas eles começaram a identificar um novo conjunto de necessidades.

O que a equipe aprendeu com sua pesquisa foi que as mulheres mexicanas, da mesma forma que as mulheres em muitos mercados emergentes, enfrentam condições de vida difíceis que afetam suas necessidades de fem-care. Em especial, as mulheres enfrentam as seguintes situações:

- Com frequência, suportam longos trajetos para o trabalho, utilizando transporte público.
- Têm acesso limitado a banheiros públicos com sanitários higiênicos.
- Costumam morar em casas ou apartamentos pequenos, onde têm pouca privacidade do tipo que as consumidoras em mercados desenvolvidos desfrutam, e não era incomum encontrar vários membros da família dormindo na mesma cama.

As mulheres muitas vezes usavam seus absorventes por um período anormalmente longo. A utilização de absorventes por um longo tempo (especialmente em climas úmidos e quentes) pode facilmente levar a desconforto e irritações na pele. Assim, as mulheres disseram que valorizam um produto de higiene que inclua algumas propriedades emolientes que aliviem a pele. A longa duração de uso também pode gerar um odor perceptível, pois os fluidos se acumulam. As mulheres que viviam perto de outros familiares relataram ansiedade de que os outros percebessem o odor.

Além disso, a pesquisa mostrou que as mulheres mexicanas eram bastante sensíveis a estímulos sensoriais. E favoreciam remédios naturais em detrimento de soluções de alta tecnologia ou qualquer outra que percebiam como química ou artificial. Foi esta última percepção que levou a equipe a escolher a marca para o produto que ainda não haviam desenvolvido: Naturella.

Nem a P&G nem seus principais concorrentes no mercado mexicano (principalmente a Kimberly-Clark e o SCA Group) tinham sido sensíveis a essas necessidades. A pesquisa pareceu apontar para uma grande oportunidade.

Esquecendo seletivamente o passado

Quando a equipe local de crescimento (ELC) Naturella começou a ouvir as clientes mexicanas, precisou fazer escolhas difíceis sobre o quanto ouviu – ou, pelo menos, qual valor atribuir àquilo que ouviu. As empresas, em geral, dão grande importância a informações que estejam em conformidade com a compreensão do mundo que elas herdaram. Por outro lado, encontram motivos para dar um desconto em qualquer coisa que desafie esse legado.

Conforme discutimos no Capítulo 3, os efeitos da lógica dominante podem ser muito prejudiciais para os esforços de inovação reversa. Uma das maiores dificuldades enfrentadas pela ELC consiste em descartar as lentes distorcidas das práticas e suposições estabelecidas há muito tempo. Para ver os mercados emergentes com clareza, são necessárias novas lentes que sejam abertas a todas as possibilidades. Isso exige uma habilidade rara: a capacidade de esquecer seletivamente o passado. Só então você consegue realizar uma verdadeira avaliação de necessidades com a mente aberta. Felizmente, Restrepo e sua equipe possuíam essa habilidade, e a Naturella nasceu.

Por exemplo, quando os membros da equipe procuravam entender por que o Always da P&G não tinha conquistado um mercado florescente no México, ficavam ouvindo objeções quanto à sua folha superior "plastificada" de tecido seco (a folha superior é a camada do absorvente feminino que fica em contato com a pele da mulher). O sucesso pode ser um processo bastante cruel! A tecnologia de tecido seco foi o principal recurso patenteado que havia figurado no sucesso do produto até aquela data. Deve ter sido tentador ignorar um feedback que ia contra essa história de sucesso.

"Naqueles dias, falar sobre projetar um produto que tivesse uma folha superior que não fosse tecida era a pior coisa que você poderia dizer por aqui", diz Restrepo. Se era para o Naturella seguir nessa direção, o produto estaria jogando fora uma vantagem competitiva única da P&G. Mas a equipe Naturella compreendeu que a recepção fria do México ao Always poderia ser consequência de diferenças importantes entre os mercados emergentes e desenvolvidos. A ELC estava cada vez mais confiante em que a P&G necessitava de uma alternativa ao Always para o mercado emergente. Nesse contexto, o poder do sucesso passado era menos relevante.

Isso não impediu que outros na empresa julgassem uma blasfêmia dar as costas para a vantagem competitiva da folha superior em tecido seco. Por isso, deve haver um compromisso institucional, em nível de liderança, que permita o debate aberto. Se a equipe não tivesse recebido permissão de criar "a marca anti--Always", a ortodoxia teria prevalecido. E, assim, poderia não ter havido a história de sucesso da Naturella. Em seu lugar, a P&G teria sofrido uma sequência em cascata de decepções com a marca Always em outros mercados emergentes.

Combatendo alguns ventos contrários vindos de dentro

A equipe Naturella estava ansiosa para seguir em frente, mas havia alguns sinais de preocupação interna. Algumas pessoas achavam que era prematuro desistir do Always no México. Fora feito todo o possível para apoiar a marca? Como parafraseado por Restrepo, a questão era: "Você quer dizer que estamos desistindo e pegando outro barco?"

Porém, Restrepo nunca considerou o Naturella um abandono do Always. De fato, o Always funcionava com algumas clientes no México (aquelas que tinham uma vida mais parecida com as das pessoas do mundo desenvolvido). Mas Always deu errado com a maioria das consumidoras do mercado emergente. O Naturella era uma oportunidade para servir novas consumidoras abordando suas diferentes necessidades não satisfeitas: cuidado com a pele, controle efetivo do odor, ingredientes naturais e uma experiência sensorial agradável (incluindo ajuste ergonômico). O Naturella competiria no espaço em branco, e não visando o centro.

No final das contas, as preocupações foram superadas por um fato inegável: no México, o mercado para o Always estava fraco e em declínio. Enquanto alguns, instintivamente, se preocupavam com a canibalização, na realidade havia pouco a perder.

Além disso, o projeto foi gerenciado com bastante disciplina. Não estava claro desde o início do projeto qual poderia ser o tamanho da oportunidade. Consequentemente, a equipe foi mantida pequena. A princípio, a iniciativa se concentrou estritamente no México. Ela recebeu recursos limitados do chefe da unidade de negócios fem-care, e voou abaixo do radar. Os investimentos iniciais foram mantidos pequenos de uma forma administrável. O projeto precisaria conquistar seu espaço para assumir compromissos cada vez maiores.

A equipe Naturella consistia de um pequeno grupo multifuncional de pessoal de marketing e de P&D. A ELC se reportava diretamente ao chefe de negócios fem-care. Enfatizando a contribuição de toda a equipe para o sucesso do Naturella, Restrepo descreve o trabalho como "um esforço de toda a equipe".

Construindo através de empréstimo e reutilização

Já estava quase na hora de desenvolver o produto, mas antes a equipe precisou decidir quanto as consumidoras mexicanas estariam dispostas a pagar pelo Naturella. O mercado de massa no México era geralmente definido por um nível de preço de 15% a 20% menor que o segmento de primeira linha. A equipe do Naturella decidiu "estabelecer isso como preço-alvo e trabalhar de trás para a frente para chegar ao custo-alvo nas diversas atividades envolvidas no modelo de negócios".

A ELC, então, assumiu uma abordagem completamente nova para projetar o produto. Em vez de modificar o projeto do Always, ela começou do zero.

Ainda assim, onde fazia sentido fazê-lo, a equipe emprestou matérias-primas de outras unidades de negócios da P&G. Por exemplo, como a equipe estava abandonando a folha superior de tecido seco que caracterizava o Always, usou materiais disponíveis nas categorias de cuidados com o bebê e fraldas para sua folha superior. Os cremes e loções que proporcionariam proteção da pele foram encontrados na categoria produto de beleza. A camomila é normalmente usada em diversos produtos de cuidados com a pele como tratamento para doenças como assaduras de fraldas e irritações na pele do rosto e das pálpebras. A equipe definiu uma fórmula emoliente contendo óleo de camomila para fornecer proteção significativa contra irritação e mau cheiro.

A P&G contava com uma diversidade de recursos adicionais que a equipe Naturella podia emprestar e aproveitar, inclusive relações com pessoal de vendas, designers gráficos e agência de publicidade. Além disso, a equipe Naturella conseguiu reivindicar uma linha de produção que estava ociosa no Canadá. "Não estávamos pedindo para desenvolver tecnologias novas", diz Restrepo. "Assim, encontramos alguns equipamentos considerados obsoletos e tivemos acesso a eles."

Riscos cessantes

Como diz o ditado, é fácil contar as sementes em uma maçã, mas é quase impossível contar as maçãs em uma semente. Criar o primeiro mercado para o Naturella equivalia a semear sementes para o futuro. Assim, de um modo bastante "não P&G", a equipe não se esforçou antecipadamente pela perfeição no projeto do produto. Em vez disso, fez testes de forma barata e aprendeu com os resultados. A equipe viu que o lançamento do Naturella seria principalmente um teste para a força da proposta de valor. Um produto totalmente aperfeiçoado, fabricação ideal e acordos na cadeia de suprimento não eram necessários para a execução dos testes.

Uma pausa para avaliação de resultados ocorreu em 2002. O produto havia progredido do estágio de protótipo para uma curta distância dentro daquilo que as clientes disseram que queriam. A equipe fez testes de comercialização na cidade do México em abril de 2002 e obteve resultados encorajadores. Agora enfrentava a decisão de lançar ou não o produto em todo o México. Dentro da empresa, diz Restrepo, ainda havia céticos: "Havia ceticismo de que pudéssemos ganhar, em longo prazo, com algo que não estivesse ancorado em um de nossos componentes básicos da tecnologia para fem-care." Especificamente, havia a preocupação de que um produto sem essa tecnologia protegida por patentes pudesse ser facilmente copiado pelos concorrentes.

A ELC não queria dar tempo para as dúvidas se multiplicarem. Assim, em agosto de 2002, com poucos meses após o teste na cidade do México, a equipe obteve permissão para um lançamento nacional do produto em seu estado imperfeito na época. "Francamente, o que acabamos lançando foi um produto bastante primitivo de acordo com nossos padrões. Mas era bom o suficiente", diz Restrepo.

O lançamento foi uma vitória para a equipe Naturella. As consumidoras-alvo responderam com entusiasmo. O Naturella rapidamente ganhou participação de mercado. "Da maneira como nós o víamos, havia bastante espaço para melhorar", diz Restrepo. "Mas, se *isto* estava funcionando, imagine como seria ótimo quando realmente colocássemos o nível correto de recursos a favor dele!"

Fortalecendo os negócios

Com resultados iniciais promissores, a ELC voltou a atenção para tornar o Naturella melhor, procurando ao mesmo tempo aumentar a qualidade do produto e reduzir o custo. Os arranjos oportunistas da equipe foram necessários para conseguir lançar o produto. Porém, antes que o Naturella pudesse alcançar pleno potencial no México (ou expandir para outros mercados), esses arranjos precisaram ser ajustados.

Claramente não era ideal, por exemplo, ter a linha de produção do Naturella localizada no Canadá, tão longe do mercado de varejo. A equipe encontrou equipamento semelhante no México e trouxe a produção para o sul. Além disso, a busca de soluções rápidas e fáceis havia criado alguns problemas de cadeia de suprimento que a equipe precisava enfrentar. A folha superior não tecida do Naturella, por exemplo, incluía elementos de design impressos. "Comprávamos o material em um lugar, enviávamos para outro fornecedor que fazia a impressão e, em seguida, enviávamos ainda para outro fornecedor fazer o corte", diz Restrepo. No final, a ELC encontrou um único fornecedor que podia consolidar esses processos.

A simplificação e a racionalização da cadeia de suprimento renderam frutos, mas o próprio projeto do produto precisava de refinamento. "Fizemos modificações na maneira de construir o núcleo absorvente. Isso nos permitiu obter melhor ajuste com o corpo e melhor aproveitamento dos materiais."

A ELC também identificou um material melhor para a folha superior, aperfeiçoou os adesivos para assegurar que o produto ficasse no lugar, desenvolveu uma segunda geração da loção, reforçou a estética e introduziu absorventes ultrafinos. "Conseguimos fazer a P&D concentrar-se na construção correta sem comprometer qualquer um dos elementos do projeto original", diz Restrepo. O resultado foi melhor desempenho do produto, design mais ergonômico e menor custo.

Cada vez mais, ficou claro que um aspecto não precisava de ajuste: a proposta de valor para o cliente se provou extremamente robusta.

Dando os próximos passos e aprendendo novos truques

O Always ainda é comercializado no México, mas o Naturella logo o ultrapassou em participação de mercado. A P&G tomou nota. Mesmo alguns dos primeiros a duvidar começaram agora a se apropriar e a festejar a marca. O pessoal na América Latina estava otimista quanto ao crescimento do Naturella.

Algumas das pesquisas da equipe Naturella chegaram além do México em outros mercados emergentes, mostrando necessidades amplamente semelhantes. Quando as barreiras na estrutura de custos foram resolvidas, Venezuela e Chile foram os primeiros na lista de expansão. Mais tarde, vieram a Europa Central e a Oriental. Tendo chegado a um produto com custo significativamente menor, a ELC não só tinha um conceito e uma proposição totalmente elaborados, como também uma fórmula de fabricação e um design de produto que eram transferíveis de um mercado para outro. O Naturella é vendido agora em mais de 30 países.

As preocupações com a capacidade dos concorrentes em copiar as características do produto acabaram se revelando infundadas. "À medida que aperfeiçoamos e melhoramos a concepção do produto, também buscávamos reforçar nossa posição de posse do conceito", diz Restrepo. "Atualmente, em comparação com a época do lançamento, o Naturella desfruta de forte propriedade intelectual. Mesmo após expandir a comercialização do produto ao redor do mundo, a concorrência ainda não respondeu executando algo que sequer chegue perto do Naturella."

A P&G tem internalizado algumas lições nesses anos desde o projeto Naturella. A principal delas é a ideia de que existe mais de um modelo para o sucesso da inovação. É improvável que a P&G venha a se converter totalmente para o estilo de baixo para cima dos projetos conduzidos pela proposição de valor. A tecnologia ainda é (e provavelmente continuará sendo) o condutor predominante. Mas o Naturella ofereceu uma alternativa, principalmente para projetos direcionados aos mercados emergentes. A P&G claramente se beneficiará ao dominar esse novo estilo de inovação, que aumenta sua ênfase no crescimento em mercados emergentes.

A empresa teve sucesso ao construir uma equipe que operava de um modo fundamentalmente diferente do restante dos negócios. A equipe adotou uma abordagem do mercado para dentro, e não da tecnologia para fora. Esse tipo de mudança ocorre apenas com um projeto organizacional completamente novo. A equipe Naturella teve uma hierarquia muito diferente da do restante da P&G. Ela foi conduzida pela pesquisa de mercado, e não pela tecnologia.

"Acho que a abordagem de baixo para cima é aplicável quando você está lidando com mercados problemáticos, onde realmente precisa projetar para os clientes mais difíceis", diz Restrepo. "Estas são as situações que nos obrigam a criar proposições completamente inovadoras." As ideias avançadas quanto aos clientes, e não a tecnologia inovadora, é que são mais importantes para abrir novos mercados. De fato, em todas as histórias da Parte II, são essas ideias que permitem o surgimento de produtos inovadores capazes de preencher a defasagem de necessidades entre os países pobres e ricos.

Fechando o ciclo

Em seguida, a P&G deve decidir se vai lançar o Naturella no mundo desenvolvido. Isso ainda é uma questão em aberto, embora a inovação reversa tenha completado o ciclo para pelo menos alguns elementos do projeto original do Naturella, incluindo a folha superior não tecida e a loção de proteção para a pele, que têm sido adicionados em alguns outros produtos fem-care da P&G.

Nos Estados Unidos, a marca Always tem 55% de participação de mercado e, no Reino Unido, impressionantes 70%. Diz Restrepo: "É muito mais simples lançar o Naturella em mercados nos quais você tem participação menor, e onde há muito espaço em branco."

Porém, nada está fora de cogitação em relação às possibilidades do Naturella no mundo rico. Uma delas está na área que Restrepo chama de "cota de exigência". A pesquisa mostra que as mulheres não necessariamente usam uma marca ou um tipo de produto fem-care durante 100% do tempo. No período menstrual, as necessidades da mulher geralmente mudam do início para o fim. "Há ocasiões em que elas não precisam do maior nível de proteção. De fato, elas podem precisar de menos proteção e mais conforto, ou mais benefícios em termos de saúde da pele." Isso significa que, em um portfólio de produtos, talvez a cota ótima de exigência para a P&G possa ser alcançada por ambas as marcas em conjunto. Nesse contexto, é claramente uma vantagem da empresa que cada uma das marcas seja tão bem diferenciada da outra.

Independentemente do que acontecer no mundo desenvolvido, Restrepo acredita que o Naturella forneceu resultados bem além de todas as expectativas. Na opinião dele, seu principal valor para a P&G foi servir como protótipo de uma nova maneira de inovar para um conjunto cada vez mais importante de clientes: "Tenho de dizer que, na época, estávamos tendo dificuldade sobre como desenvolver um programa para mercados emergentes... O sucesso do Naturella nos deu coragem para sair do lugar-comum."

As lições da cartilha para a Procter & Gamble

1. *Conduza avaliações de necessidades completamente novas e desenvolva soluções também completamente novas* (Cartilha de Inovação Reversa, Lição 7). A P&G obteve tanto sucesso com seu produto de higiene feminina da marca Always que a empresa ficou surpresa quando as mulheres mexicanas não gostaram muito dele. No esforço de descobrir o motivo, a ELC no México questionou profundamente os pressupostos arraigados e, no final, desenvolveu um novo produto (Naturella) e uma nova abordagem de desenvolvimento de novos produtos que se concentrava no valor para o cliente antes da tecnologia. Isso representou um grande afastamento da norma da P&G, no sentido de a tecnologia vir em primeiro lugar.
2. *Permita que as ELCs aproveitem a base de recursos globais* (Cartilha de Inovação Reversa, Lição 8). A equipe Naturella se baseou fortemente nos recursos globais da P&G, emprestando materiais de outras divisões. Ela até mesmo encontrou uma linha de produção ociosa no Canadá.

Questões para reflexão

1. Como você descreveria o processo de inovação de sua empresa? A mesma abordagem poderia funcionar nos mercados emergentes? Caso contrário, quais modificações poderiam ser necessárias?
2. Quanta energia sua empresa tem gasto na tentativa de avaliar como as necessidades dos clientes em mercados emergentes são distintas das dos clientes no mundo rico?
3. Sua empresa poderia criar um experimento rápido e barato para testar uma proposta de valor distinta em mercados emergentes?

CAPÍTULO 7

EMC Corporation: Plantando sementes

Comece os esforços de inovação reversa preparando o solo

VOCÊ PODERIA PENSAR em Steve Todd como um tipo de chefe dos escoteiros da alta tecnologia. Todd é um engenheiro ilustre na EMC Corporation, além de fornecedor líder em hardware, software e serviços de armazenamento de dados e gestão de informações. Nessa função, ele dá suporte para a tropa global de jovens inovadores promissores. Os membros da vasta coorte de Todd podem ser encontrados na China, Índia, Rússia, Irlanda, Israel, Brasil, Egito e em outros lugares.

Isso é muito diferente da glocalização. A EMC não pensa nessas pessoas como mão de obra de baixo custo para executar uma agenda de P&D elaborada na sede mundial e focada nas necessidades do mundo rico. Ao contrário, são pontos de partida para a inovação, e se concentram em problemas locais. Eles são a vanguarda da capacidade emergente de inovação reversa da EMC. E, se Todd é o chefe dos escoteiros, seus encargos estão começando a acumular medalhas.

Suas atividades são especialmente críticas em um dos mais recentes esforços de crescimento da EMC: o mercado consumidor. Por exemplo, dois pesquisadores sediados em Pequim, Jidong Chen e Hang Guo, têm estado no meio de um esforço para trazer aos consumidores uma nova e poderosa tecnologia de busca. O objetivo deles é ajudar a domar um animal cada vez mais selvagem da vida moderna: a selva desordenada de documentos, fotos, músicas e vídeos em que se transformou a unidade de disco média do computador doméstico. E esta é uma tecnologia que quase certamente será adotada em primeiro lugar na China.

Através do exemplo da EMC, este capítulo destaca ações e métodos que se revelam especialmente úteis na linha de frente do processo de inovação reversa. Ele mostra como plantar as sementes para o sucesso futuro.

Indo além dos arquivos digitais

Com sede em Hopkinton, Massachusetts, a EMC foi fundada em 1979 por Richard Egan e Roger Marino. A empresa começou como revendedora de móveis de escritório. Muito rapidamente, porém, encontrou coisas melhores para fazer. Em vez de vender arquivos para documentos em papel, ela se voltou para seu análogo digital: armazenamento de computador.

Foi uma sábia escolha. À medida que a tecnologia da informação avançava dos mainframes para a moderna internet, as necessidades de armazenamento de dados explodiram. Enormes bancos de dados cresceram dentro de cada empresa. Em curto espaço de tempo, todo o oxigênio da vida comercial fora digitalizado: registros de clientes, dados de scanner, transações com cartão de crédito, vendas e sistemas de gestão da cadeia de suprimento. Tudo.

O espaço bruto de armazenamento em unidades de disco era, no entanto, a necessidade mais imediata. A EMC classifica a si mesma como uma empresa de gestão de informações, e não como mera fornecedora de arquivos digitais. A empresa se empenha em curar as doenças causadas por excesso de informações: a dificuldade de encontrar e de eficientemente obter informações corretas. Em outras palavras, a EMC projeta ferramentas que permitem a seus clientes localizar sinais de alto valor perdidos em oceanos insondáveis de ruído.

Atualmente, até mesmo indivíduos e pequenas empresas acumulam vasta coleção de material digital. Os megabytes de usuários domésticos rapidamente se transformaram em gigabytes e terabytes. A maior parte desse crescimento é impulsionada por arquivos de música, foto e vídeo famintos por armazenamento. É uma grande oportunidade para a EMC.

Utilizando ecolocalização* para informações pessoais

Como se vê, a China é um laboratório apropriado para se explorarem os rigores do mercado consumidor. Os consumidores chineses já estão armazenando

---

* *Nota do Tradutor*: *Echolocation*, no original em inglês.

grandes volumes de material em suas unidades de disco. Trata-se da típica agregação de documentos, fotos digitais e arquivos de entretenimento – porém, ainda há mais.

Em grande parte, isso ocorre porque a China não dispõe de ampla infraestrutura de TV a cabo. O entretenimento doméstico geralmente consiste em assistir aos filmes baixados da internet. De fato, conforme destacado na história da Logitech (Capítulo 5), a China está à frente da curva evolutiva em termos de consumo de conteúdo digital. Os Estados Unidos, com sua infraestrutura bem desenvolvida de mídia de última geração, fica atrás de outras culturas na adoção de novos métodos de aquisição de conteúdo.

Um segundo motivo para os discos rígidos da China serem pesados com dados é que os chineses dão alto valor à privacidade. Os usuários dos Estados Unidos e de outros países ocidentais seriam exibicionistas de dados, em comparação com os chineses. Muitas pessoas nos Estados Unidos compartilham despreocupadamente informações pessoais no Facebook. Enviam fotos para o Flickr e postam currículos no LinkedIn. E usam o Twitter como uma espécie de fluxo da consciência na internet, com resultados que variam de provocativos a prosaicos. Toda essa informação pessoal pode ser pesquisada e encontrada com a utilização de ferramentas de busca da internet pública.

Por razões culturais, os usuários chineses se mostram relutantes em compartilhar informações pessoais em fóruns públicos (as rígidas leis chinesas de privacidade reforçam sua reticência). No entanto, as informações pessoais estão explodindo na China. Com mais de 800 milhões de aparelhos móveis e 125 milhões de PCs em 2011, poderia ser diferente?

É difícil, para os indivíduos, administrar essa explosão. O disco rígido de um usuário chinês típico é como um escritório confuso e desorganizado. O usuário desconcertado na busca de um único documento vagueia em meio ao caos, sem nunca saber em que pilha intimidante de detritos deve cavar em primeiro lugar.

Infelizmente, os métodos tradicionais de busca não podem ajudar. De forma surpreendente, pode ser mais fácil encontrar uma agulha no enorme palheiro da internet do que na humilde unidade de disco doméstica. Isso porque, no ambiente de um único usuário, não há a multidão sábia para apontar o caminho. A tecnologia dos principais instrumentos de busca se aproveita de multidões que variam em tamanho de centenas para centenas de milhões. Os resultados de busca pelo Google, por exemplo, classificam páginas na Web em função de quantas outras páginas na Web possuem links para elas e quantos visitantes cada termo de pesquisa atrai. Não há esse tipo de evidência agregada para discos rígidos individuais. Em consequência, os mais poderosos algoritmos de busca do mundo se mostram impotentes.

Jidong Chen e Hang Guo estão no caminho de desenvolver uma solução; um sistema alternativo de busca que eles chamam de iMecho. Seu projeto se baseia em memória associativa (o nome iMecho é um mnemônico que significa "minha memória echo"). Eis uma analogia: suponha que você conheceu uma pessoa em uma conferência no mês passado. Você esqueceu o nome dela, mas se lembra de quem a apresentou, onde a pessoa trabalha e boa parte do que ambos conversaram. Provavelmente, você tem uma quantidade suficiente de informações associadas para descobrir o nome dela.

Um mecanismo de busca baseado em memória associativa seria capaz de reconstruir o contexto em que você viu pela última vez uma informação que agora quer recuperar. Se, digamos, você esteve fazendo um relatório sobre ecolocalização em morcegos, o software reuniria links desse relatório com os vários documentos que você utilizou enquanto o preparava. O recurso de memória associativa não exigiria que você criasse um registro permanente de suas atividades; ele compilaria essas informações de forma automática, como tarefa de fundo, enquanto você trabalha. A consulta "ecolocalização" retornaria uma lista completa, mas felizmente estreita, de resultados. Passaria, então, a ser um problema simples de encontrar o arquivo exato que está procurando. Além disso, pelo fato de a memória associativa basear-se no contexto, os resultados também incluiriam outros documentos relevantes. Você poderia até recuperar material mais adequado às suas necessidades atuais que o arquivo originalmente buscado.

Embora o projeto iMech tenha sido lançado com o mercado chinês em mente, não é difícil prever o dia em que as necessidades de armazenamento dos consumidores domésticos nos Estados Unidos venham a rivalizar com as de seus homólogos chineses. Um artigo na revista *Wired* de setembro de 2010 trata de um tutorial sobre se livrar da TV a cabo e construir um série de vampiros digitais que podem sugar combinações personalizadas de programação, software e games.[1] Além disso, brechas de segurança nos Estados Unidos podem criar uma relutância em compartilhar tão livremente as informações pessoais. Todd explica: "Com o tempo, nos Estados Unidos, prevejo que haverá um abuso de informações publicamente disponíveis e pesquisáveis – e uma reação contra o fascínio das informações pessoais em sites do tipo do Facebook."[2]

Um tecnologia de busca como o iMecho pode facilmente se estender para além do uso doméstico. Repositórios de informações de busca difícil também são encontrados em ambientes de trabalho, nos discos rígidos de funcionários individuais. De fato, o objetivo final dos pesquisadores do iMecho é desenvolver uma tecnologia que resolva um problema de busca universal. Embora a difícil situação dos usuários chineses tenha sido uma fonte local de inspiração, a solução pode vir a ter utilidade ampla. Com o tempo, à medida que a tecnologia for sendo refinada e aperfeiçoada, poderá encontrar um ambiente acolhedor no mundo rico.

Trazendo à vida os inovadores reversos

A EMC fez progressos no iMecho não apenas pelo fato de Jidong Chen e Hang Guo serem tecnólogos inteligentes, mas também por causa do contexto no qual trabalham. De fato, a EMC adotou três passos importantes necessários à criação de um ambiente em que inovadores reversos possam florescer:

1. Situar os inovadores em mercados emergentes, e dar poder para que esses inovadores tomem a iniciativa de resolver os problemas de clientes locais.
2. Permitir que os inovadores locais recorram a outras fontes locais – tanto dentro quanto fora da empresa.
3. Multiplicar a capacidade dos inovadores locais, interligando-os com a riqueza de recursos da empresa global.

Dar poder para inovadores locais resolverem problemas locais

Em um mundo virtual, a sabedoria convencional diz que realmente não importa onde seu pessoal esteja localizado. Mas a EMC está trabalhando para virar essa sabedoria de ponta-cabeça. A localização não é um detalhe logístico a ser superado pela tecnologia. Na verdade, é uma vantagem estratégica. "Estamos descobrindo que é mais importante que os funcionários *não* estejam localizados nos Estados Unidos", diz Todd. A EMC é agora voraz por informações que alguma vez poderia ter julgado irrelevantes. Para recolhê-las, a empresa fincou posição no maior número possível de locais.

A EMC começou explorando essa possibilidade ao mudar as atividades de P&D para o exterior, no início dos anos 2000. Foram obtidas economias de custo por realizar o trabalho de desenvolvimento e de controle de qualidade na Índia. As ideias foram empurradas para fora da sede da empresa nos Estados Unidos.

Na última metade da década, porém, a EMC viu que os mercados emergentes ofereciam muito mais do que um meio de economizar custos. Eles também eram excelentes locais para recrutar engenheiros de classe mundial. Não só isso; também ofereciam oportunidades explosivas para o crescimento das receitas. Assim, a EMC ampliou as responsabilidades de suas unidades em mercados emergentes, transformando-as de centros de desenvolvimento e controle de qualidade para unidades mais abrangentes chamadas Centros de Excelência (COEs).

Como parte desse esforço, a empresa começou a incentivar os funcionários nos vários COEs a propor e desenvolver as próprias ideias a fim de identificar e resolver os pontos problemáticos de clientes locais. Segundo Brian Gruttadauria, diretor de tecnologia e diretor de engenharia da divisão de consumidores e pequenas empresas da EMC, a inovação é às vezes uma questão de falar com os funcionários certos – aqueles que compreendem as necessidades locais. Na China, um membro da equipe queria que uma variedade de dispositivos, principalmente seu BlackBerry, pudesse facilmente transferir material para as unidades de armazenamento para consumidores da marca LifeLine da EMC. Assim, foi acrescentado o Bluetooth sem fio. Agora, qualquer dispositivo equipado com uma chave Bluetooth consegue reconhecer a caixa LifeLine e copiar arquivos e fotos nos dois sentidos.

O desencadeamento de uma profusão de ideias localmente relevantes começa com o convite para contribuições, mas só ganha credibilidade e impulso quando as pessoas veem que suas ideias são incorporadas em produtos reais. Acrescentar o protocolo de transferência de arquivos Bit Torrent ao LifeLine é um bom exemplo. A ideia se baseou em uma consulta simples. Uma pesquisa constatou que os consumidores chineses usam o Bit Torrent para baixar grandes arquivos de mídia com muito mais frequência que os consumidores dos Estados Unidos. Portanto, a EMC incluiu o Bit Torrent em sua linha de produtos de armazenamento para consumidores e melhorou a atração competitiva. Os compradores conseguiam, de forma eficiente, baixar filmes e músicas, e compartilhar arquivos em suas redes de armazenamento LifeLine. O material baixado vai diretamente para o subsistema de armazenamento; não chega nem a prender o usuário do PC.

Os consumidores logo pediram por mais uma conveniência (o trabalho de ouvir o mercado nunca cessa!). O recurso Bit Torrent original automaticamente começa a baixar tão logo um arquivo é selecionado. Mas, pelo fato de o custo da banda larga na China variar ao longo do dia, os usuários queriam poder adiar os downloads para uma hora mais barata, fora do horário de pico. Desde então, foi acrescentado um recurso de programação no LifeLine.

Conectar com redes locais

As ideias não crescem bem sem fertilizante. No mercado local, é importante cultivar várias fontes internas e externas de informações e troca de colaborações.

A inovação pode ser vítima da recessão. Nesse contexto, uma das atitudes mais astutas da EMC durante a recessão que começou no final de 2008 foi fortalecer os músculos da inovação tomando a medida de baixo custo de construir relacionamentos mais profundos com universidades de pesquisa ao redor do mundo. De fato, o projeto iMecho está aproveitando o relacionamento com universidades em Xangai e Pequim.

Esses contatos mantêm o motor funcionando em projetos que, de outra forma, poderiam parar, e também geram ideias para futuros projetos. Além disso, a construção de relações com universidades reforça a marca EMC na comunidade local e gera valiosas oportunidades para recrutar jovens engenheiros promissores. Isso, por sua vez, enriquece os reservatórios da empresa de uma profunda visão local.

Burt Kaliski, que dirige a Rede de Inovação da EMC (a infraestrutura global da empresa de apoio à inovação), tem sido o impulsionador de um ativo envolvimento com a universidade. A empresa recebe parceiros da universidade em seus escritórios locais para palestras e envia pesquisadores para fazer apresentações sobre a evolução de projetos nas universidades. Kaliski, um forte defensor do contato frente a frente mesmo em uma época em que tudo é virtual, considera muito importante estar "a uma distância que permita ir a pé, ou de bicicleta, para as principais universidades".

Para obter resultados melhores, diz Kaliski, os inovadores da EMC são muito sinceros sobre os projetos de pesquisa internos em andamento na empresa e sobre futuras necessidades. O objetivo é estimular ideias e contribuições dos cientistas acadêmicos em áreas relevantes. Kaliski assegura que o material alcance o público mais amplo possível e permaneça vivo após o evento. Os engenheiros da EMC podem participar de conversas em qualquer lugar do mundo através de links de teleconferência, e os procedimentos são gravados e arquivados nas plataformas de mídia social da EMC.

As conexões dentro da EMC podem ser tão importantes quanto as conexões com as universidades. Kaliski diz que, internamente, há a expectativa de que pesquisadores como Jidong Chen e Hang Guo vendam os frutos de suas pesquisas para as equipes locais de vendas e marketing da EMC. "Os pesquisadores usam dois chapéus. Exatamente como os professores universitários, eles fazem pesquisa e ensinam."

No entanto, o diálogo é uma via de mão dupla. Trata-se de uma conversa entre aqueles que compreendem melhor os problemas dos clientes (vendas e marketing) e aqueles que se encontram em melhor posição para resolvê-los (tecnólogos). A troca de pontos de vista mantém as inovações no caminho certo e fundamentadas na realidade prática. As interações incluem questões como "De que forma o mundo está mudando?" e "Como as necessidades de nossos clientes estão mudando?". E finalmente, dependendo das respostas, "Como deveríamos pensar diferente para atender a essas necessidades?".

Desenvolver um sistema circulatório para insight e ideias

O terceiro e último passo para trazer à vida os inovadores reversos é ligar os inovadores locais com a comunidade mais ampla da EMC. De fato, quando a empresa começou a trilhar o caminho de tornar os COEs em colmeias de ideias, havia a preocupação em alguns setores de que as ideias geradas pelos COEs permaneceriam inacessíveis aos outros. O objetivo, em contrapartida, era "expandir o conhecimento localmente e transferi-lo em nível global". Com essa finalidade, a EMC segue estratégias de apresentar os inovadores locais a seus colegas em outras regiões, e de otimizar o fluxo de informações dentro da empresa em apoio ao processo de inovação. Pense nisso como um sistema circulatório para ideias e insight.

De fato, a capacidade de circular ideias e insight é uma expectativa central dos engenheiros ilustres da EMC (Steve Todd e seus colegas de nível mais graduado). A Rede de Inovação da EMC que Kaliski dirige pretende ser um centro de distribuição para essa circulação. Através dela, a comunidade global ajuda os inovadores locais a levarem suas ideias adiante. Facilitando a descoberta, colaboração e compartilhamento, a Rede de Inovação da EMC ajuda a combater a síndrome de "solidão local". Ela gera um sentimento mais intenso de conexão com a empresa em geral. Essas conexões, por sua vez, convertem, de forma mais confiável, a aprendizagem local em uma inovação reversa rica em percepções.

Para uma empresa aprender (não apenas ouvir a respeito, mas aprender profundamente), o conhecimento precisa viajar. O objetivo não é apenas fazer outras pessoas da empresa ficarem mais inteligentes (embora, certamente, isso seja uma boa coisa). O objetivo é continuar agregando valor a uma ideia. Todo projeto precisa, em algum momento, de infusão de energia ou insight de outras partes da empresa. Portanto, diz Todd, geralmente é necessário "colaborar com pessoas que chamo de 'técnicos adjacentes'. Se alguém na China tem uma ideia após uma reunião com um cliente local, pode não saber como resolver o problema. Mas, com mais de 48 mil funcionários ao redor do mundo, alguém sabe de uma tecnologia que pode ajudar". Em uma empresa baseada em engenharia, o impulso para resolver problemas é forte. Supondo que tenham tempo, as pessoas geralmente vão querer ajudar. Criar mecanismos formais e informais para a "intromissão" é uma medida produtiva.

A "intromissão" funciona melhor quando as pessoas se conhecem. Com essa finalidade fim, Jeff Nick, CTO (Chief Technology Officer) da EMC, e Mark Lewis, CSO (Chief Stratety Officer) para os negócios de Produtos de Infraestrutura da Informação, lançaram, em 2007, uma conferência anual global sobre inovação. É um encontro da força inovadora da empresa. O evento é organizado em torno de uma competição de inovações aberta a todos os funcionários da EMC. Um grupo de juízes, incluindo os engenheiros ilustres, avalia as ideias inscritas. Dentre os critérios, estão a extensão do pensamento inovador de uma ideia, seu valor potencial para os clientes, sua relevância para os objetivos estratégicos da EMC e a facilidade com que pode ser implantada. Kaliski diz que um respeito enorme advém de ganhar a competição (ou mesmo de ser um finalista). Além de prêmios em dinheiro e de reconhecimento aos respectivos autores, as melhores ideias conseguem investimento, atenção e forte impulso de desenvolvimento.

Talvez o maior valor da conferência, no entanto, seja que os inovadores locais encontram seus colegas. Em 2009, mais de 1.900 funcionários participaram (centenas pessoalmente, em Bangalore, e outros através de satélite). Em apenas poucos anos, o evento (agora normalmente realizado fora dos Estados Unidos) tem estimulado a participação de todas a COEs ao redor do mundo. A conferência de Bangalore atraiu mais de 1.400 inscrições na competição de funcionários em 19 países. A diversidade geográfica dos países mais prolíficos é reveladora: Índia, o país anfitrião, liderou o pacote, com mais de 600 ideias, seguida por Estados Unidos (230), China (200), Irlanda (187), Israel (74) e Rússia (69). A participação dos países, exceto os Estados Unidos, é responsável agora pela maioria das ideias internas geradas.

Construindo a capacidade de inovação reversa

A EMC acredita que seu futuro crescimento orgânico recai fortemente na inovação reversa. Conforme Todd a vê: "A menos que a EMC consiga adicionar inovação reversa ao seu repertório estratégico, obterá resultados abaixo do normal nas oportunidades voltadas ao consumidor no mundo rico. As soluções que aliviam pontos problemáticos nos países em desenvolvimento acabarão sendo aplicadas aqui em casa. Elas resolverão problemas que ainda nem sabemos que temos. A inovação reversa é uma direção nova e importante para nós. Devemos dominá-la para ter sucesso como empresa." De fato, as apostas são altas. Vencer nos países pobres hoje assegura o sucesso em países ricos amanhã.

Embora a EMC tenha iniciado seu caminho de desenvolvimento de uma sofisticada capacidade de inovação reversa, a colheita ainda está incompleta. Todd caracteriza os esforços de inovação reversa da EMC como "não generalizados... *ainda*". Os alvos e as raízes mais fortes estão na geração de ideias, facilitadas por rede interna, orientação e coaching, e nos funcionários distantes, animados tanto para atacar os problemas locais quanto para participar de um processo de inovação global.

Resta para a empresa desenvolver plenamente a arquitetura de suas equipes locais de crescimento e de cercá-las com um conjunto completo de recursos para negócios locais. Mas a EMC está fazendo muitas coisas corretamente. Por exemplo, as unidades LifeLine vendidas em todos os lugares (inclusive nos Estados Unidos) possuem agora o Bit Torrent embutido. A empresa está em posição interessante. Ela poderia usar seus produtos LifeLine de armazenamento de dados para consumidores como plataforma flexível capaz de adaptações para uma variedade de necessidades e preferências locais. O Bit Torrent pode ser apenas o início de uma infinidade de misturas e aplicações com o potencial de atrair segmentos de consumidores locais.

A EMC está se esforçando para construir uma verdadeira empresa global, e não apenas uma empresa sediada nos Estados Unidos com presença global. Realizar sua conferência anual de inovação fora dos Estados Unidos é um gesto importante nessa direção. Tornar-se verdadeiramente sem fronteiras no sentido operacional é um alto padrão.

As lições da cartilha para a EMC

1. *Desloque pessoas, poder e dinheiro para onde está o crescimento* (Cartilha de Inovação Reversa, Lição 4). A EMC está se preparando, de forma inteligente, para a inovação reversa. A empresa busca (e recompensa) ideias de produtos que têm origem em funcionários de mercados emergentes para clientes dos mercados emergentes. Ela compete por jovens talentos locais mantendo-se em contato com universidades técnicas. Além disso, um esquadrão de especialistas experientes diferenciados dentro da empresa está energicamente orientando os engenheiros promissores e protegendo as ideias com potencial.
2. *Permita que as ELCs aproveitem a base de recursos globais de sua empresa* (Cartilha de Inovação Reversa, Lição 8). A EMC tem organizado e interligado sua base de conhecimento humano, de forma muito parecida com a que seus produtos procuram organizar as informações. A empresa está concebendo um sistema circulatório para insight e ideias. Através de recursos on-line, eventos ao vivo e ligações facilitadas entre colegas, as pessoas com ideias conseguem facilmente conectar-se umas com as outras. Embora a EMC desenvolva tecnologias avançadas, nunca diminui o valor da interação humana frente a frente.

Questões para reflexão

1. Quem na sua empresa é mais provável de detectar a próxima grande oportunidade no mundo em desenvolvimento?
2. Até que ponto essas mesmas pessoas têm poderes para agir com base em suas ideias?
3. Quais são os recursos globais que seus inovadores nos mercados emergentes provavelmente gostariam de aproveitar para levar uma ideia adiante, para o estágio de proposta ou protótipo?

CAPÍTULO 8

Deere & Company planta sob o passado

Comportar-se como uma novata ajudou a Deere a resgatar seu futuro no mercado emergente

DURANTE O SÉCULO XX, a tendência inexorável da agricultura nos Estados Unidos foi na direção de maior consolidação. Famílias com pequenas fazendas vendiam para participantes cada vez maiores. Elas fizeram isso porque a agricultura era uma atividade arriscada. Mau tempo, doenças de plantas e infestações de pragas podiam comprometer a produção. Os grandes investimentos iniciais nem sempre podiam ser cobertos pelo rendimento do ano anterior. Os preços de mercado muitas vezes davam mais lucro aos intermediários do que aos produtores. Dependendo da época do ano, a agricultura era também um trabalho extenuante de sol a sol.

Compreensivelmente, os filhos dos agricultores nem sempre escolhiam permanecer nos negócios da família. Com melhor grau de instrução e com ambições cada vez maiores, gerações sucessivas de filhos das fazendas procuraram carreiras seguras e mais bem remuneradas na diversificada economia americana.

No final, comunidades que outrora abrigavam muitas pequenas fazendas prósperas acabaram com duas ou três propriedades maiores. O tamanho da fazenda se multiplicou para uma escala que permitiu princípios operacionais mais industrializados e maior produtividade. Essas grandes propriedades também deram o salto para a industrialização por conta própria ou foram compradas por um número crescente de interesses no agronegócio.

A Deere & Company, sediada em Moline, Illinois, foi testemunha constante dessas mudanças. Desde o primeiro arado de aço de seu fundador, em 1837, o renomado fornecedor de equipamentos agrícolas cresceu lado a lado com seus clientes. À medida que as propriedades rurais se expandiam, os proprietários precisavam de tratores e implementos dimensionados para as áreas de cultivo em crescimento. A Deere respondeu ao longo de gerações com inovações adequadas. Tendo visto e participado dessa transformação extraordinária da agricultura americana, a empresa aprendeu bem a lição.

Talvez tenha aprendido bem demais. Um dos aspectos mais duros do desafio da inovação reversa é esquecer o passado. Como temos observado, um longo histórico de sucesso pode gerar uma lógica dominante, à qual é natural que um negócio se apegue. Isso pode ser um problema mesmo no mercado de origem de uma empresa se houver mudanças no ambiente externo. Mas, se uma multinacional cultiva o crescimento em mercados emergentes, os problemas muitas vezes se multiplicam. Um negócio que entra em mercados desconhecidos esperando encontrar condições parecidas com as do mercado de origem logo descobrirá que tem colhido problemas.

Este capítulo descreve o tropeço inicial da Deere & Company na Índia e seu esforço incrivelmente meticuloso e disciplinado para voltar aos trilhos. Para conseguir recuperar-se, a Deere, não obstante sua célebre marca global, teve de aprender a se comportar como uma novata.

Isso não é fácil. Devemos sempre repetir que mesmo as multinacionais mais bem-sucedidas no mercado desenvolvido devem ser humildes quando abordam os mercados emergentes. A arrogância é fatal. A suposição de que você sabe o que está fazendo é fatal. A única maneira de ter sucesso é fazer o que a Deere fez: abraçar sua posição como recém-chegado e conquistar caminho para o sucesso.

O esforço da Deere produziu uma variedade de resultados positivos. Esses resultados teriam consequências duradouras não apenas na Índia, como também na abordagem da empresa em outros mercados emergentes. E isso começou com o reconhecimento tardio de que, de muitas formas, a Índia nem de longe se assemelhava aos mercados com os quais a empresa estava mais familiarizada.

Suposições equivocadas

Em termos de produção total, a Índia é o segundo produtor agrícola no ranking mundial (a China é o primeiro, com vantagem substancial, e os

Estados Unidos seguem de perto a Índia em terceiro lugar). A Deere & Company cobiçava há muito tempo o mercado de tratores na Índia. Com um volume de 430 mil unidades por ano, é o maior do mundo nesse setor.

No entanto, ainda há pouco tempo, em 2005, a Deere estava longe de se tornar uma força a ser enfrentada na Índia. A própria pesquisa de mercado da Deere naquele ano mostrou que apenas 20% dos que haviam comprado um trator nos três últimos anos conheciam a marca John Deere. No segmento de tratores com 31 a 40 cavalos de potência, que representa quase metade de todos os tratores vendidos na Índia, a participação de mercado da Deere era de insignificantes 2%. Dois concorrentes locais – Mahindra & Mahindra e TAFE – controlavam quase 75% do negócio.

O fato de a Deere, uma marca global venerada, não ter relativa importância no maior mercado de tratores mundial causava profunda consternação entre os executivos em Moline. Como isso pode ter acontecido? O que deu errado?

A Deere & Company fabrica tratores de todos os tamanhos e capacidades, com motores que variam de 20 a mais de 600 cavalos de potência. Os tratores mais sofisticados são monstruosos, com pneus mais altos do que um ala da NBA, carregados de engenhocas de alta tecnologia e cabines totalmente fechadas com ar-condicionado, grandes o suficiente para receber os amigos para o almoço. No segmento inferior, estão os chamados tratores utilitários. Nos Estados Unidos, os mais sofisticados compõem o principal mercado, e representam o feijão com arroz da Deere. De fato, um trator de 31 a 40 cavalos de potência nos Estados Unidos poderia facilmente ser descartado como brinquedo. Ele pode ser comercializado (para paisagismo leve ou manutenção de propriedade, por exemplo), mas dificilmente poderia ser utilizado como ferramenta para a agricultura de verdade. Na melhor das hipóteses, é usado em plantações de pequena escala realizadas como passatempo, em que a principal intenção é o divertimento, e não ganhar a vida.

Sem dúvida, a Deere conseguia ver com clareza que os pequenos tratores dominavam o mercado na Índia. O tropeço da empresa teve origem na crença de que a agricultura na Índia evoluiria basicamente da mesma maneira que ocorreu nos Estados Unidos. Por essa lógica, a infinidade de pequenas propriedades que pontilhavam a paisagem rural indiana iria passar por um processo de consolidação para lotes cada vez maiores. Os campos passariam de pequenas propriedades a latifúndios. Os tratores de potência mais baixa, outrora muito favorecidos, se mostrariam inadequados para a escala crescente da agricultura. Com o tempo, os agricultores indianos subiriam de categoria de peso. Eles desenvolveriam a necessidade de tratores maiores e mais caros para o trabalho, que representavam o principal segmento comercializado pela Deere.

A pesquisa do setor na década de 1990, que focalizava vários mercados externos, apontou claramente nessa direção. Mas talvez ainda mais decisivas tenham sido as suposições da empresa baseadas em sua própria experiência. É instintivo projetar em outra paisagem aquilo que você já viveu. É instintivo presumir que as economias emergentes se desenvolverão seguindo o mesmo caminho que as nações ricas que as precederam. É instintiva a posição de que as economias emergentes estejam engajadas em alcançar o mundo rico. É instintivo – e, muitas vezes, absolutamente errado.

Para preparar sua entrada no mercado indiano no final dos anos 1990, a Deere & Company enviou uma delegação de seu Centro de Engenharia de Produto em Waterloo, Iowa, para a Índia, a fim de passar algumas semanas estudando o mercado. A equipe desenvolveu um conjunto de exigências para o mercado indiano, e a empresa passou a fazer modificações em seus atuais modelos de tratores globais para atender a essas exigências identificadas. Enquanto isso, a Deere entrou em uma joint venture com a Larsen & Toubro, um conglomerado sediado em Mumbai. Juntas, as empresas construíram uma fábrica na cidade de Pune, no oeste da Índia, e se prepararam para construir lá tratores com potência superior a 50 cavalos (grandes, pelos padrões indianos).

As vendas não foram significativas, mal chegando a utilizar a capacidade da fábrica. Aparentemente, se as fazendas indianas estavam realmente se consolidando, estavam fazendo isso de forma muito lenta. Também ficou claro que os tratores da Mahindra & Mahindra e da TAFE tinham mais sucesso na satisfação das necessidades dos clientes em um nível de preço atraente. Além disso, os dois rivais tinham muito mais revendedores e ofereciam uma densa rede de estabelecimentos para serviços de peças, reparos e manutenção pós-venda. A Deere, como novata desconhecida, inspirava pouca confiança de que seria possível igualar-se nos pontos fortes dos atuais participantes do mercado.

O caminho para a recuperação

A Deere & Company pediu a Jeff Benge, profissional de marketing graduado e veterano da segunda geração da empresa, com mais de 25 anos de experiência, que diagnosticasse a situação. Ao longo de sua carreira, ele trabalhou tanto nos escritórios centrais quanto nos mercados emergentes.

A primeira prioridade de Benge foi examinar profundamente as necessidades dos agricultores locais, sem permitir que qualquer mentalidade de mundo rico contaminasse o processo. Isso exigiu um estudo profundo sobre como os tratores estavam realmente sendo utilizados e uma análise do que os clientes valorizavam mais em um trator.

Benge entendeu que a Deere havia perdido um tempo precioso na tentativa de entrar no maior segmento do mercado indiano de tratores. Porém, ele não deixou que a percepção da necessidade de um rápido avanço superasse a importância de ser rigoroso, ponderado e completo no diagnóstico das necessidades dos clientes. Afinal, o excesso de pressa e a falta de conhecimento local é que haviam conduzido aos passos iniciais errados na Índia. Benge acabou precisando de dois anos, em várias fases da pesquisa, para desenvolver uma percepção profunda sobre o mercado.

Ao chegar a Pune em 2005, Benge começou a montar uma pequena equipe de marketing. Seus membros seriam a semente para um projeto, de codinome Krish, a fim de conceber um trator expressamente para o mercado indiano. Ele seria construído na Índia, pelos indianos e para os indianos. Ele pediu que Hermant Joshi, gerente regional de vendas na cidade de Lucknow, no norte da Índia, se juntasse à equipe. Lucknow estava no centro de uma região agrícola com forte potencial de vendas, e Joshi tinha uma compreensão mais profunda das necessidades dos clientes do que aquela que visitantes vindos de Iowa poderiam esperar conseguir numa curta estada na Índia. No final, Joshi se tornou o gerente de marketing do Krish, permanecendo no projeto durante e após o lançamento do trator.

Benge também contratou uma consultoria de pesquisa de mercado para acelerar o processo de coleta de dados e construção da marca. O Francis Kanoi Group é uma empresa indiana bem conhecida que se anuncia como "o primeiro nome em pesquisa rural na Índia". A equipe local de marketing da Deere desenvolveu a própria experiência em técnicas de campo indo para aldeias agrícolas com os pesquisadores da Kanoi para fazer entrevistas, coordenar grupos de discussão e de observação direta. "Para mim, isso foi um verdadeiro aprendizado", diz Benge. "Eu só conhecia as técnicas que tínhamos utilizado em outros mercados. Isso foi um tipo de coleta de dados muito mais pessoal e visual. Estivemos em vilarejos indianos e observamos como os agricultores trabalhavam."[1] Gradualmente, com o apoio dos consultores, a Deere aprendeu a metodologia de colocar a voz e a psique dos clientes dentro do processo de tomada de decisão.

Através de suas várias abordagens de pesquisa, a Deere entrou em contato com mais de 7 mil clientes prospectivos. Eles eram proprietários de tratores ou não proprietários ainda, mas todos com intenção de compra plausível. A Deere aprendeu que os agricultores indianos exigiam muito de seus tratores (muito mais do que os proprietários de tratores de tamanhos semelhantes nos

Estados Unidos). Os consumidores indianos buscavam diferença nas seguintes dimensões:

1. *Preço*. As comunidades agrícolas indianas são relativamente pobres. Os agricultores são muito mais sensíveis ao preço total de possuir um trator, incluindo os custos de combustível e de manutenção. No entanto, às vezes recorriam a indicadores preditivos peculiares, estimando a provável confiabilidade e o custo de manutenção de um trator com base em sua aparência de robustez. Isso significava que o trator precisava parecer maior do que sua potência sugeriria. Significava também que o capô em plástico moldado dos modelos de menor potência da Deere não serviria. Os clientes insistiam em metal, apesar da realidade de engenharia de que não havia um ganho apreciável na durabilidade.
2. *Tamanho*. Em parte devido à sua sensibilidade ao preço, os consumidores indianos queriam um trator que não fosse maior do que o necessário para o trabalho em questão. Um trator que fosse muito grande consumia combustível demais e gerava custos maiores de manutenção. E também era difícil de manobrar. Como os campos cultivados eram frequentemente muito pequenos, as curvas poderiam ser estreitas e o espaço, restrito, perto dos limites do terreno. Portanto, os agricultores buscavam tratores com um raio de giro curto. Caso contrário, o condutor precisaria parar o trator e fazer a volta (talvez mais de uma vez) para mudar de direção ou negociar uma curva fechada. Isso consumia mais tempo e combustível, o que aumentava o custo operacional e reduzia a produtividade.
3. *Frequência de uso*. Um trator utilitário nos Estados Unidos não registra normalmente mais de 150 horas de uso por ano. Ele não foi projetado para o trabalho pesado da agricultura do amanhecer ao anoitecer, que seria a rotina na Índia, onde os proprietários poderiam facilmente registrar 10 vezes mais horas de uso do que seus equivalentes nos Estados Unidos.
4. *Variedade de usos*. Os agricultores na Índia utilizam tratores para as rotinas óbvias de operações agrícolas, como cultivo do solo, colheita e manutenção do campo. Este, porém, é apenas o topo de uma longa lista. Às vezes se diz sobre os porcos que se encontra uso produtivo em todas as partes do animal, exceto o "oink". Os agricultores indianos usam seus tratores com qualquer finalidade concebível, dando um significado inteiramente novo para a designação "utilitário". Por exemplo, eles usam bastante os tratores para a tração de equipamentos, suprimentos e colheitas em reboques de duas ou quatro rodas. Além disso, muitos agricultores indianos também são empreendedores em

horas extras, contratando seus serviços e tratores para trabalhar para outros. Além disso, em alguns casos, o trator é o único veículo da família, funcionando também como meio de transporte. Puxando um reboque, o trator carrega a família e os amigos ao cinema, ao mercado ou a casamentos e outros eventos sociais. Em outras palavras, o trator é elemento crucial na vida da aldeia.
5. *Confiabilidade*. Em média, os agricultores indianos normalmente esperam que um trator tenha a vida útil de 15 anos, com 5 anos funcionando sem quebras. Isso parece exigente, mas os clientes da Deere no mundo rico são ainda mais exigentes. Acontece que a linha de produtos Deere é na verdade muito mais robusta dos que as expectativas do mercado indiano. Havia uma oportunidade de reduzir os custos (e de cobrar mais em linha com o mercado) ajustando para baixo alguns parâmetros de projeto.

Essas condições únicas de mercado importavam bastante. Os modelos modificados dos tratores globais que a Deere havia lançado desde 2000 não estavam à altura, principalmente nos dois critérios que eram mais importantes para os compradores: preço e eficiência no consumo de combustível. Os preços maiores das máquinas Deere afastavam os compradores. Eles conseguiam encontrar alternativas satisfatórias (até mesmo ostensivamente superiores) a um preço mais baixo. Além disso, o modelo global da Deere rodava apenas 8km por litro de combustível, enquanto os agricultores indianos esperavam, no mínimo, 12.

A rica percepção obtida pela Deere através de pesquisa preparou a empresa para avançar na fase de projeto. Mas também semeou importantes sementes de marketing. A equipe da Deere entrou em contato com milhares de compradores de cada marca de trator vendido na Índia. Nesse processo, ela construiu relacionamentos. Esses novos amigos se tornaram, com efeito, profissionais de marketing adjuntos, fortalecendo a marca ao espalhar a consciência em relação à Deere & Company. Era uma base sólida para avançar.

De necessidades únicas de mercado para projeto completamente novo do produto

A tarefa de gerenciar o projeto, desenvolver e produzir um trator inovador para a Índia recaiu sobre o gestor de programação de produtos para a Índia, Robesh Maity. Maity se envolvera no esforço de pesquisa de mercado desde o início. Agora ele traduziria os problemas e as preferências dos agricultores em escolhas específicas de engenharia.

Para os mercados atuais, o Centro de Engenharia de Produto em Waterloo, Iowa, começaria normalmente cada esforço de desenvolvimento de produto com o projeto dos modelos anteriores. As questões centrais que davam forma a esse esforço focavam em adicionar novos recursos ao projeto anterior e trabalhar para aumentar a satisfação dos clientes atuais. Era uma abordagem que reduzia custos e riscos no desenvolvimento de produto. E era exatamente a maneira correta de atender a uma base de clientes leal, satisfeita e bem conhecida.

Entretanto, não havia uma base significativa de clientes leais e satisfeitos na Índia. A Deere havia abordado seus dois anos de esforço disciplinado de pesquisa de mercado com uma mentalidade de investigação humilde, agnóstica e curiosa. O esforço de desenvolvimento de produto faria o mesmo. As questões que moldaram o empreendimento focavam em atender a um novo conjunto de clientes, sobre quem a Deere ainda tinha muito a aprender. A questão mais importante no esforço de projeto do produto era esta: de todos os projetos possíveis de trator, quais opções fornecerão o melhor desempenho nas dimensões que esses clientes mais desejam?

Uma prática comum nos esforços de desenvolvimento de rotina de produtos na Deere é colocar um limite rígido no número de novas peças em um trator. Isso reduz o risco e aumenta a confiabilidade, mas não haveria essa limitação para o Krish, que era um trator novo e seria construído a partir do zero, com tantas peças novas que se fizessem necessárias.

No final de 2006, Maity organizou uma pequena equipe multifuncional (constituída principalmente de membros locais, com o apoio dos recursos globais da Deere). Após dois meses de trabalhos preliminares, Maity reuniu um grupo muito maior para um exercício intensivo de duas semanas focado na geração de ideias e definindo objetivos específicos de projeto. O grupo incluiu pessoas da Deere nos Estados Unidos e organizações indianas, incluindo alguns executivos globais mais graduados. Também foram convidados representantes de 24 fornecedores da empresa sediados na Índia. Ao todo, mais de 120 pessoas estavam à mão para todas as funções principais: engenharia, marketing, vendas, finanças, cadeia de suprimento e fabricação.

No início da reunião de duas semanas, os participantes conduziram uma análise dos concorrentes locais da Deere. A equipe tinha seis tratores dos concorrentes totalmente desmontados, com as peças colocadas em mesas em uma sala enorme. A investigação buscava responder a três questões: onde os vários tratores rivais agregavam valor? Onde eles economizavam em custo de produção? Onde estavam as oportunidades para a Deere se destacar?

O grupo maior foi dividido em equipes menores, cada qual focada em um subsistema de trator (por exemplo, sistema de transmissão, hidráulica, elétrica). As equipes trabalharam exaustivamente. Elas geraram e documentaram quase 2 mil ideias, das quais aproximadamente 500 foram classificadas como "altamente confidenciais". No final, 125 ideias foram aprovadas para trabalho adicional de projeto.

A reunião intensiva também produziu consenso em torno de vários objetivos de projeto. Havia duas listas de desenvolvimento distintas, mas interdependentes: uma para o próprio trator, composta por uma dúzia de exigências dos clientes classificadas em ordem, e outra para outros imperativos do negócio não inseridos diretamente no produto, como apoio financeiro ao cliente, divulgação da marca, desenvolvimento de canal de distribuição e programas de serviços e manutenção. As duas listas foram organizadas em um escopo final acordado e uma especificação de produto. As exigências dos clientes foram depois classificadas em três colunas intituladas "Necessidades", "Desejos" e "Prazeres".

Outro resultado importante da reunião foi uma estimativa aproximada do custo do trator e uma meta rígida para seu preço de varejo. Embora Maity visse a restrição de preço como um imperativo, também sabia que a oferta da Deere precisaria ser única. De fato, enquanto a equipe da Francis Kanoi concluía sua parte da fase de pesquisa de mercado, eles ofereceram algumas palavras de alerta na despedida: a Deere fracassaria se construísse um trator do tipo "eu também". O Krish precisava fazer mais do que apenas atender às necessidades básicas dos clientes.

Era a partir dos itens da coluna "Prazeres" que as credenciais "não eu também" seriam obtidas. Maity destacou três delas em especial: manejo mais fácil da direção, sistema superior de frenagem e embreagem única, de longa duração. A embreagem nova, em especial, seria um lance inovador. Construída usando tecnologia que a Deere aplicou nos tratores mais caros do mundo rico, ela seria a primeira de seu tipo no mercado indiano. Entre outras vantagens, permitiria uma vida útil mais longa da transmissão. As embreagens normais muitas vezes necessitavam de consertos caros ou substituição pura e simples, e os agricultores repetidas vezes mencionavam esse item como fonte de insatisfação.

Executando com uma equipe completamente nova

Maity tinha agora uma especificação clara. O processo de desenvolvimento de produto começou em meados de 2007, após obter aprovação da alta administração da Deere. Maity sabia o que precisava ser feito. Agora era uma questão de fazer acontecer.

Projetos completamente novos como o Krish precisam de equipes dedicadas montadas especificamente para a tarefa que se tem em mãos. Portanto,

Maity montou uma ELC multifuncional completa a partir do zero, com um olho voltado para o conhecimento local e a experiência.

Isso não quer dizer que os vastos recursos de engenharia da Deere tenham sido deixados de lado. Na verdade, Maity estava em uma posição perfeita para aproveitá-los. Seu histórico dentro da empresa era bastante amplo, e sua rede de contatos entre os principais especialistas de engenharia da empresa era vasta. À medida que o projeto fosse encontrando cada vez mais desafios técnicos, ele saberia quem chamar e seus relacionamentos pessoais ajudariam a assegurar a cooperação. Para estabelecer uma conexão ainda mais sólida com a base de conhecimento da Deere, Maity trouxe para a Índia um gerente de engenharia sediado nos Estados Unidos, a fim de facilitar o compartilhamento de informações sobre questões técnicas específicas com o Centro de Engenharia de Produto em Waterloo.

Observe como esse arranjo era diferente da incursão inicial da Deere na Índia. Para aquele esforço inicial, uma equipe dos Estados Unidos visitou a Índia para estudar o mercado e depois voltou para casa, a fim de desenvolver o trator. Aqui, a equipe dos Estados Unidos não estava em um papel de liderança. Não estava sequer em um papel de supervisão. Na verdade, estava desempenhando papel de apoio. Além disso, Maity não se reportava diretamente ao Centro de Engenharia de Produto nos Estados Unidos; ele se reportava a um líder de negócios na Índia.

Embora Maity soubesse que era importante conectar-se com a profunda experiência da Deere, optou por *não* se basear no processo existente de desenvolvimento de produto da empresa. Fazer isso certamente teria sido conveniente, pois organizar os esforços de dezenas de engenheiros é complicado. Entretanto, no processo da Deere, a produtividade e a confiabilidade foram tratadas como restrições primárias, muitas vezes em detrimento do custo e do tempo. Para o Krish, porém, o custo precisava ser tratado como restrição primária, e seria fundamental minimizar o tempo para o lançamento do produto no mercado. As capacidades e os recursos a serem incluídos no Krish eram exclusivamente aqueles que a pesquisa exaustiva da equipe havia mostrado que os clientes indianos estariam dispostos a pagar. Consequentemente, Maity estabeleceu prioridades e estruturou o processo para refletir essas inúmeras características.

Restrições rígidas de custo

O esforço de pesquisa da Deere havia deixado claro quanto de valor os clientes depositavam em quais características específicas, e em que nível de qualidade elas eram executadas. Com o orçamento e a meta de preço no varejo claramente em primeiro plano, a equipe pôde fazer trocas inteligentes em termos de projeto. Em vários momentos, as metas rígidas ajudaram Maity a encurtar conversas sempre que surtos de pequenas mudanças ameaçavam descarrilar o progresso da equipe. A equipe também deu especial atenção ao peso do trator. O peso estava fortemente correlacionado com o preço e com a eficiência no consumo de combustível. "Monitoramos o peso do trator Krish de forma muito parecida com alguém em uma dieta intensiva", diz Benge.

Iteração e teste frequentes

Na Deere, um projeto de desenvolvimento de trator nos Estados Unidos geralmente leva de quatro a cinco anos. Porém, a empresa estava em um jogo de pega-pega na Índia. Maity não queria que o Krish levasse mais tempo do que o absolutamente necessário. Ele estabeleceu uma meta agressiva de três anos para a concepção e a comercialização do novo trator. O tempo foi, portanto, um dos maiores desafios do projeto.

Inspirado por sua experiência no início de carreira em outras fábricas indianas, Maity acreditava que poderia poupar tempo através da organização de atividades fundamentais de projeto de forma diferente. O esquema habitual era desenvolver os componentes a um ponto de quase conclusão antes de testá-los. Porém, havia um risco nessa abordagem: poderia adiar a descoberta de falhas de projeto até muito tarde no processo. Era mais provável haver falhas graves quando um produto estava sendo construído a partir do zero do que em um esforço de melhoria incremental. Para aprender rapidamente e evitar surpresas desagradáveis, Maity favoreceu testes mais cedo e mais frequentes, com iterações mais rápidas do projeto. Embora os testes frequentes tomassem tempo, Maity acreditava que os componentes desenvolvidos iterativamente eram, na realidade, concluídos com mais rapidez e, em última análise, apresentavam melhor desempenho. A abordagem também reduzia o suspense e dava confiança para a equipe de que ela estava indo na direção correta.

Esforços paralelos de desenvolvimento

Maity se preocupava com a possibilidade real de que um único revés pudesse causar atraso de muitos meses. Assim, recorreu a um tipo de processamento paralelo, em busca de várias soluções simultâneas, antecipando-se a possíveis fracassos.

Essa estratégia foi bem-sucedida em alguns casos. Por exemplo, embora os clientes claramente quisessem um capô de chapa de metal, Maity desenvolveu uma alternativa em plástico como reserva (na análise final, a opção em plástico não foi usada porque a chapa de metal provou ser mais popular e menos onerosa).

Outro exemplo: a Deere tentou projetar internamente o eixo frontal, mas Maity sabia que a equipe era relativamente menos experiente no projeto de eixos frontais. Esse era um risco que clamava por atenuação. Se o esforço interno da equipe falhasse, o progresso se interromperia durante a escolha de uma alternativa. Como garantia, Maity pediu propostas de dois fornecedores distintos, com ambos sabendo que, ao mesmo tempo, a Deere buscava seu próprio projeto de eixo. Acontece que o projeto interno chegou a um impasse. Se não houvesse um plano B, Maity estima que poderia ter sido necessário um prazo de mais seis meses para projetar e desenvolver um novo eixo. Porém, com uma alternativa econômica esperando nos bastidores, o projeto escapou por pouco de um atraso.

Os clientes como coprojetistas

Maity alistou os novos amigos da Deere (futuros compradores do trator na Índia) como parceiros de projeto. Em pontos importantes, o projeto em andamento foi mostrado a membros de um grupo de pesquisa de clientes para ver as reações. À medida que o projeto ia passando de uma forma eletrônica para uma maquete física e finalmente para um protótipo funcional, o grupo de clientes fornecia valiosos feedbacks e comentários. Principalmente no estágio de protótipo em funcionamento, a equipe convidou os proprietários de tratores concorrentes para avaliar o Krish em relação às suas máquinas. Suas reações positivas foram animadoras para a equipe Krish.

Às vezes, as descrições de inovações bem-sucedidas fazem tudo parecer simples demais. Não foi nada simples. Ao longo do projeto, Maity deparou com milhares de variáveis. No entanto, a equipe se mostrou à altura da tarefa. "Robesh foi extremamente competente tecnicamente", diz Benge. "Descobri também que ele tinha paixão por tudo isso. O Krish não foi um programa fácil. Havia muitos muros contra os quais constantemente batíamos de frente. Robesh conseguiu liderar a equipe para os tipos certos de soluções e manteve o processo avançando sempre que chegávamos a problemas de projeto ou tecnologia."

A equipe enfrentou sua cota de decisões difíceis. Em determinado momento, Maity ficou preocupado com a possibilidade de que a nova embreagem fosse uma emboscada esperando para dar o bote. Não era uma questão de fracasso em si. Ele confiava que seus engenheiros chegariam a uma boa solução, principalmente com a ajuda dos especialistas em engenharia da Deere mundial que tinham experiência em projeto de embreagens.

Na verdade, o problema era tempo. Maity não tinha certeza que a tarefa pudesse ser completada dentro do prazo previsto de lançamento do Krish. Assim, ele iniciou o desenvolvimento de um projeto de embreagem convencional em paralelo, apenas por precaução. Ela acabou se revelando necessária. A decisão consistiu em trocar por uma embreagem tradicional, para não prejudicar o lançamento do Krish, mas continuar a desenvolver a nova embreagem dentro de seu próprio cronograma. Ela seria um importante aprimoramento no futuro.

Construindo o negócio

Durante o processo de concepção do produto (e com crescente intensidade à medida que se aproximava o lançamento previsto para o verão de 2010), outras atividades não vinculadas diretamente ao produto ocorriam em paralelo. Não obstante a herança da Deere, na Índia a empresa era uma recém-chegada. E precisaria esforçar-se bastante se quisesse construir presença no país. De fato, estava claro para Benge e seus colegas que as vendas anêmicas da Deere não haviam sido exclusivamente causadas por uma incompatibilidade entre produtos e necessidades. A inovação reversa precisa ser apoiada por um conjunto completo de funções do negócio e capacidade local. Até aquele momento, porém, a Deere tinha apenas caído de para quedas no mercado, com alguns modelos de tratores globais esperando que sua marca a conduzisse adiante. Mas isso não tinha ido muito bem.

A empresa precisava de uma estrutura melhor de marketing, vendas e distribuição. Benge estava principalmente incomodado com o baixo reconhecimento da marca Deere. "Isso foi uma verdadeira revelação para mim, depois de haver trabalhado em tantos países diferentes com um forte conhecimento da marca Deere. Se você olhasse para o desafio em que estávamos envolvidos, criando as bases sobre quem era a Deere e o que tinha a oferecer, essa era uma realidade surpreendente. Era fundamental não apenas chegar ao produto correto, mas também chegar a todos esses outros elementos descobertos ao longo do processo."

Benge sabia que construir a confiança dos clientes na infraestrutura local por trás do negócio era parte essencial para o fortalecimento da marca. "Sabíamos que precisávamos eliminar parte do risco dos clientes se quiséssemos que eles considerassem comprar esse novo trator."

Os compradores em potencial tinham preocupações reais. Será que uma "novata" como a Deere conseguiria fornecer o necessário suporte pós-venda? Quando um agricultor precisasse trocar peças de rotina como filtros de ar e de óleo, seria fácil encontrar? Haveria mecânicos disponíveis para lidar com reparos e manutenção? Haveria estoques no país de implementos e acessórios para o trator?

A Deere encontrou maneiras de tranquilizar os clientes em várias frentes. A expansão da rede de concessionárias era o fiador mais importante da capacidade confiável de pós-venda. A cobertura adequada nas principais regiões agrícolas era fundamental. "Em muitos distritos, tivemos que procurar empresários que quisessem se tornar concessionários da John Deere", diz Benge. "E então tivemos que deixá-los prontos e operando em tempo para o lançamento".

Além disso, a Deere aumentou sua capacidade de financiamento. Os principais concorrentes da empresa, Mahindra & Mahindra e TAFE, haviam desenvolvido relacionamentos com bancos indianos que lhes permitiam agregar financiamento em termos mais favoráveis que a Deere podia oferecer. A Deere precisava seguir o exemplo. Isso significava construir novas relações com bancos indianos conhecidos, coordenar bancos e concessionárias para acionar os processos corretos e testar para garantir que o sistema funcionasse sem problemas. Benge e seus colegas compreenderam claramente que havia uma ligação entre vendas e a disponibilidade de financiamento apoiado pelo revendedor.

Mesmo com mais distribuidores e mais opções de financiamento, a Deere sabia que também precisaria oferecer alguns incentivos extras, ainda que apenas para chamar a atenção dos compradores. Ela decidiu oferecer um ano de manutenção gratuita e uma garantia incomum de três anos (na época, a maioria das garantias era de apenas dois anos). A empresa também optou por fazer algo bastante radical na Índia: determinou que, com o Krish, haveria transparência absoluta nos preços. Da mesma forma que a divisão Saturn Motors da GM fizera alguns atrás com os carros no mercado dos Estados Unidos, a Deere publicaria o preço do Krish. Não haveria descontos com os concessionários nem situações em que clientes desavisados pagassem mais pelo trator do que outros. O objetivo era ser aberto e transparente para se destacar da concorrência e garantir que o Krish permanecesse firmemente competitivo no preço em relação aos concorrentes.

Atraindo a atenção para o Krish

Até o lançamento do trator, a equipe de marketing trabalhou agressivamente com os concessionários para atiçar seu entusiasmo. Esperava-se que os concessionários, por sua vez, atiçassem o entusiasmo da base de clientes. Nada seria pior do que se um novo trator aparecesse no mercado sem uma fanfarra com antecedência adequada.

Essa possibilidade era improvável. O esforço de marketing que havia solicitado ideias dos clientes para definir as especificações do Krish nunca chegou a fazer uma pausa. Quando a pesquisa de mercado fez a transição para planejamento e desenvolvimento do produto, o marketing manteve seu envolvimento com os clientes, mesmo tendo mudado a finalidade. Com o lançamento em vista, o objetivo passou a ser vender tratores, em grande quantidade.

Nos meses anteriores ao lançamento, a Deere organizou sessões de treinamento de dois dias para concessionários e equipes de vendas em 30 localidades por toda a Índia. As sessões incluíam demonstrações reais utilizando os primeiros modelos Krish produzidos. Os concessionários estavam verdadeiramente impressionados com o trator e o trabalho de preparação que o precedera. Esses eventos permitiram o desenvolvimento da confiança dos concessionários de que o produto era superior aos de seus concorrentes. Além disso, as sessões engendraram o entusiasmo de que o Krish seria um sucesso (tanto para os consumidores quanto para os próprios concessionários).

Os concessionários programaram então eventos para os clientes locais. O público incluía proprietários de tratores concorrentes, aspirantes a compradores e formadores de opinião, além do pessoal dos bancos. Muitos concessionários transformaram os aspirantes em compradores. Mais de 670 tratores foram vendidos antes do lançamento.

O trator Krish de 35 cavalos de potência foi lançado, dentro do cronograma, em julho de 2010. A equipe de marketing deu tudo de si para gerar cobertura da imprensa através de entrevistas para jornais e revistas, além de uma variedade de eventos ao vivo. Também houve comerciais na televisão e anúncios publicados em jornais. Foram realizadas comemorações espetaculares em cada um dos 13 estados indianos. Os executivos da Deere dos Estados Unidos e da Índia, junto com autoridades do governo indiano, quebraram uma garrafa metafórica de champanhe sobre o capô em chapa de metal do novo Krish. Como a quantidade de tratores necessária para atender às encomendas antecipadas ainda estava sendo fabricada, foram distribuídas chaves de ignição gigantes de brinquedo para os compradores.

Além das chamativas festas de gala, os vendedores saíram em campo nas semanas após o lançamento. Mais de 10 mil agricultores puderam testar o Krish. Nos primeiros quatro meses após o lançamento, 2.505 tratores Krish foram vendidos (superando a ambiciosa meta de vendas de 2.350 unidades).

A empresa obteve sólida aceitação dos clientes. Ela teve sucesso porque desenvolveu um produto a partir do zero e por ter construído na Índia uma gama completa de recursos necessários para os negócios.

A Deere também podia afirmar possuir uma plataforma estável para o crescimento contínuo em *todos* os mercados emergentes. Na verdade, ficou claro para a empresa que os processos utilizados por Maity no desenvolvimento do Krish representavam uma digna inovação reversa por méritos próprios. Vários elementos do esforço se destacaram: a exaustiva fase de pesquisa direta com clientes (lembrando o desenvolvimento do conceito Naturella da P&G); a primazia do custo como uma restrição; os ciclos de projeto acelerados e em sobreposição; o desenvolvimento de várias soluções em paralelo; e o envolvimento contínuo de clientes.

Desde então, a empresa tem aplicado o modelo de desenvolvimento do Krish a diversos projetos na Índia, na China e em outros mercados emergentes. Além disso, a empresa tem levado características do produto para todo o mundo. Um novo trator utilitário para o mercado chinês se apropriou de alguns elementos do Krish.

A equipe Krish foi agraciada com o novo prêmio CEO por seu alinhamento com a estratégia geral da empresa de crescer em mercados emergentes. Além disso, a Deere designou a Índia como centro mundial de excelência para o desenvolvimento e a fabricação de tratores utilitários.

As lições da cartilha para a Deere & Company

1. *Para obter crescimento em mercados emergentes, você deve inovar* (Cartilha de Inovação Reversa, Lição 1). A lógica dominante na Deere a levou a concluir, erroneamente, que a agricultura indiana viria a se tornar parecida com a dos Estados Unidos. Em função disso, a empresa exportou modelos mundiais de tratores, com sucesso limitado. Para se recuperar, a Deere precisou de uma percepção profunda sobre as necessidades dos clientes e do desenvolvimento de soluções inovadoras. Isso envolveu grande quantidade de trabalho. A favor da Deere, pode-se dizer que ela enfrentou o desafio com o zelo de um convertido.
2. *As ELCs devem conduzir avaliações de necessidades completamente novas, desenvolver soluções completamente novas e praticar projetos organizacionais completamente novos* (Cartilha de Inovação Reversa, Lição 7). Aplicando sua disciplina e rigor característicos, a Deere desenvolveu um novo modelo para inovação em mercados emergentes que agora

aplica em outros mercados em todas as suas linhas de produtos. A abordagem completamente nova envolveu ampla pesquisa de mercado; estratégias criativas de desenvolvimento em paralelo para cobertura de riscos; experimentação disciplinada através da rápida construção de protótipos, aprendizagem e iteração frequente; amplo feedback dos clientes; e a formação de equipes multinacionais exclusivas.

Questões para reflexão

1. Qual é a fonte de suas suposições sobre os mercados emergentes atualmente? Que tipo de esforço seria necessário para aprofundar sua compreensão?
2. Se sua empresa atualmente conta com um processo bem afinado de desenvolvimento de um novo produto ou serviço, ele seria suficientemente flexível para fornecer produtos ou serviços adequados aos mercados emergentes?
3. Em seu setor de atividade, existiriam semelhanças entre os clientes de mercados emergentes diferentes? Por exemplo, seus clientes em potencial no Brasil têm necessidades semelhantes aos da Índia?

CAPÍTULO 9

Como a Harman mudou sua cultura de engenharia

Gerar soluções totalmente inovadoras é como mexer em ninho de marimbondo

EM 2006, Sachin Lawande entrou na Harman International Industries como arquiteto-chefe de software na divisão automotiva da empresa. A Harman estava entre os principais fabricantes de sistemas avançados de informação e entretenimento. Esses sistemas de fábrica instalados no painel integram navegação por GPS, música, vídeo, telefone celular e conectividade com a internet. Esses sistemas se tornaram diferenciais competitivos e modernos para os fabricantes de automóveis de luxo, e a Harman era o principal fornecedor no segmento mais sofisticado. Os primeiros clientes da empresa foram a BMW e a Mercedes Benz.

Lawande logo se viu voando ao redor do mundo para resolver problemas de software. Quando passou a conhecer o software desenvolvido na própria empresa que rodava os produtos de informações e entretenimento da Harman, Lawande percebeu como era complexa sua arquitetura. A insistência dos fabricantes de carros de luxo com um alto grau de personalização complicou ainda mais a programação básica da fábrica.

Em uma situação livre de restrições, a evolução no sentido de maior complexidade é quase inevitável. Conceber produtos para carros luxuosos muito caros é uma tarefa que apresenta restrição relativamente baixa. É exatamente o tipo de projeto que atrai um engenheiro que adora complexidade. Em empresas de tecnologia como a Harman, os engenheiros são a classe dominante. Solucionadores de problemas por excelência, eles estão entre as pessoas mais criativas em qualquer negócio. Porém, às vezes podem cair vítimas da soberba, preferindo demonstrar seu virtuosismo a percorrer a distância mais curta entre dois pontos.

O principal grupo de engenharia de software da divisão automotiva estava sediado na Alemanha. A equipe se sobressaía no projeto de produtos complexos de informações e entretenimento procurado pelo segmento automotivo mais sofisticado. A equipe alemã tinha orgulho de seu sucesso. Mas também tinha um modo bem específico de realizar seu trabalho. "As pessoas têm definições de função altamente estruturadas", diz Lawande. "Elas têm orgulho por desenvolver o melhor componente já desenvolvido por alguém."[1]

Lawande tinha uma mentalidade diferente. Assim como admirava a elegância da engenharia da equipe alemã, também era um homem prático. Ele gostava, acima de tudo, das virtudes da simplicidade e da flexibilidade. Como engenheiro de software, Lawande passou 20 anos desenvolvendo dispositivos integrados: combinações de software e chips que desempenhavam funções dedicadas dentro de um sistema maior, não computadorizado. Em empresas como Bell Laboratories, 3Com e QNX Software, ele aprendeu a premissa básica dos dispositivos integrados: faça mais com menos. Obtenha a maior funcionalidade com o mínimo de linhas de programação e bits de hardware. E faça tudo isso de uma forma imperceptível para os usuários.

A colisão entre a mentalidade de Lawande e a lógica dominante da Harman poderia facilmente ter lhe causado grande frustração; talvez até mesmo um rápido pedido de demissão da empresa. Mas não foi assim que aconteceu. Em vez disso, ele foi convidado a liderar um projeto, de codinome SARAS, que se encaixa perfeitamente em seus instintos naturais. O objetivo era projetar um sistema completamente novo de informações e entretenimento, com uma arquitetura muito mais simples e com potencial para estimular o crescimento da Harman onde as oportunidades eram maiores: nos mercados emergentes (SARAS não é um acrônimo; em sânscrito, *saras* significa "adaptável" e "flexível", dois objetivos principais do projeto do novo sistema).

Atrativo novo e melhorado

Desde que Henry Ford parou de insistir em que os carros somente poderiam ser pretos, os fabricantes de automóveis têm competido com base em características que pouco têm a ver com os fundamentos do transporte. Os motoristas rapidamente passaram a considerar a utilidade básica ponto pacífico. Somente os fãs de automóveis discutiam sutilezas como carburação, raio de curvatura, taxa de compressão e dirigibilidade. Para a maioria dos clientes, estilo inteligente, amenidades, características de segurança e outras opções eram razões decisivas para a compra.

Nos showrooms das concessionárias de hoje em dia, os sistemas de informações e entretenimento representam o novo atrativo para compradores de carros. Praticamente toda forma de informação e diversão digital disponível em casa ou no escritório pode agora ser colocada em um veículo de quatro rodas.

No segmento de luxo, a Harman ocupa uma posição de dar inveja. Sua participação de mercado em sistemas de informações e entretenimento supera os 70%. O grupo automotivo era a maior das três divisões da Harman, respondendo por $2 bilhões de seus $3 bilhões em receitas. Além disso, há $400 milhões em negócios de equipamentos de som (Harman Kadron, Infinity e JBL são três de suas marcas) e $600 milhões da divisão de som profissional que fornece alto-falantes e outros sistemas de som para estádios, ginásios, auditórios e casas noturnas. Cada divisão tem o próprio grupo de engenharia.

A empresa tem uma longa história de inovações revolucionárias. Os fundadores Sidney Harman e Bernard Kadron foram engenheiros e inventores. Juntos, em 1953, fundaram a Harman Kadron, que produziu os primeiros receptores em alta fidelidade do mundo e, mais tarde, em estéreo. Eles também começaram a prática de comercializar sistemas domésticos de som estéreo como conjuntos de componentes. Os consumidores escolhiam os alto-falantes, receptores, toca-discos e amplificadores que queriam, levavam tudo para casa e montavam os equipamentos de som (muitas vezes não sem passar por um difícil processo de tentativa e erro). A empresa ganhou muitos prêmios, incluindo um Grammy de excelência técnica em 2010 por seus microfones e fones de ouvido AKG.

Com sua forte linhagem genética de engenharia, a Harman ficou conhecida por estar à frente da curva. Mas agora corria o perigo de ficar para trás. Havia pouco espaço para melhorar sua participação de mercado no segmento mais sofisticado, e pouco crescimento nesse segmento. A Harman precisava procurar novos fluxos de crescimento.

O fenômeno de sistemas de informações e entretenimento pode ter começado no segmento de luxo, mas não ficou parado. A demanda logo penetrou nos mercados médio e inferior, estimulada por propaganda, versões mais populares de sistemas de informações e entretenimento e crescente disponibilidade de GPS de painel e outros recursos como optativos adicionais em aluguéis de carros. Em todo o mundo, o segmento mais sofisticado respondia por, no máximo, 10 milhões dos 70 milhões de automóveis fabricados anualmente. Sem dúvida, o crescimento mais rápido estava nos países em desenvolvimento, com os novos fabricantes, como a Tata e a Maruti na Índia, atingindo níveis de preços inimagináveis no mundo rico.

Para entrar nesses novos mercados de forma significativa, a Harman precisaria mudar sua cultura, começando com a abordagem em termos de engenharia. Os primeiros esforços da empresa não foram muito bem. Em um movimento típico de glocalização, os engenheiros da Harman criaram uma versão em escala reduzida de seu sistema mais sofisticado. Eles pegaram o que tinham na prateleira e reduziram seu custo subtraindo recursos e funcionalidades de topo de linha. Em um caso, tentaram associar seu software sofisticado com hardware e silício do segmento inferior. A discrepância comprometeu o desempenho e tornou o produto praticamente inutilizável. Após gastar bastante tempo e dinheiro em consertos, a Harman forneceu um sistema que não conseguia satisfazer a ninguém.

Reformulando a Harman para conseguir crescer no mercado emergente

Dinesh C. Paliwal tornou-se CEO da Harman em 2007. Ele havia passado 22 anos na ABB, uma empresa de tecnologia de $35 bilhões sediada na Suíça, onde trabalhou em seis países de quatro continentes e estabeleceu a presença da ABB na China e no norte da Ásia. Paliwal trouxe para a Harman uma rica visão global, uma profunda experiência e uma compreensão sobre a cultura de engenharia (ele se formou, com a mais alta distinção, no renomado Instituto Indiano de Tecnologia, o MIT da Índia). Também trouxe a reputação de eliminar feudos e de exigir colaboração intercultural.

O encargo de Paliwal era aumentar o perfil da Harman em mercados emergentes. Ele começou a fazer mudanças substanciais de imediato, contratando dois novos gestores regionais para dirigir as operações chinesas e indianas. David Jin havia sido CEO do grupo Philips Healthcare na China; M. Lakshminarayan foi diretor adjunto de administração da Bosch Índia. Ambos, como Paliwel, haviam tido sucesso no aumento da participação de multinacionais ocidentais em mercados regionais.

As metas de crescimento em cinco anos para a Harman na China e na Índia eram agressivas. Esperava-se crescer na China atingindo um negócio de $1 bilhão a partir de receitas atuais de $120 milhões. Na Índia, partindo de meros $15 milhões, esperava-se crescer para $250 milhões. Paliwel entendeu que a glocalização, sozinha, não era o caminho para atingir esse tipo de crescimento agressivo. Os mercados emergentes exigiam uma abordagem nova.

Ele instalou o projeto SARAS e encarregou Lawande de conduzir o impulso crucial na estratégia de crescimento da Harman.

A incumbência do SARAS era projetar uma nova plataforma de informações e entretenimento a partir do zero, com o objetivo de fornecer uma funcionalidade semelhante aos produtos sofisticados da Harman pela *metade do preço e por um terço do custo*. Mas a ambição de Lawande foi mais longe: queria desenvolver uma arquitetura mais moderna e ampliável, capaz de atender a um amplo espectro de necessidades futuras da Harman. Ele previa um sistema bastante adaptável que um dia poderia abranger uma ampla faixa do mercado automotivo, desde o nível básico até as marcas luxuosas.

Sem saber, Paliwal e Lawande haviam embarcado em uma jornada de inovação reversa. Eles não sabiam ainda que havia um nome para aquilo que estavam fazendo. No final, Lawande (com o apoio fundamental de Paliwal) teria sucesso utilizando boa parte dos preceitos da Cartilha de Inovação Reversa.

Desafiando a maneira tradicional

Quando surgem novas ideias ou abordagens, elas muitas vezes desencadeiam uma resposta imunológica. Não foi surpresa, portanto, o fato de o SARAS deparar com certa resistência.

"Houve várias tentativas, em diversos momentos, de descarrilar [o projeto]", diz Lawande. Uma delas foi a do ex-CTO (Chief Technology Officer) de assumir o controle do SARAS. Com origem nas fileiras da engenharia alemã, ele discordava da abordagem a partir do zero de Lawande. O CTO esperava que, assumindo o controle, poderia conduzir o projeto por um caminho mais conservador. Porém, Paliwal interveio e apoiou a liderança de Lawande (em janeiro de 2009, o CEO até promoveu Lawande ao cargo de novo CTO da Harman). Esse é o tipo de ação altamente visível por parte do CEO que pode ajudar a mudar a mentalidade e a cultura.

De fato, diz Lawande, "sem o apoio que Paliwal exibiu pressionando pelo SARAS (se ele não tivesse vindo do nível hierárquico mais alto da empresa), eu não teria tido sucesso".

Apesar desse apoio, em alguns cantos da empresa espalhou-se a ideia, através de boatos, de que o SARAS era uma forma de favelização. O produto era inferior e fora concebido somente para a China e a Índia. Ele não poderia ser tecnicamente sofisticado para ser vendido em mercados ocidentais mais maduros. Por causa do potencial de expansão do projeto, diz Lawande, "queríamos matar, logo na raiz, esse tipo de conversa".

A resistência estava enraizada não só nas ambições revolucionárias do projeto, mas também no modelo organizacional de Lawande. Desde as suas primeiras experiências na Harman, ele tinha visto os pontos fortes e fracos da abordagem dominante para o desenvolvimento de produto. Dadas as metas ambiciosas do SARAS, ele sabia que seria necessário um roteiro bem diferente.

A abordagem estabelecida na Harman era hierárquica, complexa e altamente especializada. Os engenheiros normalmente ficavam dentro de seus estreitos domínios técnicos. Uma função importante do sistema de informações e entretenimento, tal como a navegação, pode combinar várias tecnologias de hardware e software. A abordagem alemã, inicialmente, separaria as tecnologias e, em seguida, subdividiria cada uma em muitos componentes menores. Para cada um desses componentes, seria designada uma equipe.

Essas equipes normalmente não eram solicitadas a ampliar sua atuação. Uma equipe pode saber pouco sobre um componente adjacente ao qual seu próprio trabalho poderia acabar se juntando. Na verdade, ela pode saber pouco mais do que generalidades sobre a funcionalidade daquilo em que está trabalhando.

Essa análise detalhada do trabalho era altamente eficiente desde que a intenção fosse produzir melhorias incrementais no projeto. Com o tempo, ela produziu componentes individuais altamente elaborados, de classe mundial. Nada na Harman foi aproveitado de projetos de terceiros ou de código-fonte aberto. Cada elemento foi 100% "inventado aqui".

A abordagem funcionou bem para o segmento de luxo, mas, ao mesmo tempo, era também onerosa e rígida. Para o SARAS, porém, a prioridade máxima era a de radicalmente reduzir custos (embora ainda oferecendo benefícios proporcionalmente maiores aos clientes). Esse desafio clamava por uma solução completamente nova.

Para ter sucesso, o SARAS precisaria de um modelo organizacional totalmente reinventado como o produto que pretendia projetar. Temos enfatizado que as ELCs devem ser organizadas a partir do zero, exatamente como ditado pelas necessidades do projeto, colocando de lado a sabedoria organizacional anterior, ainda que ela pudesse ter levado a um grande histórico de sucesso. A Harman é uma das demonstrações mais claras desse princípio.

Construindo a equipe

O trabalho no SARAS começou de fato no final de 2008. Enfrentando o desafio radical de uma nova engenharia, Lawande optou por estabelecer sua equipe longe dos centros tradicionais de projeto da empresa na Alemanha e em Farmington Hills, Michigan. O centro de gravidade do SARAS seria principalmente na Índia e na China.

A decisão foi polêmica. O grupo de engenharia alemão era importante e poderoso. O estabelecimento de novos centros de engenharia representava uma ameaça para sua importância.

Lawande procurou dentro da Harman para encontrar as pessoas certas que liderassem as equipes locais de crescimento. Ele escolheu a dedo dois grandes talentos de Farmington Hills: Arvin Baalu (um indiano que trabalhava havia quatro anos na Harman) seria o líder da equipe em Bangalore, e Kelei Shen, que é chinês, organizaria a equipe em Suzhou, na China. A equipe de Baalu desenvolveria a nova arquitetura do software, enquanto a de Shen se concentraria no hardware.

Baalu e Shen haviam estabelecido reputação dentro da empresa como líderes fortes com alta credibilidade. Eles conseguiriam estabelecer uma ponte entre as culturas locais e corporativas e trazer profundo entendimento dos produtos e tecnologias da Harman para o SARAS. Além disso, suas raízes locais ajudariam o projeto a alcançar com credibilidade a base de clientes locais e acelerar o desenvolvimento do mercado. Suas origens lhes deram uma espécie de credibilidade, e a reputação de ambos dentro da empresa lhes deu outra espécie. A incorporação de Baalu e Shen ao SARAS deu ao projeto maior flexibilidade dentro da Harman do que ele teria de outra forma.

Fundamentalmente, as equipes se reportavam a Lawande, em vez de responder para a liderança da divisão automotiva. Isso representa uma chave para o sucesso em inovação reversa. As ELCs subordinadas aos altos executivos da empresa são isoladas dos efeitos das tomadas de decisão ao nível de unidade que poderiam comprometer seu trabalho ou ameaçar o acesso a recursos vitais. Além disso, o líder da divisão automotiva poderia naturalmente avaliar a ELC por meio de critérios que fazem sentido para um negócio estabelecido, mas não para um novo empreendimento.

Lawande também escolheu três engenheiros da Alemanha para participar do núcleo da equipe de engenharia. Uma coisa era balançar o barco, mas ele não estava pretendendo afundá-lo. Apesar da resistência inicial ao SARAS, Lawande viu que os engenheiros alemães eram tão importantes para o futuro da empresa como haviam sido no passado. Devido à sua experiência formidável, eles poderiam trazer contribuições importantíssimas para o SARAS. Tal como seus recrutas nos Estados Unidos, Lawande escolheu pessoas com talento, credibilidade e influência. Através de sua participação no projeto, eles se tornariam agentes de mudança. Quando voltassem para a Alemanha, ajudariam a obter apoio entre seus colegas.

Fica difícil superestimar as implicações dessas decisões. O objetivo era criar uma *nova* capacidade de projeto, e não penalizar, punir ou desmantelar aquela já existente e que funcionava tão bem. Afinal, a Harman não iria abandonar o segmento de luxo do negócio. Lawande percebeu que ele precisava de uma ELC que fosse única, mas que também fizesse uma boa parceria com a organização global.

Lawande manteve sua equipe pequena. A quantidade menor de pessoal permitiria alta eficiência e decisões mais oportunas. Ao todo, havia menos de 30 pessoas trabalhando em tempo integral no SARAS: 15 na Índia, 5 na China, 3 nos Estados Unidos e 3 na Alemanha.

Lawande pediu para os membros da equipe pensarem em termos (e de se organizarem em torno) de funções completas, e não de componentes. Por exemplo, um subgrupo reuniu todas as competências necessárias para tratar da unidade de navegação.

Em retrospecto, Lawande viu que mudar a organização (dividindo o trabalho por funcionalidade do sistema de informações e entretenimento, e não por componente, por exemplo) foi tão importante quanto as inovações no produto em si. Este último só ocorreu por causa da mudança organizacional. Você não consegue inovação completamente nova sem um projeto organizacional completamente novo. Em última análise, o método da equipe passou por um processo de engenharia semelhante ao do próprio sistema de informações e entretenimento.

Moldando uma reformulação radical do produto

Com a equipe montada, Lawande se tornou o canudo que mistura a bebida: "Meu papel era o de desafiar o grupo e de ter certeza de que eles estavam pensando agressivamente." Ele também ajudou a equipe a se manter fiel às cinco filosofias principais do projeto.

SIMPLICIDADE. Abranger o processo inteiro do projeto era um imperativo para manter as coisas o mais simples possível, nunca sendo mais complicado do que o absolutamente necessário. A complexidade seria o inimigo da economia. Se a intenção era que o SARAS fornecesse a mesma funcionalidade encontrada nos sistemas mais sofisticados de informações e entretenimento, então era fundamental manter os conjuntos de recursos dentro do mínimo exigido para qualquer função específica (navegação, comunicações, multimídia). Um dos segredos bem guardados dos sistemas de informações e entretenimento é que oferecem muito mais recursos do que a maioria dos usuários finais normalmente utiliza. Lawande diz que "um sistema sofisticado de navegação provavelmente possui mais de 100 recursos. Mas nós constatamos que a maioria de nossos clientes não vai além dos primeiros 20". A simplicidade exigiu melhor alinhamento entre o conjunto de recursos do novo sistema e os padrões de uso do mundo real.

CUSTO. O aspecto mais radical do SARA está na ambiciosa matemática de custo. Fornecer uma funcionalidade próxima do mais sofisticado a um terço do custo foi uma tarefa difícil. Ela exigiu que a Harman fizesse um grande avanço no piso do custo. A cada etapa, Lawande exortava a equipe a ser criativa e inovadora. O mantra constante da equipe tornou-se: "Metade do preço, um terço do custo."

Essa restrição aparentemente opressiva pode, na verdade, ser libertadora. Quando vista como oportunidade, uma restrição pode inspirar o pensamento inovador. Culturas de restrição produzem pessoas que se tornam, por necessidade, engenhosas e resistentes.

Por exemplo, a Índia é um país com grande população rural vivendo na pobreza. Muitos milhões de pessoas não têm acesso conveniente a uma saúde decente. Muitos também sofrem de doenças nos olhos que muitas vezes levam à cegueira. As inovações do Hospital Aravind Eye Care vão além da cirurgia de catarata que descrevemos anteriormente. As restrições da pobreza, geografia e infraestrutura deficiente levaram o Aravind a inovar em torno do acesso aos cuidados com a saúde. Como os pacientes não conseguem viajar para hospitais distantes, o Aravind envia clínicas oftalmológicas móveis bem equipadas para vilarejos rurais. Os médicos e as enfermeiras examinam os habitantes. Se necessário, a equipe utiliza uma conexão por satélite para colocar os pacientes em contato com especialistas nos hospitais urbanos. Se um paciente requer cirurgia, o Aravind providencia transporte de ida e volta para o hospital. Esses serviços são oferecidos gratuitamente para pacientes pobres, com seus cuidados sendo cobertos por aqueles que podem pagar os preços de mercado. Esse tipo de solução vem facilmente para a mente de pessoas que, visceralmente, compreendem as restrições locais e conseguem aproveitá-las para gerar criatividade.

PROJETO MODULAR. Grande parte da complexidade do sistema atual da Harman foi gerada pela forte personalização pós-venda que cada fabricante de automóveis exigia. O projeto em módulos ajudaria a Harman a minimizar a quantidade de trabalho meticuloso e demorado da personalização. A empresa analisaria a base de clientes e identificaria os elementos comuns exigidos com mais frequência pelos fabricantes de automóveis. Em seguida, criaria um estoque de módulos fechados para se escolher. Esse cardápio modular preservaria a integridade arquitetônica do projeto e economizaria trabalho na retaguarda.

Não há nada de novo em buscar uma abordagem modular. Mas, previsivelmente, surgem as tentações para se afastar do caminho escolhido. Em algum ponto no curso do desenvolvimento de um produto, as pessoas esquecem que o projeto modular era uma parte importante das especificações. Isso aconteceu com o sistema existente do segmento superior, diz Lawande. O SARAS foi projetado utilizando a disciplina rígida da modularidade.

SOLUÇÕES COM CÓDIGO-FONTE ABERTO. Lawande queria afastar-se do desenvolvimento caro de sistemas proprietários. Em vez de inventar tudo, o SARAS aproveitaria o que fosse possível. Ele adotaria soluções de fonte aberta sempre que possível e permaneceria amigável e aberto a aplicativos de terceiros.

Lawande estabeleceu restrições sobre o quanto de trabalho seria feito internamente em comparação com o aproveitado de terceiros ou do movimento de código-fonte aberto. Foi necessário haver disciplina para manter esse compromisso. "O que acontece, principalmente neste setor bastante insular, é que há quase um desdém pelo que está ocorrendo no mundo exterior", ele diz. "Algo como, 'Nós somos *especiais*. Nós entendemos o setor automotivo... e ninguém além de nós consegue imaginar o que precisa ser feito.' A atitude de alguns que se encontravam na empresa era que os programas de software com aplicações mais gerais não conseguem jamais ser muito bons para nós."

A equipe foi incentivada a buscar tecnologias externas disponíveis que conseguissem atender às necessidades de desempenho de cada conjunto de características. Mas ela abriu exceções selecionadas. Por exemplo, a filosofia de arquitetura aberta levou a um avanço bastante importante que precisou ser programado internamente. Chamado de OpenNav, o aplicativo permitiria que a nova plataforma trabalhasse com praticamente qualquer software de navegação de terceiros ao redor do mundo. O desenvolvimento do OpenNav exigiu muito tempo e esforço, mas se entendeu que valia a pena esse investimento, pois ele potencializaria a abertura do produto para um amplo conjunto de um valioso conteúdo de mapas de terceiros.

A filosofia de fonte aberta também foi questionada. Um desses momentos da verdade surgiu em torno da tecnologia de mensagens que permite a comunicação dos módulos do sistema entre si. Por anos, o desenvolvimento da tecnologia própria de mensagem vinha sendo de competência específica do grupo alemão de engenharia. Porém, sua adoção impediria que os engenheiros do SARAS elaborassem uma série de aplicativos de fonte aberta e teria prejudicado o desenvolvimento de novos aplicativos por terceiros para o SARAS.

Houve pressão dos alemães para utilizar a tecnologia existente. Evitando uma discussão política improdutiva nas fileiras da empresa, Lawande, na condição de CTO, tomou uma decisão unilateral a favor de uma abordagem de fonte aberta, em vez de estimular o diálogo e tomar tempo e energia para construir consenso.

CHIPS PADRONIZADOS. A Harman projetou seus sistemas mais sofisticados com chips de silício personalizados. Como os pedidos da empresa para os fabricantes de chips eram de pequenas quantidades (pelos padrões da indústria de semicondutores), isso se mostrou oneroso. Os chips representavam um fator importante no estabelecimento do piso para o custo total do sistema.

A equipe do SARAS procurou entrar no vácuo de outro setor com maior escala. Acontece que o funcionamento dos chips fabricados para smartphones estava rapidamente se tornando semelhante ao dos utilizados nos sistemas de informações e entretenimento da Harman. O mercado de smartphone era amplo. Fazia sentido aproveitar os investimentos dos fabricantes de chips naquilo que estavam desenvolvendo para o setor de smartphones. A Harman se tornou, assim, uma extensão desse mercado bem maior. Só o impacto disso no sistema de custos, diz Lawande, foi "um divisor de águas".

Pressionando a equipe para a conclusão

Lawande gerenciou o processo de projeto utilizando uma metodologia chamada Scrum: uma abordagem flexível e iterativa para desenvolvimento de software. O Scrum é ideal para ajudar equipes que enfrentam grandes projetos multifuncionais. A abordagem analisa o projeto em "corridas curtas",* com cada uma delas durando de duas a quatro semanas. Cada "corrida" é dividida em tarefas. Em vez de enfrentar prazos enormes e distantes, em que todo o projeto pode dar certo ou fracassar, a equipe recebe metas semanais. Os prazos curtos permitem feedback frequente e um rápido aprendizado, fatores fundamentais para o êxito das iniciativas de inovação.

---

* *Nota do Tradutor*: Sprints, no original em inglês.

A equipe do SARAS monitorou cada corrida diariamente utilizando os chamados gráficos de acompanhamento *burn-down* (representações visuais do sucesso em tarefas específicas). A adesão ao método Scrum permitiu que a equipe identificasse o perigo antes que ele se tornasse letal.

Lawande definiu uma data em março para a primeira demonstração. Ele viajaria para a Índia por causa da demonstração e espalhou entre todos que esperava ser surpreendido. O protótipo funcionou tão bem que Lawande agendou uma segunda demonstração, agora para o conselho de diretores, a ser realizada em junho, na sede da Harman, em Stamford, Connecticut.

Foi uma jogada ousada, mas Lawande queria estabelecer o SARAS de uma vez por todas como um programa legítimo dentro da empresa. Que melhor maneira de realizar isso do que fazer uma demonstração tão importante do trabalho? Além de mobilizar a equipe, poderia inspirar alguns dos céticos (aqueles ainda não convencidos de que o projeto decolaria) a "ficarem do lado certo".

A demonstração ocorreu sem problemas. Ela injetou grande confiança dentro da equipe e deu ao projeto a elevada visibilidade interna necessária para garantir que a próxima fase (comercialização) correria tão bem quanto a demonstração.

Superando obstáculos de vendas e clientes

Com um produto do qual estava orgulhoso, Lawande se concentrou em ir para o mercado. Ele adotou uma estratégia híbrida de vendas. Nos mercados emergentes da China e da Índia, havia equipes de vendas exclusivas. A Harman era uma nova presença nessas regiões e ainda não havia construído seus relacionamentos de vendas. Nos mercados em que a Harman já estava estabelecida, porém, a atual força de vendas acrescentou a nova plataforma às ofertas existentes.

Conquistar a força de vendas estabelecida mostrou-se um grande obstáculo. Da mesma forma que os engenheiros, a força de vendas da Harman foi treinada para o modelo do segmento superior do mercado. O processo de vendas consistia em sentar com cada cliente e definir o sistema desejado (e amplamente personalizado) e depois partir para a execução da forma tradicional.

O menu de recursos modulares do novo sistema reduz em muito a extensão da personalização. Os sistemas podiam ser mais rapidamente configurados e entregues. Mas os vendedores estavam acostumados com um longo e meticuloso processo de desenvolvimento. Eles interpretavam o menor grau de dificuldade como se fosse também uma indicação de baixa qualidade. Em consequência, mostraram-se inicialmente relutantes em apresentar a nova plataforma como uma opção para seus clientes. Eles foram finalmente persuadidos quando Paliwal e Lawande expressaram seu desejo na forma de uma ordem.

Os clientes também apresentaram certa relutância inicial. Embora alguns fabricantes de equipamentos originais comercializando os produtos com sua própria marca tivessem pressionado por mudança para a plataforma tradicional, eles foram pegos de surpresa pela grande diferença do SARAS em relação ao que estavam acostumados. Lawande convidou os clientes para visitarem os centros de desenvolvimento na China e na Índia. Após algumas reuniões, apresentações e demonstrações, eles se sentiram reassegurados de que a nova abordagem era sólida.

No final de 2009, a Toyota veio a bordo como primeiro cliente. A Toyota era conhecida como um cliente exigente, que fazia avaliações meticulosas de qualquer tecnologia antes de adotá-la. A Harman vinha tentando há cinco anos ou mais conseguir um contrato com a montadora. Agora tinha um.

Isso foi uma tremenda vitória e ajudou a superar as dúvidas da equipe de vendas. No final, diz Lawande, os vendedores ficaram felizes com o fato de ter algo novo para vender. Também ajudou para que as margens de lucro não fossem corroídas, como muitos vendedores temiam. "O interessante, e o que realmente abriu os olhos, foi que nossa margem líquida usando essa tecnologia subiu. Ela foi quase o dobro da do negócio do segmento mais sofisticado", diz Lawande. Com um lucro líquido maior por unidade sobre um volume muito maior, as comissões das equipes de vendas começaram a subir, havendo um impulso atraente e de interesse próprio para a nova arquitetura.

De fato, apenas seis meses após a conquista da conta da Toyota, os pedidos haviam alcançado a marca de $1,5 bilhão. A meta de cinco anos para a nova arquitetura era de $5 bilhões. Segundo Lawande, até o final da primavera de 2011 (18 meses após o lançamento), o SARAS havia gerado mais de $3 bilhões em novos negócios. "Estamos utilizando agora o SARAS para assegurar nosso sucesso no mercado em rápida evolução da China."

Compromisso desde o topo

Em retrospecto, parece incrível que esse esforço se tenha desenrolado durante uma das calamidades econômicas mais infernais da história. Normalmente, as empresas agem com mais cuidado, reduzem o risco e fogem do mau tempo. A Grande Recessão tirou o combustível da indústria automobilística e atingiu firmemente a divisão automotiva da Harman. As receitas caíram em um terço, de $3 bilhões para $2 bilhões. Os projetos dentro da empresa estavam mais para ser cortados do que para ser lançados.

O SARAS enfrentou obstáculos adicionais: a oposição determinada dos grupos alemães de engenharia, uma resposta inicialmente morna das equipes de vendas, que não gostaram de ouvir falar de um sistema de baixo custo, e o maior investimento necessário para contratação do quadro de pessoal para os novos escritórios nos mercados-alvo. Se o projeto tivesse sido executado sob a égide da divisão de automóveis da Harman, é quase certo que teria sido cancelado. Com todo o trabalho sendo feito na Harman para controlar os custos, foi preciso bastante determinação por parte de Paliwal para continuar investindo no novo programa, mas ele estava decidido a construir uma plataforma de baixo custo para abrir novos mercados.

Assim, o SARAS estava na berlinda. "Eu estava tendo muitas noites em claro, pensando no que aconteceria se eu tivesse o sistema pronto, pessoas na Índia e na China, mas nenhum negócio!", diz Lawande, que elogia Paliwal por ele não haver cedido às pressões de curto prazo. O par preside uma empresa que está preparada para se expandir enquanto boa parte de sua concorrência no setor automotivo luta para não contrair.

Construindo uma plataforma multidirecional

As vitórias nas vendas foram satisfatórias, mas Lawande já estava olhando para a próxima fase. Desde o início, sua meta havia sido não apenas ganhar no mercado-alvo inicial, mas caminhar para cima ao longo do tempo. Desde o início, a arquitetura modular do SARAS foi concebida para ser facilmente ampliável. No final, a nova arquitetura seria capaz de atender às expectativas dos segmentos mais sofisticados. Seu retorno para o Ocidente foi previsto em sua concepção.

Sejam destinados aos carros do segmento mediano ou do segmento superior, os sistemas de informações e entretenimento oferecem funções semelhantes: navegação, multimídia e conectividade para redes de telefonia celular e internet. As diferenças residem na quantidade de recursos em qualquer uma das funções consideradas, como a navegação. Havia diferença também no nível de execução de cada função: o tamanho da tela de navegação, o nível de detalhes nos mapas, as gradações de cores oferecidas pelo sistema, o número e a riqueza das informações fornecidas. Por exemplo, um monitor de alta qualidade provavelmente terá uma tela de 10 polegadas mostrando gráficos 3-D de alta resolução, enquanto uma versão de segmento inferior poderia ter uma tela de 7 polegadas com gráficos 2-D.

Essas diferenças são mais estéticas do que em termos de função. E a defasagem no desempenho entre os componentes dos segmentos superior e inferior (chips, telas e outros hardware de alta tecnologia) está se estreitando. Na realidade, aquilo que a equipe SARAS havia produzido poderia ser configurado para se assemelhar à funcionalidade do sistema mais sofisticado.

No entanto, trazer aspectos da nova arquitetura para os mercados de luxo não aconteceria da noite para o dia. Fornecedores automotivos como a Harman atendem a clientes que operam com longos prazos de entrega. Quando a Harman vende um sistema de informações e entretenimento no final de 2011, os veículos nos quais eles serão instalados não serão comercializados antes de 2014, no mínimo.

Como se vê, Lawande estava ansioso para atender tanto ao segmento inferior quanto ao superior. De fato, a equipe do SARAS (agora maior, com 50 pessoas) também está elaborando um projeto para o Tata Nano, o carro mais barato do mundo. Mais uma vez, a meta é reduzir consideravelmente o custo do sistema, mas, ao mesmo tempo, manter a maior parte de seu desempenho. "Fazer mais por muito menos", esse poderia ser o lema do SARAS. O custo do sistema Nano é estimado entre 25% e 20% do de um sistema para o segmento mais sofisticado, mas ainda oferecendo 75% do desempenho. Considerando que a maioria dos motoristas utiliza apenas os principais recursos de seu sistema, a experiência com informações e entretenimento em um Nano e em um Mercedes não será muito diferente.

Lawande está até com os olhos voltados para outra reformulação radical: motocicletas. O mercado para motocicletas na Índia, China e sudeste da Ásia permanece amplo, e a gestão da Harman vê uma grande oportunidade não muito valorizada. O projeto, de codinome NALANDA, é inteiramente original: um novo hardware e um novo software serão executados em uma plataforma nova, tudo sendo projetado na Índia. O NALANDA tem a ambiciosa meta de preço de apenas $20, e vai se esforçar para atingi-la através de sua nova abordagem, no sentido de aproveitar o poder de processamento dos telefones celulares dos proprietários. Se houver ainda alguns céticos na Harman, essa é a oportunidade de a equipe do SARAS provar que eles estão errados pela segunda vez.

Mas provavelmente não será necessário. Mesmo os engenheiros alemães (aqueles originalmente mais resistentes ao projeto) mudaram de opinião por completo. E, desde a obtenção do contrato com a Toyota, a Harman tem assistido a uma contínua recuperação no preço de suas ações, que, no final de 2011, havia quase quadruplicado de valor desde a sua baixa de 2009.

De forma ainda mais importante, a empresa tem uma plataforma para crescimento global. O SARAS parece preparado para se deslocar em qualquer direção, dando oportunidade para a Harman competir com eficácia em qualquer canto do mundo. Esta é uma história clássica de inovação reversa.

As lições da cartilha para a Harman

1. *Desenvolva uma mentalidade de inovação reversa por toda a empresa* (Cartilha de Inovação Reversa, Lição 5). De forma bastante enfática, o CEO Dinesh Paliwal, da Harman, através de ações altamente visíveis e inequívocas, apoiou as metas e os métodos utilizados dentro do projeto SARAS (e seu líder, Sachin Lawande). Ele também deixou claro o imperativo urgente de obter maior crescimento com os mercados emergentes e segmentos inexplorados do setor automotivo. Em momentos importantes, Paliwal interveio para garantir que as principais funções (especialmente engenharia e vendas) entendessem que sua cooperação era fundamental e inegociável.
2. *Crie scorecards de negócios em separado para os países em desenvolvimento com responsabilidade plena quanto a resultados e ênfase em indicadores de crescimento* (Cartilha de Inovação Reversa, Lição 6). Paliwal criou novas posições de gestor regional para a Índia e a China, contratou líderes com profunda experiência em cada país e focou cada líder em vencer através de inovação reversa.
3. *Pratique projetos organizacionais completamente novos* (Cartilha de Inovação Reversa, Lição 7). Lawande constituiu a ELC SARAS na Índia e na China, longe dos centros tradicionais de projeto na Alemanha e nos Estados Unidos. Seu projeto organizacional completamente novo criou subgrupos focados em funções, e não em componentes. Ele incentivou princípios de projeto que reforçaram escolhas de concepção simples, oportunas e eficazes em termos de custo.
4. *Gerencie iniciativas de inovação reversa como experimentos disciplinados* (Cartilha de Inovação Reversa, Lição 9). A ELC executou experimentos rápidos e de baixo custo com prazos de curta duração. Ela avaliou o progresso e as lições aprendidas com base em metas semanais. No geral, o processo foi flexível e iterativo.

Questões para reflexão

1. Em sua empresa, quanto poder e autoridade são investidos em pessoas responsáveis pelos mercados emergentes? As pessoas com poder estão localizadas onde existe o crescimento?
2. Como sua empresa tem tradicionalmente organizado seus esforços de inovação? Como as pessoas se especializam? Por função? Por componente? Pela fase no processo? Por especialidade de engenharia? A mesma forma organizacional faz sentido para seus esforços de inovação nos mercados emergentes?
3. Quais conflitos podem surgir entre a ELC e o restante de sua empresa? Como esses conflitos poderiam ser resolvidos? Quem tem poder suficiente para resolvê-los de uma forma que dê para a ELC uma chance realista de sucesso?

CAPÍTULO 10

GE Healthcare no coração da Índia

De várias maneiras inspirados, engenheiros locais determinados ajudaram a desenvolver mercados e ampliar o acesso à saúde

AO VISITAR SEUS MÉDICOS NA REGIÃO, os membros de uma equipe de engenharia da GE Healthcare sediada em Bangalore perceberam algo problemático. Para ser mais preciso, foi algo que não conseguiram perceber que os frustrou.

Desde 2001, eles vinham desenvolvendo e fabricando máquinas sofisticadas de eletrocardiogramas (ECG) da GE na Índia. Naturalmente, sempre que faziam consultas com seus próprios médicos, os engenheiros procuravam pelas máquinas em que haviam trabalhado. Infelizmente, as máquinas não estavam em nenhum lugar onde pudessem ser vistas. Na verdade, se houvesse alguma máquina presente (e muitas vezes não havia), era sempre uma fabricada por um concorrente local.

Eletrocardiogramas são testes não invasivos, sem risco e de relativamente baixo custo, que medem a atividade elétrica do coração dos pacientes. O ECG é o teste cardíaco mais comum no mundo desenvolvido. Em unidades cardíacas de hospitais nos países ricos, as máquinas ECG da GE vêm sendo há muito tempo um acessório imprescindível. Em países pobres, porém, as máquinas ECG "globais de primeira linha" da GE estão geralmente disponíveis somente em hospitais de grandes centros urbanos. O preço das máquinas, seu peso e seus requisitos de energia elétrica as têm colocado fora do alcance para a Índia rural. Consequentemente, problemas cardíacos que poderiam ter sido detectados mais cedo e tratados ficaram muitas vezes sem poder ser diagnosticados.

A GE Healthcare (com faturamento de $17 bilhões em 2010) está entre os principais fabricantes de tecnologias de imagem médica, diagnóstico e informações de saúde. Seus concorrentes tradicionais são grandes fabricantes de tecnologia global (como Siemens, Philips e Toshiba) que oferecem suas próprias linhas de equipamento de diagnóstico médico. Os preços das máquinas ECG da GE variam de aproximadamente $3 mil a $10 mil. Esses aparelhos sofisticados costumam ser pesados (certamente pesados demais para serem carregados) e, em geral, estão presos a uma grande impressora específica e a um monitor de computador. Considerando que o teste é um pouco complicado para ser realizado, é necessário contar com um operador razoavelmente qualificado. A maior parte da tecnologia é própria da empresa e cara para conserto ou substituição.

Em 2005, à medida que crescia o domínio da tecnologia ECG pelos engenheiros de Bangalore, também crescia sua ansiedade em construir algo específico para a Índia – um produto cujo projeto refletisse a realidade econômica, cultural e de infraestrutura que os engenheiros compreendiam intimamente. O país tinha uma imensa carga de diagnósticos não realizados que eles acreditavam poder atender. Imaginavam um produto que pudesse ser onipresente na assistência médica indiana. Além disso, haviam adquirido confiança suficiente em sua capacitação e estavam prontos para agir.

A história do projeto ECG da GE Healthcare destaca temas comuns nos relatos de inovação reversa. Os inovadores locais pagam suas dívidas e desenvolvem suas habilidades. À luz do que observaram no mercado (ou que conhecem por experiência própria), são movidos pela crescente paixão por preencher uma lacuna importante, que ainda não foi aprendida por grandes empresas. Eles detalham sua visão. Transformam a frustração em um plano. Defendem o plano dentro da empresa. E, com o tempo, são ouvidos e curtem esse momento!

Mas, como você deve suspeitar, nada é tão simples assim. A inovação reversa não é uma ferramenta para rebeldes, embora pessoas com esse tipo de personalidade possam encontrar funções compatíveis dentro de sua estrutura. De fato, a inovação reversa requer muito mais do que ação individual; exige excelência na organização. As ELCs devem ser únicas e parecidas com empresas iniciantes, mas plenamente capazes de aproveitar os recursos da empresa global.

Portanto, essa não é apenas a história de alguns engenheiros locais aspirando a uma grande mudança. É igualmente a história do esforço da GE em desenvolver uma estratégia de crescimento em mercados emergentes que coloca a inovação reversa em seu centro. A única maneira de tentar aproveitar integralmente a oportunidade em mercados emergentes é construindo produtos que verdadeiramente satisfaçam as necessidades locais; produtos que, no linguajar da GE, sejam projetados *no país, para o país*. Este capítulo analisa como a equipe indiana fez isso e, igualmente importante, como a GE possibilitou que a ELC fizesse isso.

Crescendo pela mudança

O grupo que demonstrou impaciência em construir um ECG apropriado para a Índia trabalhava no Centro de Tecnologia John F. Welch em Bangalore. Construída em 2000, a instalação foi o primeiro laboratório multidisciplinar de P&D da GE fora dos Estados Unidos. Naquela época, foi uma das mais claras manifestações da GE de compromisso em investir nos mercados emergentes. Em 2011, já se tornara uma das maiores instalações de P&D da empresa, localizado em um *campus* com 100.000m^2 de laboratórios e espaço de escritórios, abrigando 4 mil cientistas e engenheiros de todos os negócios da GE. Desse grupo, 1.300 trabalhavam para a GE Healthcare. Nos primeiros anos, as equipes de saúde se concentravam apenas em programação de software (área tradicional de terceirização). Gradualmente, foi crescendo a confiança no desempenho da equipe. Novos conjuntos de habilidades foram acrescentados. O âmbito do trabalho se expandiu, passando de subsistemas e componentes eletrônicos para funções clínicas de nível superior. No entanto, o trabalho ainda estava centrado em produtos globais e era dirigido a partir dos Estados Unidos.

Até 2005, a GE Healthcare continuou a perseguir uma estratégia de glocalização. Na Índia, ela ofereceu uma versão de seu produto de primeira linha por $3 mil, o segmento inferior da faixa de preço dos equipamentos sofisticados. Os resultados foram abaixo do esperado. Na época, a empresa percebeu que seria necessária uma abordagem mais elaborada, mas ela ainda não havia encarregado seu talento local do desafio de conceber produtos inovadores para os consumidores indianos.

No final daquele ano, o mercado deu um empurrão oportuno. Os membros da equipe de vendas da divisão indiana estavam ficando tão frustrados quanto os engenheiros. Eles não estavam conseguindo ganhar impulso com os clientes. Segundo os próprios vendedores, a GE Healthcare "não era sequer uma alternativa" no mercado rural. Eles não mediram palavras com V.

Raja, presidente e CEO da GE Healthcare na Índia (no Capítulo 4, Raja ilustrou como é difícil, em uma cultura de glocalização, obter apoio para uma nova ideia de negócio). Os vendedores lhe disseram: "Se você nos fornecer produtos com essas características nessa faixa de preço, podemos criar o mercado para produtos de valor. Poderemos, então, atuar em todas as faixas de preços, e não ser apenas um concorrente no segmento mais sofisticado."

Raja foi simpático à ideia. "Eles sabiam que tínhamos disponíveis todos esses belos produtos para exames de ECG", disse. "No entanto, nenhum deles atendia às exigências da maior parte dos clientes indianos. Os produtos desenvolvidos para mercados ocidentais não funcionavam bem em situações em que há uma fonte de energia elétrica inconstante, baixo poder aquisitivo do cliente, restrições de espaço, além de calor e poeira."[1]

Os concorrentes locais, especialmente a BPL Healthcare, estavam preenchendo a lacuna e "comendo nosso almoço", diz Raja. De fato, pela sua estimativa, a BPL estaria atendendo de 60% a 70% do mercado indiano de ECG menos sofisticado. A GE Healthcare estava com menos de 5% do mercado.

Raja se preocupava com a ideia de que esses concorrentes pudessem ser mais do que apenas uma ameaça local. Sempre havia a possibilidade de que um deles viesse a crescer o suficiente para desafiar a GE Healthcare em outras frentes também, provavelmente com uma tecnologia adotada de início na Índia. "Temos de atuar no quintal deles", diz Raja, "ou correremos o risco de perder participação global para a BPL, se eles ou outros concorrentes locais se deslocarem para segmentos mais sofisticados".

Engenheiros ansiosos, vendedores frustrados e aumento na concorrência geraram um crescente mal-estar que foi ainda reforçado pela simples realidade de que a GE Healthcare enfrentava um mercado saturado de ECG no mundo desenvolvido. De onde poderia vir o crescimento no futuro? A resposta óbvia era dos mercados emergentes, e isso exigia tocar o segmento de valor com produtos de menor custo.

Cada vez mais, a Índia era um foco de atenção urgente e de esperança dentro da empresa. Infelizmente, as alternativas de segmento de valor da GE Healthcare eram limitadas. À procura de um caminho a seguir, a empresa voltou-se para Oswin Varghese, um dos engenheiros que haviam se irritado com o trabalho em produtos completamente inadequados para as necessidades da Índia rural. Formado em Engenharia Biomédica, ele havia entrado na GE Healthcare em 2001, após trabalhar por alguns anos em outras empresas fazendo projetos de hardware, software e sistemas. Agora estava encarregado de apresentar na sede da GE a ideia de construção de um modelo radicalmente diferente de ECG.

Apresentando os argumentos

Conforme foi revelado pela nossa história anterior de V. Raja, novas ideias de negócios dentro da GE tinham de superar muitos obstáculos. O menor deles certamente não era o de convencer a diretoria da empresa de que você dispunha dos recursos necessários para conduzir o projeto até o sucesso. Essa era uma venda bastante difícil para um grupo que nunca havia conduzido um único projeto de desenvolvimento. Historicamente, ele vinha funcionando como fornecedor de subsistemas para unidades concebidas na sede da GE Healthcare em Milwaukee. Assim, o maior obstáculo seria ganhar a confiança em nível corporativo de que o grupo poderia executar um sistema completo. Isso exigiu alguma persistência.

"Provavelmente tivemos de fazer mais apresentações do que qualquer outro grupo", diz Raja. No entanto, a maré estava mudando a favor de Raja. A ênfase na GE era cada vez mais de obter crescimento nos mercados emergentes. Foi preciso haver persistência, mas, a despeito das dificuldades, a equipe conseguiu um investimento de $500 mil para um produto que os engenheiros estavam chamando de MAC 400.

Avaliação das necessidades completamente novas

A missão do MAC 400 seria a de estender o poder de salvamento do diagnóstico de um ECG tradicional para uma população majoritariamente pobre de 700 milhões de habitantes na Índia rural. Era aqui que seria encontrada a maior parte dos pacientes indianos cronicamente carentes e não diagnosticados. "A causa mais frequente de morte na Índia é ataque cardíaco", diz Raja. "As doenças cardíacas representam um grande problema social. A redução de seu impacto exige detecção precoce. A GE precisava pensar em uma solução que pudesse ser utilizada por todos os 700 mil clínicos gerais da Índia."

Para cumprir sua ambiciosa missão e derrotar os concorrentes locais, a equipe de Raja teria de entender plenamente as diferenças do mercado indiano de assistência médica. Como, em geral, é o caso, a empresa precisava superar seu passado de se apoiar demais em sua forte marca, em seu legado no segmento mais sofisticado e em sua estratégia de glocalização. No lugar disso, teria de reconhecer que a assistência médica indiana operava sob um conjunto de restrições básicas (principalmente as de renda e infraestrutura) que comprometiam o acesso aos serviços. Juntas, essas restrições estabeleciam as especificações necessárias para o MAC 400.

Renda

Tanto os pacientes quanto as clínicas tinham muito menos para gastar do que seus equivalentes ocidentais.

- *Baixo custo para os pacientes.* A Índia possui uma alta taxa de pobreza. O custo de $5 a $20 de um exame de ECG feito com uma máquina tradicional não é acessível. Ele é suficientemente caro para desestimular a maioria das pessoas de prontamente consultar um médico quando sentem dores no peito, mesmo que as consequências de uma doença não diagnosticada possam ser ruinosamente caras e até mesmo fatais. Portanto, o custo de um único exame de ECG do MAC 400 para o paciente precisaria cair para um nível em que ninguém tivesse motivo para recusá-lo.
- *Baixo custo de capital.* O modelo de $3 mil do ECG da GE Healthcare também era muito caro para a maioria das clínicas e médicos. De fato, praticamente não havia mercado para o produto da empresa, exceto nos melhores hospitais das maiores cidades da Índia. O preço do MAC 400 precisaria ser bem mais baixo para se tornar acessível a pequenas clínicas e médicos individuais.

Infraestrutura

Com transporte, energia elétrica confiável e médicos especialistas em falta na Índia, o equipamento médico necessitaria de qualidade e recursos raramente considerados no mundo rico.

- *Portabilidade.* Especialmente nas vastas áreas rurais da Índia, os postos de saúde e os profissionais são relativamente poucos e distantes entre si. A população está dispersa. Embora os exames de rotina façam enorme diferença nos resultados em longo prazo para os pacientes, a maioria está muito distante da clínica mais próxima para viajar para cuidados de rotina. Eles só se preocupam em viajar quando os sintomas são preocupantes. Portanto, o MAC 400 precisaria ser facilmente transportável para os médicos poderem levar até os pacientes, em vez de esperarem os pacientes se deslocarem até eles.
- *Carga de bateria.* A rede de energia elétrica da Índia não está totalmente desenvolvida e, nas áreas rurais, não é confiável ou não está

disponível. Uma máquina que precise ser ligada a uma tomada apresenta utilidade limitada ou nula em cenários desse tipo. O MAC 400 precisaria poder funcionar com uma bateria quando a energia da rede não estivesse disponível.
- *Facilidade de uso.* Uma unidade tradicional requer como componente um operador bem treinado, mas há uma grave escassez de profissionais médicos nos países em desenvolvimento (quadro ainda pior nas áreas rurais). Os modelos de ECG de primeira linha da GE Healthcare vêm com um manual do usuário de 50 páginas. O MAC 400, por sua vez, precisaria ser radicalmente simples e fácil de usar por praticamente qualquer pessoa.
- *Facilidade de manutenção e conserto.* A infraestrutura para manutenção e serviços de tecnologia médica também não é bem desenvolvida fora das maiores cidades. Se uma unidade de ECG mais sofisticada da GE Healthcare quebrasse em uma área rural, os usuários teriam dificuldade para encontrar alguém que pudesse consertá-la. Assim, o MAC 400 também precisaria ser fácil de consertar.

Finalmente, claro, a máquina precisaria ser melhor do que as oferecidas pela BPL e por outros concorrentes locais.

Solução completamente nova

Logo após o financiamento, surgiram dois desafios paralelos em termos de criatividade: montar a equipe e projetar o produto. Ambos necessitavam de esforços completamente novos.

Havia pouca possibilidade de o projeto seguir adiante dentro da organização existente. O desenvolvimento do MAC 400 exigiria uma rica colaboração multifuncional entre as equipes de engenharia, marketing, vendas e serviços, mas havia pouco histórico desse tipo de colaboração. Todas as funções praticamente se mantinham em seus feudos, cada qual subordinada aos chefes de função na sede mundial.

A GE precisava de uma ELC. A empresa constituiu uma liderada por Varghese, que unificou as funções em uma unidade dedicada. A equipe recebeu plenos poderes e foi liberada dos critérios de desempenho em curto prazo que normalmente preocupavam as unidades de negócios na GE.

A ELC passou a desenvolver um novo produto a partir do zero, sem adaptar um já existente para o novo mercado. A equipe recebeu permissão para alterar o "caminho GE" de desenvolvimento de produtos. Ao mesmo tempo, quando se fazia necessário, a equipe se valia dos enormes recursos tecnológicos e humanos da GE. De fato, as ELCs dependem da mistura correta de isolamento e colaboração.

O objetivo da ELC indiana era construir a partir do zero uma máquina ECG que chegasse ao varejo por um preço não superior a $800. Essa difícil tarefa manteve Varghese e sua equipe trabalhando até tarde durante muitas noites. Eles procuravam maneiras de manter os custos baixos, mas sem deixar de cumprir os requisitos ambiciosos de portabilidade, funcionamento com bateria, facilidade de uso e facilidade de conserto. Um dos membros da ELC descreve o desafio da seguinte maneira: "Conquistar o mercado de massa na Índia requer uma mudança de mentalidade de oferecer valor pelo dinheiro para oferecer valor para muitos. Portanto, a inovação frugal é a resposta."

A equipe encontrou muitas maneiras de cortar custos. Por exemplo, a GE, historicamente, havia projetado máquinas inteiras de ECG na própria empresa, com base em tecnologias próprias. Unidades sofisticadas possuem componentes fabricados especialmente para elas: chips projetados na GE, impressoras projetadas na GE, teclados projetados na GE e até mesmo cabos de força projetados na GE. Considerando que a tecnologia própria pode rapidamente aumentar o custo do produto (tanto para fabricar quanto para operar), a ELC escrupulosamente evitou isso. Em vez disso, da mesma forma que a Harman no Capítulo 9, a equipe buscou, sempre que possível, aproveitar a tecnologia existente.

Durante um exame de ECG, os sinais elétricos do corpo dos pacientes são tornados inteligíveis por algo conhecido como processador de sinal digital (DSP, na sigla original em inglês). Como os DSPs específicos da GE para máquinas do segmento sofisticado são fabricados em volumes relativamente baixos, os custos eram elevados. Da mesma forma que a Harman e a Logitech (Capítulo 5), a ELC da Índia optou por um chip DSP padrão, prontamente disponível em fabricantes como a Texas Instruments e a Analog Devices, obtendo, assim, significativa economia de escala (embora os semicondutores possam ser um importante impulsionador do custo do produto, também são uma categoria de componentes cujo desempenho melhora rápida e continuamente. Cada geração da tecnologia dá grandes saltos à frente. Assim, qualquer inovação incorporada nos chips de silício é uma boa candidata a rapidamente preencher as defasagens de desempenho!).

Após uma série de experimentos para projetar, dentro da empresa, uma impressora eficaz em termos de custos, a equipe deparou com uma ideia nova:

considerar a adequação do tipo de impressora de bilhetes utilizada em ônibus públicos e salas de cinema. O sistema de ônibus de Bangalore utilizava uma impressora que tinha tamanho, peso e durabilidade corretos para o uso nas impressões do ECG da MAC 400. Milhões de unidades dessa impressora eram vendidos por ano. A GE Healthcare poderia comprá-la diretamente da fábrica e desfrutar de irresistível economia de escala adicional (em vez de contratar uma solução personalizada de apenas 10 mil unidades por ano).

À medida que iam encontrando soluções técnicas, uma de cada vez, a mentalidade da equipe foi mudando de contar dólares para contar centavos. A equipe, diz Varghese, "estava sob a constante pressão" de cortar custos em cada aspecto do projeto. "No trabalho com produtos globais, nunca nos preocupamos com centavos!"[2]

A equipe também fez progressos no fator forma para que a máquina pudesse ser facilmente transportável. A meta para o peso total estava entre 1,1kg e 1,2kg. Isto exigia um corte agressivo de gramas, assim como o de centavos.

A diminuição do tamanho da impressora reduziu a área e o peso. A eliminação do monitor reduziu a complexidade técnica geral, o peso e o consumo de energia elétrica, que, por sua vez, contribuíram para uma vida mais longa da bateria recarregável. A equipe alcançou seu objetivo de gravar um mínimo de 100 exames ECG com uma única carga de bateria.

A ELC também encontrou maneiras inteligentes de atender às exigências de facilidade de uso e facilidade de conserto. A interface do MAC 400 consistia basicamente de um botão verde para acionar a máquina e um botão vermelho para pará-la. Conforme disse Varghese: "Se a pessoa souber ler sinais de trânsito, conseguirá operar o MAC 400." A ELC preparou um manual de treinamento simples e curto. Além disso, o projeto da equipe se articulava em uma pequena quantidade de módulos padrões de substituição que eram facilmente trocados. Se o aparelho quebrasse, os próprios usuários poderiam trocar os módulos.

A ELC manteve a sede informada sobre seu progresso, mas adotou um método diferente para fazê-lo. A norma-padrão dentro da GE era enviar um slide em PowerPoint resumindo o estado atual do projeto em relação a seus objetivos. Porém, por causa das preocupações iniciais da empresa em relação à capacidade da ELC, a equipe fez questão de programar demonstrações concretas do progresso. Em vez de slides em PowerPoint, a equipe fez apresentações ao vivo de seu protótipo mais recente. "A cada avaliação do projeto, o protótipo evoluiria substancialmente, demonstrando progresso real", diz Raja. Os executivos globais conseguiam ver a "linguagem corporal, ver o entusiasmo da equipe. Eles podiam ver o brilho nos olhos das pessoas. Eles sentiam que estávamos fazendo progressos e nos apoiavam".

Alinhado com nossas recomendações no Capítulo 4, Raja compreendeu que os projetos de inovação reversa exigem critérios específicos para se avaliar o progresso. "Suspendemos os padrões regulares de revisão de resultados financeiros e avaliamos o progresso por meio de outras medidas, como a taxa de redução do risco. Também submetemos o projeto a frequentes avaliações de especialistas em outras áreas da empresa. Aprendemos muito dessa forma."

À medida que o MAC 400 se aproximava da conclusão, um objetivo final foi o de atender a todas as exigências relevantes de teste e certificação. "Queríamos que o novo produto atendesse aos padrões internacionais de regulamentação, como os de emissão de radiação, para que pudesse ser vendido em todos os lugares", diz Varghese.

O lançamento

O MAC 400 foi lançado em dezembro de 2007 e rapidamente foi aprovado. É certo que ele havia feito sacrifícios importantes para atingir seus objetivos: comparado com os modelos mais sofisticados, não possuía monitor, memória digital, um teclado em tamanho normal ou uma impressora grande e autônoma. Porém, em compensação, oferecia algumas vantagens. Pesando pouco mais de 1kg, podia facilmente ser transportado em uma pasta ou mochila. Além disso, sob a capa desse pequeno aparelho, havia uma engenharia considerável. Por exemplo, ele usava o mesmo algoritmo de análise patenteado pela GE que roda nos ECGs de primeira linha.

O MAC 400 permitiu exames diagnósticos a preços acessíveis para uma população rural pobre, cujas necessidades, até então, vinham sendo ignoradas. Apesar de sua arquitetura austera, a máquina gravava e imprimia eletrocardiogramas clinicamente precisos, detectava doenças cardíacas e ajudava a salvar vidas.

Os pacientes em Bangalore ou em alguns outros centros rurais pagavam 90 rúpias (cerca de $2) por um ECG. Os pacientes em áreas rurais pagariam 45 rúpias (cerca de $1). Em ambos os casos, a comparação de preço é bastante favorável em ralação ao custo de $5 a $20 de um ECG feito em um modelo sofisticado[3] (a Figura 10-1 mostra a máquina tradicional de ECG e o MAC 400).

Visando impulsionar rapidamente as vendas, a ELC da GE desenvolveu uma nova abordagem para chegar ao mercado. Historicamente, a GE Healthcare distribuía os ECGs mais sofisticados na Índia através de representantes

FIGURA 10-1

Máquina tradicional de eletrocardiograma (à esquerda) e o MAC 400

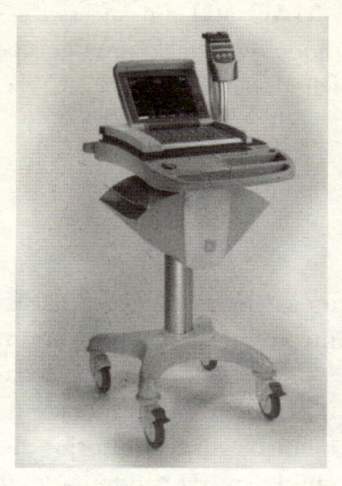

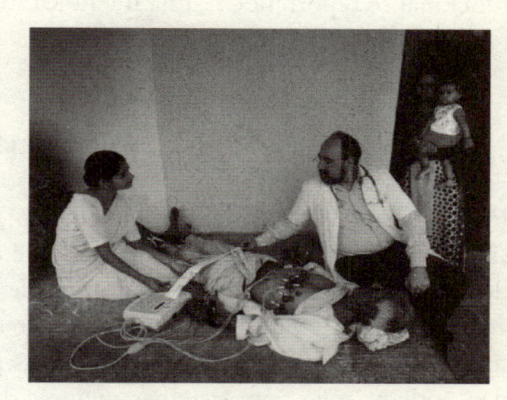

Fonte: Manoj V. Menon, chefe de comunicações da GE Healthcare South Asia. Utilizado com permissão.

nas grandes cidades e nas grandes áreas metropolitanas. Como essas regiões não eram os mercados-alvo para o MAC 400, a empresa montou uma equipe em separado para vendas diretas com o objetivo de atingir os médicos localizados nos menores vilarejos do país. Esse foi outro exemplo de projeto organizacional completamente novo.

Porém, conforme temos observado ao longo deste livro, a jornada desde a concepção até o lançamento pode exigir, de tempos em tempos, que a ELC obtenha ajuda da organização maior. Mas como, em uma grande empresa como a GE, você dá liberdade e poder para uma ELC com 10 membros ter *mais* acesso aos recursos globais da empresa extremamente necessários? Do ponto de vista de uma abordagem organizacional, você está, de certa forma, pedindo para o King Kong e o Pernalonga brincarem um com o outro.

"A chave foi conseguir que os dois trabalhassem em conjunto", diz Raja. "Incentivamos a ELC a desenvolver a cultura e a mentalidade de uma empresa novata. Oswin Varghese foi o instrumento por trás da criação dessa cultura. Ainda assim, sua equipe conseguiu aproveitar o vasto reservatório de tecnologia mundial e de distribuição mundial da GE. No final, vencemos porque aproveitamos os pontos fortes de sermos ao mesmo tempo muito grandes e muito pequenos."

Atuar bem em conjunto foi uma característica do projeto. "Foi um grande esforço de equipe, e não um esforço individual", diz Varghese. Parte do segredo para uma efetiva colaboração reside na fidelidade intransigente da equipe multifuncional (consistindo de engenharia, cadeia de suprimento, vendas e distribuição) ao objetivo de fazer do MAC 400 um sucesso estrondoso. O fato de a GE haver rompido seu modelo usual de uma equipe funcional se reportando a uma liderança funcional global deixou a ELC claramente responsável apenas pelo projeto.

Além da Índia

Embora o MAC 400 tivesse sido concebido para as circunstâncias e necessidades específicas da Índia, rapidamente encontrou um mercado no mundo desenvolvido. Para grande surpresa de todos os envolvidos, a fração das vendas do MAC 400 feitas na Europa cresceu rapidamente para metade do total. A máquina era uma solução perfeita para médicos em consultórios que não podiam arcar com sistemas maiores. Essa rápida vitória validou a visão da ELC de atender a todos os padrões internacionais.

O MAC 400 é vendido agora em praticamente todos os países (exceto nos Estados Unidos e no Canadá, onde a GE vende um modelo desenvolvido na China). "Não estamos apenas inovando na Índia", diz Munesh Makhija, CTO da GE Healthcare na Índia. "Estamos inovando para o mundo." Como outro exemplo, Makhija cita a linha da GE de aquecedores de baixo custo para bebês – unidades que mantêm a temperatura ambiente adequada para recém-nascidos: "A mortalidade infantil é um grande problema na Índia. Desenvolvemos a linha Lullaby de aquecedores para bebês em Bangalore. Lançamos o produto em maio de 2009 por uma faixa de preço de $3 mil" (os preços no mundo rico para essas unidades começam em $12 mil). "Esse produto fabricado na Índia é agora vendido em mais de 60 países, incluindo países ricos da Europa Ocidental."

A propagação bem-sucedida do MAC 400 e dos aquecedores de bebês Lullaby para novos mercados ressalta um ponto fundamental: as inovações para o mundo em desenvolvimento às vezes se deslocam de forma inesperada para o mundo desenvolvido, em nichos de oportunidade em mercados marginalizados que anteriormente passaram despercebidos ou eram muito pequenos para justificar um esforço de desenvolvimento de produto.

A GE Healthcare utilizou vários mecanismos para facilitar o deslocamento do MAC 400 da Índia para outros países. Em primeiro lugar, exibiu o MAC 400 em exposições internacionais de equipamentos médicos, tornando conhecido o produto inovador para possíveis clientes em várias partes do mundo. Além disso, o esforço de marketing da empresa posicionou o MAC 400 para consultórios médicos. Dessa maneira, a equipe global de vendas viu o potencial de crescimento adicional, e não uma ameaça de que poderia canibalizar o principal mercado hospitalar da GE. Finalmente, a alta administração deu ampla visibilidade interna para o MAC 400, incluindo uma cobertura de duas páginas no relatório anual da GE de 2007 e espaço na campanha publicitária "Imagination at Work" da GE. Jeffrey Immelt mostrou pessoalmente o produto em várias reuniões administrativas de alto nível, sempre com a mensagem: "Se não o lançarmos mundialmente, outras empresas indianas ou chinesas o farão!"

MAC Índia

A inovação reversa inicial muitas vezes é apenas o começo. A primeira salva de tiros se torna mais tarde uma plataforma para investidas posteriores, tanto para o mercado superior quanto para o mercado inferior (Tabela 10-1). Conforme diz Raja: "Uma das coisas que aprendemos com este processo é que há um segmento ainda mais baixo do que o segmento visado."

A primeira extensão de produto da GE foi uma versão em escala reduzida do MAC 400, apelidada de MAC Índia e lançada no primeiro trimestre de 2010. O MAC Índia foi oferecido a um preço extremamente baixo. Por apenas 9 rúpias, um exame ECG em um MAC Índia custava pouco menos do que uma garrafa de água. Raja observa que, por 45 rúpias, "o exame ECG do MAC 400 era ainda muito caro para pacientes em áreas rurais. Se alguém tinha dor no peito, ele dizia: 'Oh, isso vai me custar 45 rúpias. Talvez a dor passe.' Mas isso não acontecia. Então, três dias depois, essa pessoa tinha um ataque cardíaco. O paciente morria ou, se sobrevivesse, incorria no custo de assistência médica adicional, que sobrecarregava sua família com dívidas. Mas, se o ECG custa apenas 9 rúpias, ele diz: 'Está bem! Vamos gastar 9 rúpias.'"

O custo para comprar o MAC Índia também era substancialmente menor do que o MAC 400 (25 mil rúpias ante 40 mil). "Na Índia não é uma questão de valor", diz Raja. "Na Índia é uma questão de supervalor." Um dos membros da equipe ELC fornece uma quantificação desse padrão: "Em termos gerais, para vencer na Índia, você precisa de uma solução a 10% no mercado urbano e de uma solução a 1% no mercado rural. Se um produto é vendido por $100 no Ocidente, é preciso atingir a faixa de preço de $10 na Índia urbana e de $1 na Índia rural."

TABELA 10-1

A inovação reversa inicial da GE: o MAC 400 se desloca tanto para cima quanto para baixo no mercado.

	Padrão mais sofisticado	Inovação 1: MAC 400	Inovação 2: MAC Índia	Inovação 3: MAC 600	Inovação 4: MAC 800
Descrição	Grande – monitor, teclado e impressora de tamanho grande e integrados	Altamente portátil e leve (menos de 1,4kg); pode ser carregado para a casa dos pacientes	Versão em escala inferior do MAC 400, mas com a mesma área, portabilidade e facilidade de uso	Versão em escala superior do MAC 400, utilizando o mesmo espaço básico	Versão mais sofisticada do ECG portátil, com software mais avançado e aparência mais contemporânea
Características	Funcionalidade de primeira linha. Requer um carrinho com rodas	Operação simples, com dois botões, para utilização por pessoal não treinado; impressora pequena embutida para os resultados ECG; elimina monitor, impressora e teclado autônomos	A menor impressora embutida (58mm contra 80mm) reduz peso, custo de papel e utilização de energia elétrica	Acrescenta monitor embutido (o operador consegue ver se os exames estão sendo gravados apropriadamente); teclado do tipo de telefone celular (a identificação de pacientes pode ser inserida no arquivo do exame); memória digital (os exames podem ser arquivados e enviados por e-mail)	Inclui mais recursos: teclado integrado do tipo de celular (entrada de textos SMS); monitor com tela de 7 polegadas (contra 4,3 polegadas no MAC 600); impressora maior; conectividade embutida
Necessidade de energia elétrica	Funciona com corrente elétrica doméstica; pode funcionar com bateria para 50 exames de ECG	Funciona com corrente elétrica doméstica ou bateria recarregável (para 100 exames de ECG)	Operação somente com bateria; a eliminação da fonte de energia reduz peso, custo e uso de energia elétrica; isso, aliado ao melhor desempenho do chip e a outras economias, gera grande ganho na vida útil da bateria (mais de 500 exames ECG por carga)	Funciona com corrente elétrica doméstica ou bateria recarregável	Funciona com corrente elétrica doméstica ou bateria recarregável

Público-alvo	Países e infraestruturas desenvolvidos; inadequado para as condições na Índia, que requer portabilidade, baixo preço de compra, baixos custos operacionais e bateria disponível (em resposta à rede elétrica pouco confiável)	Segmento de valor para cidades menores ou vilarejos maiores	Segmento de supervalor para vilarejos de porte pequeno e médio	Cidades de todos os tamanhos	Níveis 2 e 3 das cidades chinesas e áreas rurais
Mercados-surpresa	Nenhum	Vendido em 194 países (vende bem na Europa, principalmente na França)	Não ainda	Não ainda	Vendido nos Estados Unidos
Características da escolha	Alto preço	Não tem cartão de memória – os resultados dos exames precisam ser impressos imediatamente, em vez de serem arquivados; a inexistência de teclado significa que não há forma de entrar com o nome do paciente ou com o identificador numérico (o operador precisa anotar o nome no resultado impresso do exame)	Mesmas que no MAC 400, mas com impressora menor e sem fonte de energia	Mais complexidade técnica, peso e utilização de energia elétrica que o MAC 400	Mais complexidade técnica, peso e utilização de energia que o MAC 400
Preço de compra	$3.000 a $10.000	$800	$500	$1.200	$2.000
Preço por exame ECG	$5 a $20	$1 a $2	Valor bastante pequeno, de $0,20	$1 a $2	$2 a $3

O MAC Índia tem aparência semelhante à do seu irmão mais velho, mas a impressora (um importante fator de custo) era menor (com 58mm de largura, e não 80mm). Isso possibilitou custos menores de materiais e uma contínua economia de papel e de consumo de energia elétrica. A diferença mais radical foi a eliminação no MAC Índia de uma fonte de energia. Ele funciona exclusivamente com bateria recarregável. Graças à eficiência no gerenciamento de energia obtida com a impressora menor e melhor desempenho da unidade de processamento central, o MAC Índia consegue gravar impressionantes 500 exames de ECG com uma única carga de bateria.

O MAC Índia também incluiu inovações em áreas correlatas ao produto. A GE Healthcare disponibilizou o financiamento em termos relativamente fáceis, com taxa de juros de 0%. Um médico que não conseguisse comprar a máquina à vista poderia optar por pagar uma tarifa diária de 27 rúpias (equivalentes a três exames de ECG) debitada eletronicamente.

MAC 600

A próxima iteração visou o mercado superior. Não há dúvida de que o MAC 400 envolveu escolhas difíceis. Por um lado, ele não tinha memória digital. Portanto, era impossível realizar e guardar mais do que um exame ECG antes de imprimir os resultados. Se a impressora quebrasse no campo, a máquina ficaria inutilizada. Outra escolha feita no projeto foi a falta de monitor. Se um ou mais eletrodos fossem ligados de forma indevida no paciente, o erro seria descoberto somente na impressão, após o exame ter sido realizado; assim, haveria a necessidade de refazer o procedimento. Finalmente, faltava um teclado alfanumérico. Os operadores não podiam digitar o nome do paciente ou algum número de identificação. O nome ou número precisaria ser escrito na impressão ao término do exame, o que foi considerado uma solução complicada.

Assim, o MAC 600 adicionou um teclado do tipo do de um telefone celular. Também acrescentou um cartão de memória capaz de armazenar mais de 500 exames ECG. Se há uma falha da impressora (ou se cada teste não precisar mais ser impresso imediatamente), os exames guardados podem ser impressos mais tarde a partir do cartão de memória. Os exames são guardados em arquivos PDF, e não em formatos de dados específicos da GE. Isso permitiu que eles pudessem ser lidos em qualquer computador, que fossem impressos em uma impressora-padrão de escritório e que pudessem facilmente ser compartilhados via e-mail ou telefones celulares. Sementes da telemedicina haviam sido lançadas.

A máquina também trazia um monitor de 4,3 polegadas. Os operadores conseguiam rapidamente verificar se os cabos estavam fazendo leituras apropriadas. Se, por exemplo, o pelo do peito de um paciente estivesse interferindo com o sinal de um eletrodo, o operador conseguia identificar e corrigir o problema antes de o exame ser feito. Essa possibilidade economizava papel e reduzia o desconforto do paciente. Além do mais, essa revisão na tela permitia que um MAC 600 economizasse até uma árvore por ano (ou 59kg de papel), o que o tornava um equipamento médico mais ecológico.

Essas melhorias foram acomodadas no mesmo espaço e formato básicos dos modelos MAC 400 e MAC Índia. O MAC 600 foi lançado no primeiro trimestre de 2011 e vendido no varejo por $1.200. Enquanto seus irmãos com menos recursos tinham por alvo cidades e vilarejos rurais menores, o MAC 600 foi adequado para grandes clínicas urbanas e consultórios médicos.

O brilhantismo da série MAC de máquinas ECG mostra o que grandes empresas conseguem fazer quando se organizam para explorar a garra e a intensidade tipicamente associadas a empresas iniciantes. Com um orçamento modesto de $500 mil, a ELC Bangalore teve de ficar atenta não só a cada dólar, como a cada centavo que entrou no projeto da série MAC. Para alcançar seus objetivos, a equipe aproveitou, ao mesmo tempo, as tecnologias próprias de ponta desenvolvidas internamente e os métodos de impressão e processamento de sinais de prateleira. Além disso, somente aproveitando as forças da iconoclastia, oportunismo e eficiência é que a equipe conseguiu criar um produto adaptável que pudesse ser facilmente aprimorado ou simplificado para atender a uma variedade de mercados malservidos, desde cidades de segundo e terceiro níveis no mundo em desenvolvimento e remotas áreas rurais até consultórios médicos na Europa Ocidental.

Desde o seu lançamento, a série de produtos MAC vendeu mais de 15 mil unidades. O investimento inicial da empresa de $500 mil foi recuperado muitas vezes. As margens nos produtos MAC são vantajosas quando comparadas com as das máquinas do segmento mais sofisticado.

MAC 800

Concomitantemente ao esforço em Bangalore, a GE Healthcare buscou outra inovação no ECG. Uma ELC em Wuxi, na China, desenvolveu uma máquina "quase sofisticada" chamada MAC 800. Ela não podia ser apropriadamente vista como uma extensão da plataforma, pois a ELC China adotou uma abordagem diferente. Na verdade, é uma plataforma separada com um sistema operacional em separado. Ela possui um monitor de 7 polegadas, uma impressora maior e um teclado do tipo do de um telefone celular.

A equipe chinesa deu início a seu projeto depois da ELC do MAC 400. Ela estabeleceu o projeto de um produto mais sofisticado, mais alinhado com as exigências de mercado na China. A ELC Wuxi aprendeu que os clientes chineses estão dispostos a pagar mais por um nível de sofisticação que os clientes indianos não querem. O CTO Munesh Makhija diz que a interface do MAC 800 tem toque e aparência contemporâneos, software mais avançado e conectividade embutida.

As ideias foram livremente compartilhadas entre as equipes de Bangalore e de Wuxi. Embora, por exemplo, a ELC China tivesse especificado uma impressora maior, a equipe buscou uma solução não personalizada com origem no mesmo fabricante utilizado pela equipe de Bangalore.

O MAC 800, vendido por $2 mil, pode ser identificado como um primo da plataforma de Bangalore. Ele tem portabilidade, simplicidade e operação por bateria. Em termos de características e valor, ele é aproximadamente comparável aos modelos mais sofisticados da GE Healthcare, com preço de $5 mil (em alguns aspectos, o MAC 600 foi um esforço para preencher a lacuna entre o MAC 800 e o MAC 400 – um equipamento inteligente superior à obsessão por valor na Índia).

Talvez um bom lugar para terminar esta história é observar que, em 2011, o MAC 800 estava sendo vendido nos Estados Unidos para novos segmentos de clientes: clínicas rurais, enfermeiros que visitam os pacientes em casa e médicos de primeiros socorros. Esses profissionais médicos não podem pagar pelas máquinas caras de diagnóstico ou então precisam de equipamentos que possam carregar facilmente. A inovação reversa não está completa até que o círculo se feche e o produto destinado a um mercado emergente encontre seu caminho de volta para o mundo desenvolvido.

As lições da cartilha para a Harman

1. *Aproveite oportunidades para transferir as inovações em mercados emergentes para outras partes do mundo* (Cartilha de Inovação Reversa, Lição 2). A linha MAC de máquinas de ECG portáteis não canibalizou os produtos mais sofisticados da GE. Ela expandiu o mercado, atingindo grandes populações de pacientes mal atendidos. As máquinas rapidamente encontraram novos clientes adicionais ao redor do mundo, tanto em países ricos quanto em países pobres. O alcance extraordinário de

uma grande multinacional confere grande vantagem sobre os gigantes emergentes. A GE explorou bem essa vantagem.
2. *Gerencie iniciativas de inovação reversa como experimentos disciplinados* (Cartilha de Inovação Reversa, Lição 9). Em vez de julgar o sucesso do projeto com medidas habituais, a GE aumentou a frequência das revisões, com foco na aprendizagem baseada em experimentos menores e na redução de riscos.

Questões para reflexão

1. Sua empresa tem expectativas realistas para o que líderes individuais de inovação podem realizar por conta própria?
2. Como sua empresa avalia o progresso de esforços arriscados de inovação?
3. Se sua empresa possui uma inovação bem-sucedida em um mercado emergente, poderiam ser criadas variações dela para atender a clientes com necessidades semelhantes em todo o mundo?

CAPÍTULO 11

Um salgadinho totalmente novo da PepsiCo

Para fazer um produto mais saudável, você precisa pensar globalmente e petiscar localmente

VOCÊ PODERIA DIZER que a missão de Mehmood Khan é encontrar um propósito mais elevado para o humilde salgadinho. Khan, atualmente diretor científico da PepsiCo, foi médico da Clínica Mayo e pesquisador especializado em endocrinologia, metabolismo e nutrição.

Era exatamente com essa especialização que a presidente e CEO da empresa, Indra N. Nooyi, contava para atingir sua ambição de concretizar a missão de "Desempenho com Propósito" da empresa. Em primeiro lugar, esse credo significava criar produtos que fizessem mais do que apenas agradar ao paladar. Eles também deveriam incorporar características de saúde e bem-estar. Em termos simples, isso significava comprometer-se com a redução de gordura, açúcar e sal em todos os produtos. As pessoas agora procuram algo mais em seus salgadinhos. Está na moda consumir calorias dentro de um padrão saudável. O desafio da PepsiCo, portanto, era criar alimentos para petiscos (em todo o mundo) que não fossem apenas "Divertidos para Você", mas que fossem também "Bons para Você".*

Essa é uma ambição necessária, assegura Nooyi, porque "todos os funcionários da PepsiCo são, antes de tudo, mães, pais, filhos, maridos, esposas,

---

* *Nota do Tradutor: Fun for you* e *Good for you*, respectivamente.

tios e tias. Assim, como poderíamos articular nossa estratégia de forma a fazer todo mundo se sentir bem com a empresa? Não poderia ser apenas por causa de nosso desempenho financeiro (embora ele seja necessário), mas sim em termos do impacto holístico que temos sobre a sociedade".[1]

A empresa enfrentará esse desafio com muito mais facilidade se a inovação reversa fizer parte de seu repertório. No entanto, até recentemente, a PepsiCo vinha adotando uma abordagem de glocalização. A empresa desenvolvia produtos para os Estados Unidos e, em seguida, vendia e distribuía produtos substancialmente semelhantes para o mundo todo. Consequentemente, o crescimento da PepsiCo, principalmente em mercados emergentes, avançou direto de encontro a um muro. As marcas da empresa depararam com necessidades, gostos e hábitos locais que não podiam ser satisfeitos por produtos globais baseados no menor denominador comum.

Em cada caso apresentado nesta Parte II, encontramos a síndrome de impasse do crescimento em mercados emergentes. No cenário da glocalização, o que inicialmente parece ser um impulso promissor acaba, cedo ou tarde, indo de encontro à parede (muitas vezes, mais cedo do que tarde). A fama até mesmo das marcas globais mais poderosas se desvanece quando os produtos oferecidos não são nem concebidos expressamente para os mercados globais nem têm preços compatíveis com a renda local.

Atualmente, a PepsiCo está encontrando formas para lidar com as acentuadas diferenças entre países concebendo produtos que levem em consideração os gostos locais e as necessidades dos consumidores. Dessa maneira, ela está captando uma parcela maior de oportunidades nas economias emergentes.

Porém, isso não é tudo. A PepsiCo está descobrindo que suas inovações nos mercados emergentes têm potencial de causar impacto (e gerar desempenho com propósito) por todo o mundo. Quando as ideias e a criatividade começam a circular pelo planeta em múltiplas direções, coisas interessantes podem acontecer. Os monólogos se tornam diálogos e as inovações geram mais inovações.

A PepsiCo está descobrindo, por exemplo, que alguns ingredientes muito populares em economias emergentes, como lentilhas na Índia, apresentam perfis saudáveis que sugerem novas direções para os salgadinhos em todas as regiões. Além disso, a culinária viaja. A popularidade dos sabores asiáticos, por exemplo, está crescendo no Ocidente.

Neste capítulo mostraremos como a PepsiCo (através de sua unidade Frito-Lay de alimentos para petiscos) está fazendo acontecer a inovação reversa. Em especial, analisaremos mais de perto o caso do Aliva, um novo biscoito saboroso desenvolvido para o mercado indiano (e a primeira incursão da

PepsiCo na produção de biscoitos salgados). A abordagem da empresa para a inovação reversa combina esforços locais de desenvolvimento de produtos, forte apoio dos recursos globais, além de esforços para assegurar que a matéria-prima das inovações PepsiCo (ideias, sabores, ingredientes, conhecimento de marketing, materiais de embalagem, métodos de fabricação e assim por diante) possa fluir em qualquer direção dentro da organização.

Trazendo a ciência da saúde para os salgadinhos

Mehmood Khan teve uma carreira multifacetada, que permitiu o desenvolvimento de uma mente multifacetada. Antes de vir para a PepsiCo, Khan trabalhou na indústria farmacêutica. Ele atraiu a atenção de grandes indústrias em função de seu trabalho de pesquisa ao analisar a segurança e a eficácia dos medicamentos para emagrecimento. Ele era especialista em obesidade (incluindo suas várias consequências negativas para a saúde) antes de essa área ter se tornado uma subespecialidade médica bem estabelecida ou uma preocupação urgente de saúde pública.

Khan foi trabalhar para a Takeda Pharmaceuticals North America, uma divisão da maior e mais venerada companhia farmacêutica do Japão. A Takeda, que havia sido fundada em 1700, estava desenvolvendo, na época, um medicamento contra a obesidade semelhante ao que Khan havia pesquisado.

A indústria das grandes unidades farmacêuticas é um setor em que especificamente faz sentido pensar em horizontes de longo prazo. A descoberta de medicamentos leva muito tempo. Há muitos fracassos para cada sucesso. Após trabalhar algum tempo na Takeda, Khan estava prestes a ser promovido para um cargo bem superior na área de P&D. Ele teve uma entrevista formal com o CEO, que também se chamava Takeda e era descendente direto do fundador da empresa. Durante a entrevista, Takeda disse para Khan: "Você sabe, tivemos um presidente em nossa empresa antes de vocês terem um presidente em seu país."

"Foi uma afirmação importante", diz Khan recordando o passado. "E estava perfeitamente alinhada com a cultura da companhia." A experiência de trabalhar na Takeda, conforme ele conta, o fez perceber que "os líderes devem preocupar-se com o legado. Eles devem focar na próxima década, e não apenas no próximo trimestre".[2]

Todas essas experiências fizeram Khan avançar, passo a passo, da situação de ser médico para a de se tornar líder empresarial. Por outro lado, sua preocupação como líder empresarial incorpora tudo aquilo que aprendeu como médico.

As preocupações com a obesidade infantil e adulta estão em alta, especialmente nos Estados Unidos. O problema fornece munição frequente para discussões de políticas de saúde pública. Não chega a ser novidade que os salgadinhos não estejam normalmente associados com saúde e bem-estar. No entanto, Khan percebeu que havia uma enorme oportunidade para gerar impacto com a criação de opções de salgadinhos mais saudáveis.

"Os consumidores interagem com nossos produtos em três níveis: em nível neurológico, em nível intestinal e em nível metabólico", diz Khan. Tradicionalmente, as empresas de alimentos e bebidas têm se concentrado apenas no primeiro. O nível neurológico é onde operam marcas, marketing e cargas sensoriais. "Olho para os problemas dos mercados emergentes, onde estará a maioria de nossos futuros clientes. O que nossos produtos fazem pelo intestino da pessoa? O que fazem com a química do corpo? Se ignoro esses efeitos, então tudo o que tenho é a indulgência sem qualquer equilíbrio."

Isso não quer dizer que a indulgência pegue carona com outros objetivos. Alcançar o equilíbrio certo é fundamental. Conforme Khan afirma sem rodeios: "Se não temos o espaço do gosto, não temos o direito de existir."

Partindo de um sucesso do passado: Kurkure

Quando a PepsiCo se preparava para seu projeto de desenvolver o Aliva, Khan se perguntava se havia outros exemplos em que a PepsiCo já tivesse praticado com êxito a inovação reversa, sem que tivesse empregado esse nome. Na Índia ele encontrou um exemplo.

Foi um salgadinho à base de lentilha e arroz chamado Kurkure. Lançado mais de uma década atrás, o Kurkure (que significa "crocante" em hindi) cresceu a ponto de se tornar o produto mais vendido da Frito-Lay na Índia, medido pelo número de pacotes vendidos. Além disso, ele superou produtos da Cadbury e da Britannia, dois concorrentes respeitáveis que vinham operando na Índia por mais de 100 anos. A PepsiCo aprendeu muito com a experiência do Kurkure, diz Khan. "O fato de ter sido concebido na Índia por indianos era muito diferente das normas da PepsiCo."

Antigamente, as nações emergentes aspiravam ter acesso a produtos do mundo rico. Atualmente, porém, eles querem a *qualidade* do mundo rico incorporada em produtos com origens locais. O Kurkure exemplificou a ideia de que a inovação não deveria ser algo trazido de um segmento mais sofisticado para outro inferior. Ela começa com a compreensão dos problemas dos clientes na Índia.

O desenvolvimento dessa compreensão requer o tipo certo de pesquisa. "A pesquisa de mercado convencional pergunta ao consumidor o que ele acha de sua oferta de produto", diz Khan. "Você não consegue ideias dos consumidores dessa maneira. Ela lhe dá uma visão das experiências passadas com o produto. Ela é retrospectiva. Na verdade, você precisa de ideias que o ajudem a desenvolver soluções para o futuro. Precisa de uma *antevisão* do consumidor. Agora coloque isso na arena do mundo em desenvolvimento. Os problemas dos clientes nos países em desenvolvimento são fundamentalmente diferentes. Eles exigem, portanto, soluções fundamentalmente diferentes."

O aspecto central para o desenvolvimento do Kurkure foi uma clara compreensão das mudanças fundamentais no mercado indiano. Mudanças como as apresentadas a seguir teriam ficado em grande parte invisível para observadores distantes em Nova York, mas foram consideradas pelo Kurkure:

- *Mudanças de estilo de vida na Índia.* Tradicionalmente, em famílias de classe média na Índia, os alimentos para lanches eram consumidos na hora do chá, e eram feitos em casa. Porém, há pouco tempo para isso atualmente, pois, na maioria das famílias, tanto os maridos quanto as esposas têm empregos. Em consequência, os consumidores cada vez mais pagam pela conveniência de lanches prontos.
- *Preferências locais de sabor.* Na forma e na textura, o Kurkure se parece com o Cheetos (o salgadinho com forma sinuosa, crocante e com sabor de queijo da Frito-Lay, bastante popular nos Estados Unidos). Mas é aí que as semelhanças terminam. Os indianos preferem salgadinhos saborosos, com tempero rico e complexo. Eles também gostam de múltiplos sabores e texturas. Em comparação, os consumidores ocidentais (especialmente nos Estados Unidos) gostam que seus petiscos sejam salgados e crocantes ou então doces. O Kurkure é vendido atualmente em uma meia dúzia de sabores que agradam o paladar local, inclusive chutney verde e tomate com pimenta.
- *Ingredientes locais.* A massa do Kurture é feita com lentilhas e arroz. O Cheetos é à base de milho. Segundo Khan, existem poucos alimentos básicos mais ricos em proteína do que a humilde lentilha. Trata-se de uma planta amplamente cultivada em uma Índia fundamentalmente vegetariana. Além de conter quase 30% de proteínas, as lentilhas têm pouca gordura e são ricas em fibras, micronutrientes e carboidratos complexos. Portanto, as lentilhas fazem todo sentido como ingrediente de um salgadinho saudável.

- *Mensagem adaptada à psique indiana.* Segundo Gautham Mukkavilli, que chefiou o negócio de alimentos da Frito-Lay India, o slogan da Kurkure, traduzido do hindi, significa basicamente: "Ei! É imperfeito, mas é meu."[3] Esse sentimento encarna o que Mukkavilli chama de "a verdade do produto e a verdade do país". A Índia, diz ele, é agora suficientemente confiante para aceitar as próprias imperfeições. "Nós somos o que somos; é pegar ou largar." Essa percepção só é detectável nas ruas.

Khan também percebeu que, embora o Kurkure fosse uma inovação executada pela equipe indiana visando o consumidor indiano, beneficiou-se enormemente dos recursos globais da PepsiCo. A produção do Kurkure exigiu, por exemplo, resolver um problema incômodo de tecnologia de fabricação. Era muito mais difícil fazer a extrusão da massa à base de lentilhas do que da massa à base de milho utilizada no Cheetos. A solução desse problema de fabricação, diz Khan, "requereu uma equipe global".

A história do Aliva

O Kurkure mostrou para Khan que a PepsiCo tinha a capacidade de desenvolver um salgadinho concebido especificamente para o mercado indiano. Agora era hora de reprisar.

Os membros da equipe da Índia conceberam o Aliva como o casamento entre um petisco salgado frito (*divertido!*) e um biscoito assado (*saudável!*). A ambição era que o produto fosse ainda mais popular que o Kurkure e que derrotasse o estereótipo de que salgadinhos saudáveis são maçantes.

O Aliva seria feito utilizando trigo e lentilhas, e seria assado em vez de frito. Ele não conteria gordura trans ou colesterol. Seria produzido em uma forma triangular excêntrica com lados curvos. A mensagem central da marca, visando a faixa demográfica de jovens adultos, seria de que o Aliva poderia transportá-lo para o limiar do fim de semana, proporcionando uma exuberante sensação de sexta-feira. No geral, o Aliva estava programado para ser a encarnação da agenda de Khan e da PepsiCo de fornecer salgadinhos saudáveis a um preço justo e acessível.

Montando uma equipe dos sonhos

O projeto Aliva foi gerido por Vidur Vyas e executado por uma pequena equipe local de crescimento. Vyas havia trabalhado anteriormente na

Colgate-Palmolive e, antes disso, fora consultor na Accenture. O "pessoal" em tempo integral da ELC consistia somente de Vyas e mais um colaborador com dedicação exclusiva. Os demais colaboradores do Aliva foram buscados no que o chefe de marketing da Frito-Lay India, Deepka Warrier, chama de "equipe dos sonhos" de especialistas regionais e globais. Eles representavam os melhores talentos disponíveis internamente (ou através de parceiros consultores) em todas as áreas relevantes: marketing, vendas, distribuição, produção, sabores, embalagem e projeto. "O que temos na PepsiCo são redes informais que interligam o global e o regional", diz Warrier.[4]

Coordenar esses recursos com fraco acoplamento pode parecer uma tarefa difícil. Mas Vyas insiste que havia garantias convincentes de uma cooperação em plena atuação. Havia apoio para o projeto fora da região, mais visivelmente na pessoa de Khan, que ajudou a ELC Aliva a obter a ajuda necessária em áreas fundamentais, incluindo as seguintes:

- *Tecnologia de produção.* Os desafios de atingir a forma e a textura desejadas para o biscoito, assegurando resistência à quebra e estabelecendo um novo sistema de cozimento estavam além da capacidade da ELC.
- *Padrões e tecnologia de acondicionamento.* A equipe concebeu um pacote inovador para o Aliva, mas havia dificuldades variadas que exigiram a assistência de diversos especialistas da organização global.
- *Apoio para os sabores.* A PepsiCo mantém especialistas globais em aromatizantes que trabalharam em conjunto com especialistas da ELC Aliva em temperos indianos.

Tentativa e erro

Desde a sua concepção até o lançamento em 2009, o projeto Aliva levou quase quatro anos. O Aliva foi avaliado por critérios que levavam plenamente em conta todo o potencial de incertezas. Essa liberdade era indispensável. O projeto teria de abrir caminho passando por uma gestação previsivelmente tensa. Havia muitos solavancos na estrada e muito a aprender ao longo do processo.

O desafio mais incômodo para o Aliva era sua embalagem. Os pacotes são extremamente importantes para o desempenho de salgadinhos. Se os petiscos tivessem permanecido na era dos barris de biscoitos dos armazéns gerais, as grandes oportunidades em termos de marcas nunca teriam se materializado. O pacote do Aliva precisaria ser tão diferente quanto a forma escolhida para o biscoito. A embalagem teria de comunicar que o Aliva era, ao mesmo tempo, saudável e divertido. As decisões sobre a embalagem teriam implicações para a forma e a textura do Aliva, para a maneira como o biscoito seria produzido (por meio de cozimento) e para a atratividade da oferta no ponto de venda.

O pacote do Aliva apresentou algumas inovações. Vyas afirma que nada igual a ele havia sido tentado antes. Ele seria fabricado com materiais novos e máquinas novíssimas (ainda não testadas). O pacote foi concebido para ser plano na parte inferior. Diferentemente dos sacos de salgadinhos típicos nos Estados Unidos, ele poderia ficar de pé em uma prateleira, mesa ou balcão do varejista. O material da embalagem era, portanto, mais pesado e mais rígido do que o filme plástico convencional. Descobriu-se que um pacote mais robusto poderia ser feito utilizando apenas duas camadas de laminado, em vez de três. Essa solução foi, ao mesmo tempo, mais eficaz em termos de custos e mais amigável com o meio ambiente.

As especificações da embalagem precisavam atender a certas restrições da infraestrutura local. Em geral, levava muito tempo para fazer a distribuição de bens perecíveis por uma vasta rede de varejo predominantemente rural. Os biscoitos podem estragar mais rapidamente que outros tipos de salgados. O Aliva, portanto, precisava ser protegido quanto à deterioração, bem como em relação à quebra. Era fundamental que o pacote fosse resistente e totalmente hermético.

Vyas e sua equipe enfrentaram uma verdadeira tempestade de complicações no caminho para satisfazer essas necessidades. Pelo fato de o pacote de Aliva ser o primeiro projeto do tipo, parece que cada elemento da estrutura e da fabricação da embalagem precisou ser inventado ou solucionado. Para começar, a nova máquina de embalagem era delicada. Em testes limitados de funcionamento, as coisas pareciam bem. Porém, quando o Aliva foi lançado em maio de 2009, surgiram problemas durante a produção em escala, principalmente com o selo térmico na parte superior do pacote. Assim, precisou ser concebido um novo material. Isso exigiu a ajuda dos esquadrões de especialistas globais em polímeros e tecnologia de laminação.

Também houve dificuldades incômodas em outras frentes. Pelo fato de o Aliva contar com um novo sistema de cozimento que apenas recentemente fora utilizado pela primeira vez para produzir biscoitos na região da PepsiCo do México, a equipe de Vyas precisou de orientação técnica e de tempo para aprender como operá-lo de forma confiável.

Finalmente, a equipe pretendeu criar um biscoito com uma forma triangular excêntrica. O desenho exclusivo do biscoito foi considerado um aspecto importante dos valores que a marca iria transmitir. A forma triangular foi concebida para indicar velocidade, estimulação e bom gosto. As bordas curvadas do triângulo foram concebidas para indicar saúde. No início, porém, os biscoitos apresentaram níveis inaceitáveis de quebras. Para se conseguir chegar a uma versão viável (um biscoito com baixa taxa de quebra e uma agradável combinação de texturas), foram necessárias inúmeras tentativas.

Porém, se a jornada do Aliva até o mercado teve uma parcela incomum de dificuldades, isso se deveu ao fato de ele ter aberto caminhos inteiramente novos em algumas áreas. A seu favor, a PepsiCo, pacientemente, tolerou um grau elevado de necessária experimentação. Houve rodadas de experimentação iterativa com embalagem, com o sistema de cozimento e com a arquitetura do próprio biscoito.

Paciência recompensada

Na verdade, o lançamento exigiu muita paciência em todo lugar: da ELC virtual de Vyas, da região e da própria PepsiCo. Embora as várias dores de parto tivessem representado um acréscimo de tempo ao ciclo de desenvolvimento do produto, valeu a pena ser paciente.

Grandes esperanças haviam sido colocadas no Aliva. Conta Mukkavilli: "Quando o produto ficou pronto, foi um enorme estímulo para toda a nossa organização, pois poderia ser a próxima grande plataforma." O Kurkure se expandiu para se tornar um produto amplo, com várias linhas, e seu sucesso era o ponto de referência contra o qual o Aliva seria medido.

No período pós-lançamento, o desempenho foi monitorado por medições sensatas para novos produtos: crescimento do conhecimento do consumidor em relação à marca, reação a testes de sabor e repetição de negócios após os vários testes. "Sabemos que os produtos novos passam por fluxos e refluxos, altos e baixos", diz Mukkavilli. "Durante o ano de 2010, dissemos para todo o pessoal na organização que o Aliva era uma batalha que precisávamos ganhar. Dissemos que todos deveriam ter um objetivo relacionado com o Aliva. Você sabe: 'Diga-me o que vai fazer para o Aliva vencer no mercado.'"

Um espírito de competição se acendeu na ELC Aliva. Sua ambição era que o Aliva crescesse a um ritmo mais rápido que o Kurkure. Em meados de 2010, o desempenho havia sido muito forte em algumas medições e fraco em outras, de acordo com Vyas. Tendo estabelecido uma meta de expansão de superar o Kurkure em 40%, previu-se que o Aliva terminaria seu primeiro ano "ligeiramente à frente ou igual ao Kurkure".

Mukkavilli prevê que o Aliva se expandirá dentro de sua região nativa e além. Já existem várias versões do biscoito, ofertando sabores indianos distintos que foram inspirados em especiarias locais exclusivas de diferentes partes do país. Embora o Aliva tenha várias texturas e temperos no estilo do sabor que os indianos gostam, a tecnologia de produção por trás dele é adaptável. Assim, não é exagero pensar que versões do Aliva com sabores adaptados para os paladares ocidentais venham a abrir caminho para os supermercados Stop & Shop e as lojas 7-Eleven.

A receita da PepsiCo para a inovação reversa

As ambições de Nooyi se estendem muito além do Aliva. Para aproveitar completamente a oportunidade de crescimento nos mercados emergentes, ela está concentrada em construir uma empresa que possa fazer a inovação reversa acontecer rotineiramente.

Isso começa transferindo poder e dinheiro para os mercados emergentes. Nooyi tem mudado a organização de forma que os chefes nos mercados emergentes respondam diretamente a ela, e não a um chefe de negócios internacionais, como foi a prática no passado. Também aumentou os investimentos nos mercados emergentes. Além disso, institucionalizou uma estrutura para a gestão da inovação, com quatro elementos fundamentais:

1. Inovar localmente utilizando recursos globais.
2. Encontrar o equilíbrio certo entre autonomia local e autoridade global.
3. Levar inovações locais para outros lugares.
4. Estabelecer sistemas e processos para permitir os itens 1 a 3.

Raízes locais, recursos globais

Embora o Kurkure e o Aliva tivessem sido concebidos e executados localmente, foi fundamental a habilidade de cada equipe em aproveitar um profundo e bem coordenado grupo de especialistas globais e outros recursos. Warrier descreve a PepsiCo como uma empresa com "redes informais" extremamente fluidas que entrelaça preocupações locais e globais. Vyas exalta a cultura altamente colaborativa da PepsiCo.

Essas qualidades são reforçadas pelo sistema de recompensa da PepsiCo. Por exemplo, toda a equipe Aliva (a ELC indiana, bem como os gurus globais de embalagem, cozimento e tempero) ganhou coletivamente o Prêmio Marketing Innovation da PepsiCo de 2010. Na falta dessas recompensas compartilhadas, seria muito mais difícil coreografar o desafio *pas de deux* entre equipes locais de crescimento com plenos poderes e recursos bem desenvolvidos de apoio global.

A interação entre recursos locais e globais trazidos para conduzir o Aliva foi tão fluida que, em uma discussão sobre quem deveria ser reconhecido pelas realizações do Aliva, Khan se viu em dificuldades. Ele não conseguiu destacar indivíduos; apenas toda a família mais ampla de colaboradores. "Posso lhes contar de quem foi o projeto Aliva", diz finalmente Khan. "Foi da PepsiCo."

Liberdade dentro de uma moldura

Khan é muito claro sobre os limites de autonomia entre global e local. Se uma região local decide desenvolver um produto, tem a liberdade de fazê-lo – liberdade dentro de uma moldura: "Se você precisa investir em um produto local, tem seu próprio orçamento. Não precisa ir para a sede central [para pedir autorização]." A única ressalva é que o produto deve alinhar-se com os padrões de marca global. Mas dentro dessa moldura, há ampla liberdade para decisões e ações autônomas.

Por outro lado, Khan centralizou e consolidou um grupo para lidar com questões de regulamentação e segurança nas diversas divisões PepsiCo. Esse grupo se reporta a ele, e ele se reporta à CEO, Indra Nooyi. "Não há outra linha de subordinação em questões de segurança para qualquer pessoa comercial que não seja através de mim até a Indra, o que nos dá absoluto controle. Não posso descentralizar isso. E não posso confiar em um líder de negócio comercial, dono de um orçamento, para ter o voto de desempate. Uma questão de segurança é uma questão de segurança!"

Há também limites claros no exercício da autonomia da ELC em relação, por exemplo, à equipe de apoio que fornece orientação sobre uma nova tecnologia de cozimento. "Temos uma equipe global de cozimento", diz Khan. Essa equipe disponibiliza seu conhecimento para equipes locais de produtos, como fez para a ELC Aliva. "Mas ninguém da equipe global de cozimento diz para as equipes locais o que fazer."

Transferindo

A PepsiCo busca maneiras de tornar as inovações com origens locais facilmente transferíveis. Quanto de uma receita básica de um novo salgadinho ou da tecnologia para sua produção pode ser transferido? Por que um salgadinho à base de lentilhas não poderia migrar além da Índia, se tivesse o sabor certo para os gostos locais?

Uma oportunidade de transferência foi o óleo de farelo de arroz. Observando a alta taxa de doenças cardiovasculares na Índia, a PepsiCo buscou por uma alternativa para o óleo de palma, um ingrediente amplamente utilizado pelos fabricantes de salgadinhos, mas também com índices relativamente altos de gorduras saturadas. Muitas das unidades internacionais da Frito-Lay têm trocado para óleo de girassol, mas o óleo de girassol é muito caro e difícil de encontrar na Índia. O óleo de farelo de arroz acabou sendo uma opção melhor. Ele foi visto como uma alternativa saudável para o coração. Além disso, o arroz é abundante na Índia, o que torna o óleo altamente acessível.

O óleo de farelo de arroz se tornou uma das inovações reversas de maior sucesso (e mais puras) da Frito-Lay India. Ele foi desenvolvido localmente, mas migrou para a África, Oriente Médio e outros países asiáticos onde o óleo de girassol é caro e os consumidores têm baixa renda.

A capacidade de apoio global da empresa em torno dos sabores mostra como as ideias podem fluir de forma bidirecional. Eapen George, sediado em Dallas e que dirige a equipe, trabalha diretamente com Khan em projetos globais, mas também estava disponível para Vyas, a fim de ajudar no lanche Aliva (de fato, Vyas descreve uma "íntima colaboração" com a equipe de sabores sediada nos Estados Unidos). Mas a Frito-Lay India também tem seu próprio especialista local em sabores. Da mesma forma que a Índia pode aprender com o mundo, o mundo pode aprender com a Índia; trata-se de um diálogo, e não de um monólogo! Tanto quanto Vyas lucra por obter fortes informações do grupo de George, a capacidade global também é reforçada quando George está em posição de descobrir inovações de gostos locais que merecem ser transportadas para outros lugares.

Instituindo sistemas e processos de apoio à inovação

Para assegurar que a PepsiCo seja capaz de, rotineiramente, aproveitar recursos globais para inovações locais, encontrar o equilíbrio certo entre autoridade global e autonomia local e transferir inovações para outros lugares, a empresa tem adotado vários passos adicionais:

ESTABELECEU PRINCÍPIOS PARA A ALOCAÇÃO DE RECURSOS. Muitas empresas estão sobrecarregadas pela exigência de desempenho em curto prazo. Entretanto, a inovação reversa requer reservar parte da banda larga para inventar o negócio de amanhã. É uma questão de equilíbrio. A PepsiCo desenvolveu uma fórmula de alocação de recursos que vê as duas necessidades fundamentais: a *regra 70/30*. A empresa exorta os inovadores e executivos a dedicar 30% de toda energia, atenção e investimento para trabalhar inteiramente em ideias novas. Estes seriam os tipos de projetos de alto potencial, mas especulativos, que podem vir a ser as futuras linhas de negócios. Os demais 70% da energia de desenvolvimento devem alinhar-se inteiramente com as atuais estratégias e prioridades globais. O desempenho é avaliado em relação à métrica 70/30.

CRIOU INCENTIVOS ESPECIAIS. O processo de alocação de recursos necessita ser reforçado com um pouco de motivação extra. Por exemplo, a empresa criou incentivos para diminuir o sal e o açúcar nos produtos e aumentar o total de grãos e fibras. E também estabeleceu medições para monitorar (e recompensar) inovações locais que sejam transferíveis.

CONSTRUIU MECANISMOS PARA COMPARTILHAR CONHECIMENTO. Se vão acelerar a transferência, os funcionários precisam saber onde estão sendo desenvolvidas as ideias mais promissoras. A empresa lançou vários mecanismos para facilitar a difusão dessas ideias: a PepsiCo gira os cientistas entre países desenvolvidos e em desenvolvimento (também entre as unidades de bebidas e de alimentos); há um portal on-line de P&D; e são realizadas, periodicamente, reuniões globais sobre alimentos e bebidas para compartilhar as melhores práticas.

Nooyi pôs em prática um sistema eficiente e bem projetado para o apoio global da inovação local. Há um compromisso claramente entendido para identificar quais elementos da inovação local podem tornar-se globais em seu impacto. E a empresa dispõe dos meios para fazer essas transformações acontecerem. É apenas uma questão de tempo antes que o círculo se feche.

As lições da cartilha para a PepsiCo

1. *Permita que as ELCs aproveitem a base de recursos globais de sua empresa através de parcerias cuidadosamente gerenciadas* (Cartilha de Inovação Reversa, Lição 8). A PepsiCo tem cuidadosamente equilibrado a autoridade central e a autonomia local, e tem alimentado parcerias entre as ELCs e os recursos globais. Quando uma inovação reversa tem sucesso, nenhum líder individual é reconhecido. Em vez disso, todos os colaboradores (membros da ELC e especialistas globais) são recompensados em conjunto.
2. *Desloque pessoas, poder e dinheiro para onde está o crescimento* (Cartilha de Inovação Reversa, Lição 4). A CEO da PepsiCo, Indra Nooyi, tem sinalizado claramente seu compromisso com o crescimento nos mercados emergentes. Por exemplo, os chefes dos países em desenvolvimento se reportam diretamente a ela, e não a um executivo internacional. Nooyi tem aumentado os investimentos da empresa em mercados emergentes e adotou uma estrutura institucional para a prática de inovação reversa que proporciona sistemas que apoiam e possibilitam essas inovações. A PepsiCo agora transporta uma mentalidade (incorporada na própria Nooyi) em que os mercados do mundo desenvolvido e em desenvolvimento estão cada vez mais em pé de igualdade.

Questões para reflexão

1. Com que profundidade está incorporada em sua empresa a atitude de "um tamanho único para todos" (de que qualquer cliente, em qualquer lugar do mundo, tem as mesmas necessidades básicas)?
2. Sua empresa estaria pronta para confiar a responsabilidade de experimentos de negócios de alto risco para líderes no mundo pobre? Caso contrário, o que seria necessário para chegar a esse ponto?
3. Onde estão localizadas as pessoas mais poderosas em sua empresa? Como essa distribuição de poder afeta o fluxo de ideias, conhecimento e inovações ao redor do mundo?

CAPÍTULO 12

Partners in Health: Modelo radical de saúde

Desenvolver a medicina no mundo pode melhorar a saúde nos países ricos

QUANDO MIGUEL SOUBE que fora infectado pelo vírus HIV, não viu isso como uma crise, sequer apareceu em sua consulta seguinte com o médico. Miguel tinha preocupações mais urgentes. Ele cresceu em um barraco de um cômodo feito de sobras de lixo recolhido das ruas. Seu pai havia sido um alcóolatra violento. Quando sua mãe fugiu, Miguel abandonou a escola primária. Em desespero, começou a fazer sexo com homens e mulheres por dinheiro.

Após a morte do pai, Miguel constituiu a própria família no mesmo barraco. Trabalhava em empregos temporários, sempre no limite da capacidade de sustento. Então, ficou doente; muito doente. Acreditando estar morrendo, Miguel se concentrou exclusivamente no trabalho, na esperança de sustentar a família o máximo de tempo que pudesse. Seu sistema imunológico ficou tão fraco que contraiu tuberculose. Quando sua esposa finalmente o convenceu a buscar ajuda, foi diagnosticado HIV positivo.

A história de Bernadette é tão triste quanto a de Miguel. O teste de HIV deu positivo quando ela tinha 27 anos e acreditava ter adquirido o vírus de seu marido, que morrera recentemente. Bernadette cursara até a sexta série. Nunca havia trabalhado. Ela contava com os cheques do governo por invalidez. Tinha sido vítima constante de violência doméstica. Seu atual companheiro era violento e sua irmã ficou grávida aos 15 anos.

Porém, na loteria da vida, Bernadette tinha uma grande vantagem em relação a Miguel. Ela nasceu nos Estados Unidos, enquanto Miguel nasceu no Peru. Bernadette vivia em Boston, a poucos quarteirões de distância do bairro com uma das maiores concentrações de talento médico do mundo. Miguel morava em uma favela nos arredores de Lima. Bernadette também tinha seguro-saúde com cobertura total. Podia contar com um clínico geral, um especialista em HIV e dois assistentes sociais cuidando de sua saúde. E tinha acesso aos medicamentos que alteraram o HIV de uma sentença de morte para algo com que ela podia conviver.

No entanto, era Bernadette quem estava às portas da morte. Os médicos analisaram amostras de sangue para contar o número de células CD4, que são os atores fundamentais do sistema imunológico que o HIV destrói. A contagem de CD4 dá um quadro preciso da extensão com que o HIV tem progredido em um paciente. Adultos saudáveis têm contagem de CD4 da ordem de 1.000. Bernadette havia caído para 4. Ela pesava menos 38kg. A qualquer momento, uma infecção oportunista poderia invadir o sistema imunológico praticamente inexistente de Bernadette e matá-la.

Uma das maiores comunidades médicas do mundo havia falhado com ela.

Acontece, porém, que o que Bernadette mais precisava não era apenas de medicamentos. Ela precisava de um tipo diferente de intervenção. Na verdade, precisava do mesmo tipo de tratamento que deu esperança a Miguel no distante Peru – um tratamento não só da doença, mas também de toda a vida do paciente.

Bernadette precisava de um patrono – alguém que tivesse aprendido as abordagens inovadoras de assistência médica criadas no mundo em desenvolvimento, pobre em recursos. E foi exatamente isso que ela recebeu de uma médica chamada Heidi Louise Behforouz. Ao adaptar um modelo que o Partners In Health (PIH), uma organização global de saúde com sede em Boston, introduziu no Haiti e no Peru, Behforouz emprega agentes comunitários de saúde para fornecer serviços em casa aos pacientes de Boston com HIV/AIDS que estejam mais doentes e marginalizados. Após menos de um ano, a contagem de CD4 de Bernadette havia subido para aproximadamente 300, e ela ganhou 27kg.[1]

Uma inovação reversa estava salvando a vida de Bernadette.

Uma opção de carreira de um médico

Por sua própria avaliação, Behforouz atingiu o fundo do poço no final de seu segundo ano na escola de Medicina em Boston. Ela sempre quis cuidar dos pobres e via a medicina como um caminho natural para esse desejo. No entanto, Behforouz descobriu que sua formação médica estava levando-a para mais longe de seus objetivos, e não para mais perto: "Eu estava pensando em me afastar um ano dos estudos e ir para o Irã trabalhar com tribos nômades naquele país."[2]

Uma interação com Paul Farmer mudou seu destino. Farmer, especialista em doenças infecciosas, atendia pacientes em Brigham de Boston e no Hospital de Mulheres, onde Behforouz fora estagiária durante sua formação. Mas ele também era a força motriz por trás do PIH, que começou cuidando dos pobres da zona rural do Haiti utilizando estratégias e planos de tratamento inovadores. Farmer estava vivendo da forma que Heidi aspirava viver. Ele havia passado grande parte de seu tempo na Zanmi Lasante ("partners in health",* na língua crioula do Haiti), a clínica que ajudou a fundar em Cange, um vilarejo no planalto central do Haiti.

Quando Farmer disse, "Venha trabalhar conosco", Behforouz aceitou entusiasticamente.

Ele se formou pela Harvard Medical School e havia muito tempo trabalhava em Brigham e no Hospital de Mulheres. Ele recrutou colegas de classe, companheiros estagiários e residentes para passar alguns períodos no Haiti. E às vezes utilizava os recursos e conhecimentos do hospital de Boston para ajudar a tratar seus pacientes haitianos. Entretanto, o PIH não contava com programas na comunidade local – ou em qualquer outro lugar nos Estados Unidos, a esse respeito.

Porém, essa situação estava prestes a mudar. Behforouz, uma das fundadoras e agora diretora do programa PACT (de Prevenção e Acesso a Cuidados e Tratamento), sediado na área de Dorchester em Boston, estaria no centro dessa mudança. Iria adaptar os métodos desenvolvidos pelo PIH nos países emergentes e aplicá-los nas maiores cidades americanas. Ao fazer isso, ela completaria o círculo de inovação reversa.

As lições do Haiti

"O mundo está cheio de lugares miseráveis. Uma forma de viver confortavelmente é não pensar nesses lugares ou, quando fazê-lo, enviar dinheiro." Essas foram as palavras da autora ganhadora do Prêmio Pulitzer, Tracy Kidder, em *Muito além das montanhas*, um perfil profundo sobre a natureza complexa de

---

* *Nota do Tradutor*: "Parceiros da saúde", em tradução livre.

Paul Farmer e o trabalho do PIH.[3] O Haiti, um dos países mais pobres do mundo, está no topo de qualquer lista de lugares miseráveis.

Farmer não seria um daqueles que só enviam dinheiro. Ele veio pela primeira vez ao Haiti em 1983, após se formar em Antropologia pela Duke University. Durante seus anos na Duke, estudou os agricultores haitianos que trabalhavam no cultivo de tabaco nos campos da Carolina do Norte. Quanto mais aprendia sobre o Haiti e seu povo, mais ficava fascinado. Aos poucos, ele formou a visão de que os "haitianos eram os miseráveis dos miseráveis, os mais explorados de todos".

Farmer também desenvolveu interesse por medicina. Ele se inscreveu em escolas de medicina com a esperança de se tornar um profissional híbrido de médico e antropólogo. Escolheu a Harvard Medical School, uma das poucas que lhe daria um grau misto. Da viagem decisiva de 1983, Kidder escreveu: "[Farmer] achou que descobriria se isso era realmente o que queria se experimentasse as duas disciplinas no Haiti."

O país rapidamente entrou na corrente sanguínea de Farmer e lhe deu maior foco em sua oposição à injustiça. De fato, Kidder retrata Farmer como um homem perseguido a ponto de ficar com insônia com a ideia de seres humanos forçados a viver sem o atendimento de necessidades básicas: abrigo, comida, água e acesso à saúde.

O ditado "Uma instituição é o prolongamento da sombra de um homem" é uma descrição perfeita do PIH. Sua missão e filosofia eram moldadas pela determinação de Farmer em combater a injustiça. O PIH encarnava três princípios fundamentais:

1. O pobre tem direito ao mesmo acesso a cuidados médicos de qualidade.
2. O tratamento precisa ser entendido no contexto social que define todos os aspectos da vida do paciente. Para obter bons resultados na saúde, é preciso atender a questões que não são médicas, como pobreza, fome, saneamento e racismo.
3. O fornecimento de cuidados médicos na comunidade, além de ser eficaz em termos de custos, provavelmente também produz resultados melhores.

Quando Farmer chegou a Cange, a área estava passando por uma epidemia de tuberculose. A tuberculose pode ser tratada com medicamentos, mas o tempo é longo (em geral, vários meses). Se algo interrompe o tratamento, além de a doença não ser curada, normalmente se agrava. As bactérias sobreviventes muitas vezes se tornam resistentes aos medicamentos comuns.

Quando isso acontece, sobram menos opções de tratamento, e elas são muito mais caras e difíceis de obter. Pior ainda: as cepas resistentes da bactéria podem espalhar-se para outras pessoas.

Farmer rapidamente viu que o suprimento adequado de medicamentos era uma condição necessária, mas não suficiente para o tratamento com sucesso. Mesmo com os medicamentos facilmente disponíveis, os pacientes ainda tinham de seguir fielmente todo o processo. Muitas vezes, eles não o faziam.

Tentando entender o motivo, Farmer estudou o problema tanto da perspectiva de antropólogo quanto da de médico. Ele percebeu que para tratar um paciente, você precisaria entender mais do que a doença; precisaria entender a vida dele.

Farmer examinou cada aspecto da vida de seus pacientes. Quais eram as complicações não médicas em seu tratamento? Eles conseguiam pagar pelo transporte de ida e volta da clínica? Tinham comida e água potável? Suas condições de vida eram saudáveis? Quais eram as causas de estresse em sua vida? Eles tinham uma fonte de renda? Tinham depressão? Acreditavam que o tratamento médico iria funcionar, ou colocavam sua fé em outro lugar? Quem mais além do paciente vivia na casa, e qual era o estado de sua saúde?

Farmer procurou fazer o PIH melhorar os resultados fazendo tudo que fosse necessário para remover as barreiras ao tratamento. A abordagem tipicamente ocidental teria sido a de jogar mais medicamentos sobre o problema. Essa não era uma opção para o Haiti, onde a estrutura médica era limitada e os médicos eram escassos – embora esse não tivesse sido o primeiro pensamento de Farmer. Seu instinto foi concentrar-se nas situações não ligadas diretamente à medicina. Farmer decidiu que se para alcançar resultados melhores, precisaria que o PIH fornecesse alimentos, água, educação sobre higiene ou transporte ida e volta para a clínica, então seria isso que ele faria.

Mas como transformar essa promessa em procedimentos práticos?

No final, Farmer desenvolveu uma solução muito simples para um problema complexo. Ele fez uma experiência designando agentes comunitários de saúde (ACS) para cada paciente (também chamados de *accompagnateurs* ou acompanhantes). As responsabilidades deles iam bem além de apenas garantir que os pacientes seguissem os programas de tratamento. Cada agente também tinha de se tornar um parceiro da saúde. Os *accompagnateurs* iam para a casa dos pacientes para entender sua vida e diagnosticar eventuais barreiras contra o tratamento, a fim de derrubá-las.

Behforouz descreve a função desta maneira: "O que queremos dizer com acompanhamento? Queremos dizer que você caminha com o paciente (não atrás ou na frente dele), oferecendo um ombro amigo, uma caixa de ressonância ou uma palavra de conselho ou precaução. A chave é *solidariedade com nossos pacientes*. Você fornece apoio médico e psicológico; fortalecendo, não possibilitando; enfrentando em conjunto e administrando desafios que nem você nem eles conseguem corrigir (pobreza, racismo, analfabetismo, isolamento social), para poder ajudá-los a engolir suas pílulas todos os dias e chegar às consultas no horário."

O importante é que os *accompagnateurs* em Cange eram habitantes da comunidade. O PIH os treinava em doenças e tratamentos, mas seu verdadeiro valor estava na percepção profunda acerca da vida local. Muitas vezes eles tinham mais influência sobre os pacientes do que os médicos.

A abordagem funcionou muito bem, especialmente levando-se em conta que Farmer gastava apenas de $150 a $200 para tratar tuberculose, em comparação com $15 mil ou mais nos Estados Unidos, onde a prática é internar os pacientes com a doença.

A abordagem funcionou tão bem, na verdade, que Farmer se tornou uma personalidade importante nos círculos mundiais de saúde pública. Ele não hesitou em questionar a sabedoria convencional. Acreditava que as autoridades mundiais na área de saúde eram complacentes e não compreendiam a verdadeira natureza do problema que enfrentavam. Defendia o ponto de vista de que a tuberculose não era uma doença que pudesse ser tratada apenas com medicamentos.

Farmer e um de seus primeiros colegas no PIH, Jim Kim, argumentavam que os custos dos tratamentos médicos para a tuberculose subiriam significativamente à medida que fossem surgindo cepas resistentes a vários medicamentos. Os médicos também alertavam para o fato de que, embora a tuberculose fosse mais comum em países pobres, as bactérias causadoras da doença agiam de forma indiscriminada e poderiam facilmente cruzar fronteiras geográficas e econômicas.

Enquanto isso, sob a liderança de Kim, o PIH expandia suas operações do Haiti para uma favela em Lima (Kim atualmente é o presidente do Dartmouth College). Com algumas adaptações, ele pegou o modelo do PIH (agentes comunitários de saúde como parceiros para tratar do contexto da vida como um todo do paciente) e aplicou-o em Lima para melhorar a vida de pessoas como Miguel. O sucesso no Peru levou a um substancial progresso no convencimento da Organização Mundial da Saúde e de outros organismos globais sobre a eficácia da abordagem do PIH.

Trazendo o modelo Partners in Health para os Estados Unidos

O *campus* da Harvard Medical School é muito próximo da vizinha Roxbury, abrigo de muitos dos cidadãos mais pobres de Boston. Em 1997, o *Boston Globe* publicou um artigo chamando a atenção para as disparidades no tratamento de HIV/AIDS entre comunidades ricas e pobres na área de Boston. Era um problema com o qual Behforouz estava familiarizada. Como estudante de Medicina, ela fizera pesquisa e mostrara taxas de mortalidade extremamente elevadas em Roxbury, Dorchester, e em outras regiões pobres da cidade.

Estimulado por ativistas locais na área da saúde, no início de 1998 o PIH fundou o PACT em Boston. A prioridade mais urgente da nova organização seria a de melhorar o índice de sucesso no tratamento do HIV/AIDS.

Behforouz começou se esforçando por construir uma organização que entendesse completamente o modelo centrado nos ACSs e fosse plenamente capaz de executá-lo. As etapas que ela seguiu são instrutivas para qualquer líder com a tarefa de trazer inovação reversa para casa:

1. Behforouz viajou para o Haiti e para o Peru para ver em primeira mão o método em ação.
2. Ela frequentemente pedia os conselhos e o apoio de Farmer, Kim e outros líderes do PIH.
3. Estudou os manuais de operação, apostilas de treinamento e diretrizes para pacientes e médicos do PIH.
4. Contratou pessoas que estivessem familiarizadas, por experiência direta, com a saúde e as condições de vida em países pobres.
5. Adotou os valores centrais do PIH como os dos PACTs.

Ainda que essa transferência de tecnologia fosse indispensável, Behforouz aprendeu que os métodos do PIH não podiam ser replicados na íntegra em Boston. Ela observa: "Podemos pegar elementos centrais do PIH, mas também precisamos adaptá-los às condições locais."

Para tanto, é necessário fazer experiências. No início, por exemplo, o PACT não sabia com que frequência, ou ao longo de quanto tempo, os agentes comunitários de saúde precisariam visitar os pacientes. O programa aprendeu com a experiência, em sintonia fina com seus métodos, para determinar a intensidade do tratamento e avaliar em que momento e em que condições um paciente poderia ser liberado. O PACT desenvolveu uma hierarquia em três níveis de visitas diárias, semanais e mensais. Os pacientes iam passando de um nível para outro.

O PACT também precisou aprender onde se encaixava na comunidade médica de Boston. Muito diferente do PIH, que "constrói" a assistência médica em países pobres onde há pouca infraestrutura existente, o PACT precisava encontrar maneiras de se inserir na densa rede de instituições de assistência médica de Boston.

Na área de telecomunicações, existe um conceito conhecido como o "último quilômetro", que se refere à etapa final da entrega de infraestrutura que conecta a rede do provedor a um cliente individual. Sem este último elemento de conectividade, o restante da rede não tem valor prático para um cliente individual. Na assistência médica, falta este "último quilômetro" para muitos pacientes pobres. Eles não se beneficiam igualmente, se é que chegam a se beneficiar, dos poderes curativos de grandes instituições nas proximidades, de médicos talentosos e de tratamentos comprovados.

Behforouz viu o PACT como o "último quilômetro" para pacientes pobres. No entanto, não foi fácil implantá-lo. Rapidamente, surgiram questões problemáticas de áreas de atuação.

Uma fonte de conflito foi tão grave que o PACT precisou reposicionar sua missão. Em seus primeiros dias, o PACT agiu como provedor comunitário de serviços de gestão por casos. Mas os clientes individuais poderiam chegar a ter até sete gestores de caso de várias agências e clínicas. Behforouz rapidamente compreendeu que, na batalha contra o HIV, as escaramuças na sobreposição de agendas de gestores de caso poderiam criar confusão e má vontade. Pior ainda: poderiam comprometer os resultados para os pacientes.

O PACT precisava encontrar um meio de complementar e não competir com os programas existentes. Assim, após pesquisar bastante, Behforouz mudou o papel do PACT de *gestor de caso* para *promotor de saúde* para pacientes cujo tratamento em hospitais com métodos ocidentais não estivesse funcionando. Os hospitais ficaram muito felizes em transferir esses pacientes para o PACT, diz Behforouz. "Fizemos muitas iterações diferentes do modelo. Nossa abordagem sempre foi 'experimente, aprenda, adapte e mude'."

Porém, Behforouz também enfrentou um desafio mais profundo. O modelo PIH trata os ACSs como interventores de saúde, e não como assistentes sociais. Isso foi bem-vindo em países pobres, onde não existia alternativa, mas a mudança seria um questionamento profundo das normas institucionais nos Estados Unidos. "Os agentes comunitários de saúde eram vistos como facilitadores para o acesso aos cuidados médicos, mas não como interventores propriamente ditos", explica Behforouz. O modelo PACT propôs dar um papel mais central aos ACSs na prestação de cuidados médicos.

A área de cuidados com a saúde é cheia de tradições veneradas. Talvez a principal seja a colocação de destaque dos médicos no topo da ordem hierárquica (até mesmo organizações que recentemente promoveram os pacientes para o centro do universo geralmente têm um asterisco dando aos médicos papel dominante na interpretação dos melhores interesses dos pacientes). Sem dúvida, os médicos são muito importantes. Entretanto, Behforouz (ela mesma uma médica) acredita que sua posição com importância exagerada exerce influência grande demais na maneira como os cuidados médicos são organizados e entregues.

"Realmente não apoiamos um modelo de bem-estar neste país", ela diz. "Em vez disso, os cuidados se concentram no resultado final de comportamentos ruins em relação à saúde. Os incentivos são construídos em torno de um sistema de 'cuidado com o doente'. Temos de virar o sistema de ponta-cabeça: fazer medicina preventiva. Meu argumento é que os agentes comunitários de saúde devem ser a pedra angular do sistema de saúde." Segundo esse modelo, diz ela, os médicos "prestariam assistência na parte superior de seu nível de conhecimento somente quando as medidas de bem-estar falhassem. Em vez de o ACS ser uma extensão do médico, o médico é que seria uma extensão do ACS. Temos de inverter nosso atual sistema de saúde."

Quando as inovações reversas fazem o caminho de volta para casa, geralmente é necessário virar a lógica dominante de cabeça para baixo. As inovações reversas muitas vezes trazem transformações; isto é, elevam o papel dos ACSs para o de intervencionistas e os colocam na linha de frente dos serviços de saúde. Essas mudanças nunca são fáceis, e a lógica venerada custa a morrer. Diz Behforouz: "Fico louca com o fato de todo mundo querer saber a eficácia dos custos de um ACS, mas ninguém questionar a eficácia dos custos de um médico."

Esses tipos de tensão são esperados. Como temos visto ao longo deste livro, nada é mais poderoso do que o sucesso ao superá-los.

Quando o PACT começou a demonstrar bons resultados com os clientes, acabou conquistando o respeito de prestadores de serviços médicos contra HIV. O PACT foi lançado no momento adequado, pois a comunidade de assistência dos doentes com HIV em Boston estava desesperada para encontrar uma solução para os casos mais difíceis (pacientes cujo tratamento no sistema médico tradicional não estava funcionando principalmente devido à sua incapacidade de tomar os medicamentos prescritos). Estes eram os pacientes dos quais os fornecedores haviam desistido. Em geral, esses pacientes tinham histórico de trauma, depressão, abuso de substâncias químicas e isolamento social persistente. Pacientes nesse quadro estavam sendo encaminhados para o PACT.

Os resultados do PACT foram impressionantes, não apenas para os pacientes, mas para todo o sistema médico. A abordagem dos ACS reduziu significativamente o custo de atendimento ao cliente pelo Medicaid, o principal seguro médico para os pacientes do PACT. Isso porque os ACSs se mostraram extremamente eficazes em ajudar as pessoas a aderir ao tratamento prescrito. A maior adesão ao processo reduziu significativamente as taxas de hospitalização. Uma análise dos registros de contas hospitalares de 40 pacientes do PACT mostrou queda de 35% no uso diário de internação hospitalar e redução ainda maior nos custos de hospitalização, passando de uma média de $22.443 por paciente para $12.926 por paciente. Isso mais do que compensou o custo do PACT, de $3.600 por paciente. Além disso, os pacientes ficaram mais saudáveis. Eles tiveram aumento clinicamente significativo na média da contagem de CD4, de 145 para 220.[4]

Contratando, treinando e apoiando agentes comunitários de saúde

Esse tipo de sucesso só pode ser mantido se o PACT for eficaz no recrutamento, treinamento e retenção de ACSs. A seleção das pessoas certas começa com uma clara compreensão de seu papel. Behforouz acredita que a coisa mais importante que os ACss fazem é eliminar a lacuna de comunicação entre médicos e pacientes. Em sua visão, a dinâmica de poder desigual no relacionamento médico-paciente interfere na confiança. "O fato de o agente comunitário de saúde ser seu vizinho, ter experiência de vida semelhante, ser da mesma cultura, *não* ser uma pessoa de avental branco, estar em seu território e poder trafegar nos dois mundos (o seu e o do sistema de saúde), tudo isso é incrivelmente poderoso. Eles são especialmente qualificados para trazer a medicina sofisticada para os lares dos pacientes e oferecer atendimento individualizado dentro das condições e dos sistemas de crenças que moldam a vida de seus pacientes."

Como a capacidade de estabelecer confiança é fundamental, Behforouz busca correspondência na cultura e na linguagem entre os ACSs e a base de clientes. De fato, o grupo de ACSs do PACT é tão multicultural quanto a base de clientes. Dos 25 funcionários, 10 falam espanhol. Outros falam português, crioulo haitiano, luganda, cantonês e bengali. Muitos têm experiência de trabalhar com populações desfavorecidas em países pobres. Vários já foram clientes do PACT. "Eles compreendem a pobreza e a marginalização", diz Behforouz.

Não chega a surpreender que a contratação não seja somente baseada no currículo. "Temos de realmente conhecer a pessoa. Eles passam por uma série de entrevistas conosco. Preparamos vários cenários de representação de papéis baseados nos casos e apenas os ouvimos falando. É dessa forma que os selecionamos."

A gestão de ACSs também traz dificuldades pouco comuns. Behforouz observa que o envolvimento profundo entre a gestão e os médicos geralmente não é alta prioridade das organizações de saúde. Porém, ela tem visto que o modelo do PACT não pode funcionar sem um forte envolvimento: "Você precisa estar disposto a investir em sua formação e supervisão de uma forma contínua." Os agentes comunitários de saúde do PACT recebem funções quase profissionais, mas alguns não têm uma educação muito formal. E, pelo fato de viverem nos bairros onde trabalham, podem enfrentar alguns dos mesmos problemas que atormentam seus clientes: creches para os filhos, violência e falta de recursos. Os gestores do PACT precisam ser criativos, flexíveis e dar apoio quando surgem esses problemas.

Além disso, o trabalho do agente comunitário de saúde é atraente, intenso e desgastante. Um ACS é, por definição, um forte candidato à exaustão. Para ficar a uma distância razoável disso, Behforouz criou uma atmosfera de comunicação aberta: "Incentivamos as pessoas a conversar frequentemente entre si e com seus supervisores sobre suas experiências. Uma das coisas que chocam as pessoas é que nossos agentes comunitários de saúde provavelmente têm de quatro a cinco horas de treinamento ou supervisão por semana. Em muitos outros modelos, eles têm sorte se contarem com uma hora de treinamento por mês."

Estendendo o impacto

Após construir um registro histórico de sucessos em Boston, Behforouz enfrenta a pergunta natural: "O que vem em seguida?" O PACT está lutando para enfrentar outras doenças crônicas: diabetes, por exemplo. Ele fez parceria com uma clínica do outro lado da rua de seu escritório em Dorchester para adaptar a missão de promoção da saúde nos casos de HIV/AIDS para cuidar dos diabéticos. Behforouz observa que os resultados em diabéticos dependem de muitos outros fatores além da adesão aos medicamentos, incluindo nutrição e exercícios físicos.

O PACT também trabalha na expansão geográfica. Em 2006, a secretária de Saúde do Município de Nova York pediu para Behforouz considerar expandir o PACT a fim de ajudar a cidade a gerir seus pacientes mais difíceis de HIV. Em vez de criar uma replicação completa do programa em Nova

York, o PACT "treina os treinadores" que implantam suas técnicas de intervenção dentro de 28 clínicas e hospitais nos bairros de Nova York.

Mas isso é um pouco como fazer franquia de uma arte delicada. Ficar tão distante dos pacientes e dos ACSs é uma decisão desconfortável para uma organização que põe a mão na massa. "Estamos aprendendo muito sobre essa dinâmica e sobre como gerenciá-la", diz Behforouz. "Estamos trabalhando com essa ideia de integrar nosso modelo nos centros de tratamento da saúde existentes, em vez de sermos uma organização de base comunitária em separado. Para progredir, estamos precisando aprender a ser consultores eficazes. Essa é uma verdadeira luta para nós. Recebemos muitos pedidos de ajuda, mas não somos do tipo 'entra e sai rapidamente', dizendo 'Isto é o que vocês precisam e obrigado por nosso cheque'. Além disso, a realidade é que, se você não tem uma adesão completa, se a instituição não está disposta a fazer investimentos em todos os níveis, é muito difícil fazer mudanças como uma força externa."

Cada vez mais, porém, é exatamente isto que o PACXT está sendo solicitado a fazer: ser uma força externa que transfere o modelo e o integra nas operações da clínica e do hospital. Crescentemente, o PACT dá assistência técnica para outros prestadores de serviços de saúde.

Implicações para a reforma da saúde

Está claro, pela demanda crescente sobre o PACT e pela variedade de experimentos em outros lugares no campo da assistência médica, que o mundo está começando a adotar a inovação de Farmer. O uso de agentes comunitários de saúde se tornou uma das muitas dimensões das discussões em andamento sobre a reforma da saúde nos Estados Unidos. Existe agora um entendimento maior da relação entre pobreza e risco de resultados ruins na saúde.

O colunista David Bornstein, do *The New York Times*, por exemplo, analisou o trabalho do Health Leads, uma organização que coloca voluntários treinados em hospitais urbanos para trabalhar com pacientes cujas doenças foram causadas ou agravadas por condições de pobreza. Os médicos nessas unidades, escreve Bornstein, "agora 'prescrevem' regularmente uma ampla gama de recursos básicos (como auxílio-alimentação, melhoria na moradia ou subsídios no combustível para aquecimento) que os voluntários do Health Leads 'atendem' aplicando sua capacidade (e tenacidade) de resolução de problemas para identificar recursos em qualquer lugar em que possam estar disponíveis".[5]

Behforouz se preocupa, porém, com a possibilidade de esses experimentos, embora inspiradores, ainda serem inadequados: "Estou envolvida em muitos comitês diferentes que pensam na transformação da saúde. A dificuldade é que tentamos consertar um modelo que está fundamentalmente quebrado. Temos aceitado nosso modelo atual e tentado melhorá-lo. Isso não vai funcionar. Você pode passar batom em um buldogue, mas ele continuará parecendo um buldogue. Precisamos procurar eficazes modelos de saúde com base na comunidade, que muitas vezes passam despercebidos, talvez porque grande parte dos cuidados seja fornecida por paramédicos que não foram extensivamente educados no modelo biomédico e não conhecem cuidados praticados em consultórios."

As inovações reversas nunca são incrementais. Se fossem, desenvolveriam raízes nos países ricos, e não nos pobres. Somente organizações que dispensam a abordagem do tipo "batom no buldogue" (pelo menos com a finalidade de conduzir um experimento) é que podem ter sucesso em trazer para casa uma inovação reversa.

Vemos grandes promessas no modelo do ACS, mas é provável que ele cresça bem mais explosivamente no mundo em desenvolvimento do que nos países ricos, onde sua propagação seria prejudicada pela ampla infraestrutura já existente. Essa é a natureza das histórias de inovações reversas que são moldadas por uma grande defasagem de infraestrutura. A taxa de adoção em países ricos é estimulada pela taxa de substituição da infraestrutura existente.

No entanto, há sinais de movimento. A Clínica Mayo e a Kaiser Permanente implantaram programas para monitorar de perto os pacientes com doenças crônicas. Essa é uma área que vem recebendo foco intenso, pois os cuidados crônicos representam uma proporção sempre crescente do total de gastos médicos. Também é uma área em que os gastos que não são médicos provavelmente têm maior impacto. As duas organizações usam tanto as visitas ao vivo quanto os aplicativos de telemedicina informatizada para trazer uma gestão eficaz da doença para a casa dos pacientes. O resultado é menor custo dos cuidados médicos, taxa reduzida de internações hospitalares e resultados melhores na saúde.

Esperamos que essas organizações e muitas outras promovam ainda mais seus esforços. De fato, há muitas áreas promissoras em que os países ricos podem adotar soluções de cuidados com a saúde do mundo pobre. Várias organizações em países pobres têm mostrado, por exemplo, que assumir uma abordagem de linha de montagem em procedimentos cirúrgicos para corrigir determinadas doenças médicas pode reduzir significativamente os custos. Conforme mencionamos em capítulos anteriores, o Hospital Narayana Hrudayalaya e o Hospital Aravind Eye realizam cirurgias por valores de algumas ordens de grandeza mais baratos (embora com a mesma qualidade) do que procedimentos comparáveis no mundo rico.

A assistência médica nos países desenvolvidos está entrando em uma era de transformações fundamentais. Historicamente, o conhecimento médico e a tecnologia médica têm estabelecido o limite do que podemos realizar. Na nova era, o custo será a principal restrição. Parece óbvio que os lugares em que se devem procurar inovações revolucionárias de corte de custos estão em partes do mundo onde os recursos são mais escassos. Assim, a inovação reversa tem grande potencial para ajudar a reformular a saúde.

As lições da cartilha para o Partners In Health

1. *Aproveite oportunidades para transferir as inovações em mercados emergentes para outras partes do mundo* (Cartilha de Inovação Reversa, Lição 2). Este último passo na inovação reversa requer um esforço intenso. A diretora do PACT, Heidi Behforouz, precisou entender plenamente o modelo do ACS antes desenvolvido no Haiti e no Peru, através de estudos, orientação, viagem e contratação de pessoas que realizaram esse trabalho. Em seguida, precisou ser flexível, adaptando o modelo para um ambiente do mundo rico, denso em infraestrutura de saúde.
2. *As ELCs devem desenvolver soluções e projetos organizacionais completamente novos* (Cartilha de Inovação Reversa, Lição 7). Somente através de um pensamento firme e independente (mostrado, por exemplo, pelo PIH no Haiti e em outros lugares e, por sua vez, por Behforouz no lançamento e no contínuo refinamento do PACT) é que os objetivos verdadeiramente radicais podem ser alcançados. Fundamentalmente, isso inclui questionar a lógica dominante da organização ou setor de atividade ao estabelecer as estruturas organizacionais para as ELCs.

Questões para reflexão

1. Os gestores das operações no mundo rico em sua empresa estão pelo menos cientes das formas com que sua companhia tem inovado no mundo em desenvolvimento? O que seria necessário para explorar em sua plenitude essas inovações no mundo todo?
2. Quais vacas sagradas organizacionais precisariam ser questionadas para sua organização ter sucesso em uma inovação reversa?
3. Em seu setor de atividade e no mundo em desenvolvimento, qual é a interseção entre o "bom para sua empresa" e o "bom para a sociedade"?

CONCLUSÃO

Um chamado à ação

A inovação reversa pode não só transformar sua empresa, como também transformar o mundo

O OBJETIVO CENTRAL de quase todos os livros de negócios é o de galvanizar os leitores para agirem. *Inovação reversa* não é diferente. Nosso desejo profundo é que você aja!

Não vamos, porém, minimizar as dificuldades que enfrentará quando o fizer. Se você leu até aqui, já deve agora nutrir um respeito saudável pelos muitos tipos de ameaças que um esforço de inovação reversa precisa superar. Você pôde constatar isso em vários dos exemplos deste livro. Os projetos vivem um equilíbrio instável. O fracasso parece bem possível.

Mas isso é de se esperar. Os esforços de inovação reversa inevitavelmente testam o compromisso, a resiliência e a paixão dos inovadores. Eles igualmente testam a iniciativa e a visão em longo prazo dos líderes para quem os inovadores se reportam e da organização como um todo.

Não obstante, a inovação reversa é uma jornada em que vale a pena embarcar. Vamos analisar o que poderia ser uma possível jornada de sucesso do ponto de vista do gerente-geral de uma unidade de negócios em uma empresa global, utilizando a Cartilha de Inovação Reversa como guia.

O périplo começa quase sempre, conforme vimos em vários exemplos apresentados neste livro, quando o crescimento de seu principal produto no mundo em desenvolvimento vai de encontro à parede. Trata-se de um assunto quente em termos de curto prazo porque, atualmente, as economias emergentes representam a maior parte do crescimento do PIB mundial. Se sua empresa não está crescendo nos países pobres, não está crescendo muito de forma geral.

O diagnóstico mais provável é que seu produto não esteja bem-ajustado para as economias emergentes. Existe uma tremenda defasagem de necessidades entre o que seus clientes no mundo rico querem e o que a maioria de seus clientes no mundo pobre anseia. Você não pode apenas *exportar*, precisa *inovar* (Cartilha de Inovação Reversa, Lição 1).

Suas ansiedades são intensificadas pela existência de uma empresa relativamente desconhecida sediada no mundo em desenvolvimento. Essa empresa cresce muito mais rapidamente do que você e, inclusive, está começando a fazer barulho em seu próprio mercado doméstico (Lição 3). Está na hora de agir.

Reconhecendo não poder visitar a China ou a Índia por uma semana e entender as necessidades do mercado, você embarca em uma análise rigorosa e completamente nova das necessidades (Lição 7). Questiona cada um dos pressupostos profundamente incorporados da empresa sobre o que os clientes querem. Chama especialistas externos que possam ajudar a fazer uma pesquisa completa do mercado.

Quando está certo de ter um claro entendimento sobre o que os clientes querem, instala uma equipe local de crescimento (ELC) e nomeia um líder. A ELC também adota uma mentalidade completamente nova. Ela desenvolve uma solução a partir do zero e estrutura sua organização a partir do zero (Lição 7).

Com o líder da ELC, você identifica uma ou mais oportunidades para aproveitar recursos e competências da organização global. Dedica tempo e energia suficientes para assegurar que a ELC e a organização global desenvolvam uma parceria saudável (Lição 8). O relacionamento permite que a ELC crie sobre o que já existe sem que, de forma subconsciente ou por reflexo, acabe copiando pressupostos sobre necessidades e soluções. Você ainda se compromete a revisar de forma rotineira e completa os planos da ELC, ajudando a equipe a estruturar experimentos disciplinados que resolvam rapidamente suposições fundamentais a um custo mínimo (Lição 9).

Com muito trabalho árduo e um pouco de sorte, o lançamento do produto é um sucesso. Você imediatamente busca oportunidades para replicar o sucesso em outras partes do mundo (Lição 2). Acaba descobrindo que muitos outros mercados emergentes ao redor do mundo possuem necessidades bastante semelhantes e que até mesmo alguns mercados marginalizados no mundo rico são de seu interesse. Então, antecipa tendências que possam preencher a defasagem de necessidades e faz preparativos para lançar o produto em mercados convencionais do mundo rico quando chegar o momento certo.

Enquanto isso, vai aumentando o interesse sobre o projeto em sua empresa.

Os resultados decepcionantes de crescimento no mundo em desenvolvimento não são exclusivos de sua linha de produtos; eles ocorrem por toda a empresa. Aumentar a taxa de vitórias nos países pobres se tornou uma preocupação de seu CEO. Antes mesmo que você se dê conta, seu projeto tornou-se o principal exemplo da empresa de como vencer.

Seu CEO começa a adotar algumas medidas eficazes para catalisar a inovação reversa. Ele começa a colocar mais dinheiro nas ELCs. O CEO transfere executivos experientes para assumir mais responsabilidades no mundo em desenvolvimento e ajusta a estrutura hierárquica para que mais executivos graduados no mundo em desenvolvimento tenham funções de administração-geral e se reportem diretamente ao CEO (Lição 4). Para esses novos gerentes gerais, o CEO ainda estabelece distintos scorecards de negócios que focam estritamente no mundo em desenvolvimento (Lição 6). Além disso, ele lança diversas iniciativas para fortalecer a mentalidade de inovação reversa por toda a empresa, transferindo vários eventos anuais importantes para as economias emergentes e fazendo do crescimento nas economias emergentes o tema principal (Lição 5).

Enquanto isso, você está na linha para uma promoção. O CEO chama você ao escritório para avaliar seu interesse em se tornar o novo chefe da empresa na China.

O cenário de sucesso é parecido com o que acabamos de descrever. Parece fácil quando condensado em uma página, mas terá todas as incertezas normais inerentes a qualquer lançamento de novos negócios. Acima de tudo, será necessário lidar com as pressões abertas e onipresentes de curto prazo, além do tranco mais sutil da lógica dominante da empresa. Trata-se de obstáculos assustadores, mas você poderá superá-los com um pouco de inteligência... e boa dose de paixão.

A paixão como força motivadora para a inovação reversa

De fato, todos os líderes com quem falei exibem um nível extraordinário de paixão em relação aos esforços de inovação reversa. Boa parte dessa paixão que consomem tem suas raízes no potencial para resolver muitas necessidades insatisfeitas nos mercados emergentes e, ao fazê-lo, melhorar a vida das pessoas.

Considere, por exemplo, a determinação de Mehmood Khan de não apenas agradar os paladares dos clientes da PepsiCo, mas também de diminuir o risco de certas doenças. Ou veja a intensa ambição compartilhada pelos engenheiros do ECG da GE Healthcare sediados na Índia de oferecer ferramentas para diagnóstico que fossem acessíveis, portáteis e fáceis de usar. Ou lembre-se do compromisso de Heidi Behforouz, diretora do programa PACT do Partners In Health, no sentido de reformular radicalmente o modelo centrado nos médicos com que a assistência à saúde é atualmente oferecida.

Certamente, temos nos concentrado neste livro principalmente no funcionamento interno de multinacionais e nos desafios específicos que enfrentam para catalisar o crescimento em mercados emergentes. No entanto, em termos de inovação reversa, temos visto que os interesses das empresas e os interesses das pessoas estão mais alinhados do que na maioria de outros contextos. De fato, é quase impossível ignorar o poder da inovação reversa como um instrumento para resolver alguns dos problemas sociais mais preocupantes do mundo.

Vamos nos distanciar um pouco para refletir brevemente sobre o quadro mais amplo: focando não nas necessidades das empresas individuais, mas nas necessidades dos cidadãos do planeta Terra. A partir desse ponto de vista, fica menos importante se são as multinacionais tradicionais ou se são os gigantes emergentes que vencem a grande competição da inovação reversa. O que importa são os benefícios que a competição oferece ao longo do tempo.

Ela produz enorme mudança; acelera a inovação no mundo em desenvolvimento, onde as inovações são mais importantes para a vida das pessoas; levanta as economias; leva a padrões de vida maiores: melhor saúde, maior acesso à educação de qualidade e maior oportunidade econômica.

Foram necessárias algumas gerações para que os Estados Unidos progredissem da pobreza para seu atual nível de prosperidade. Se tudo correr bem, os países em desenvolvimento de hoje poderão fazer essa jornada em metade do tempo. E se as multinacionais trouxerem agressivamente todos os seus recursos para apoiar o processo, ele poderá acontecer ainda mais rapidamente.

Na verdade, para causar grande impacto nas economias emergentes, as multinacionais não precisam abandonar sua missão empresarial ou redefinir seus estatutos com um foco sobre a caridade ou a responsabilidade social corporativa. Nosso argumento, em contrapartida, é que as empresas façam o que *devem* fazer para prosperar: identificar necessidades não satisfeitas, inovar, competir e crescer. Para descrever a participação das empresas nos esforços para melhorar a vida dos pobres, alguns executivos e acadêmicos utilizam termos como *inovação social*, *inovação com inclusão* e *crescimento com inclusão social*. Gostaríamos de sugerir uma expressão diferente. Vamos chamar isso de *negócio* – negócio em sua mais pura essência.

Uma oportunidade de inovação reversa: moradias acessíveis

Um exemplo de necessidade fundamental não atendida no mundo em desenvolvimento é o de moradias acessíveis. Em 2010, Vijay Govindarajan e Christian Sarkar propuseram a aspiração de uma casa por $300 no blog do *Harvard Business Review* (www.300house.com). A resposta foi surpreendente; nada menos do que uma revelação. Choveram artigos ponderados que inspiraram voluntários a se apresentar com colaborações.

Uma casa de $300 transformaria a vida de centenas de milhões de cidadãos mais desesperadoramente pobres do mundo. Ela transformaria estranhos em vizinhos e favelas em bairros residenciais.

Apesar do nível de preço extremamente baixo, uma casa de $300 poderia incluir serviços básicos modernos como água encanada e eletricidade. Mais importante ainda: criaria uma comunidade que poderia compartilhar acesso a computadores, telefones celulares, televisores, filtros de água, painéis solares e fogões a lenha com combustão limpa. Assim, permitiria que o pobre desse um salto para fora dos limites das favelas. Ela possibilitaria condições de vida seguras e saudáveis, além de uma educação decente.

A ideia de regeneração das favelas certamente não é nova. No passado, porém, o foco vinha sendo possíveis soluções partindo de organizações não governamentais, entidades sem fins lucrativos e governos; todas elas assumindo o pressuposto de que o pobre não poderia ser tratado como cliente.

Esse pressuposto está equivocado. Uma casa a $300 não é caridade; é um desafio para o comércio. Os pobres do mundo, além de serem clientes relevantes, representam o segmento de consumidores com mais rápido crescimento. O atendimento de suas necessidades requer soluções inovadoras com possibilidade de atingir grandes dimensões – algo que as multinacionais sabem como fazer. Construir casas de $300 e atender a seus moradores é uma imensa oportunidade, com bilhões de dólares de lucro em jogo.

Quando pensamos nessa ideia, pensamos em nossos filhos. Eles são incrivelmente inteligentes, mas não necessariamente mais inteligentes do que uma criança que vive agora na favela mais imunda da Índia. Nossos filhos possuem o que essa criança não tem: a capacidade de escolher entre muitas oportunidades e determinar o próprio caminho. Além de a inovação reversa representar uma porta aberta para uma casa acessível, é uma porta para um mundo de oportunidades.

Esperamos que você compartilhe de nossa paixão. E acolhemos suas ideias – não só sobre a casa de $300, mas também sobre outros fins sociais para os quais a inovação reversa possa contribuir.

Seu papel na promoção de inovações reversas... e um convite

Finalmente, estamos conscientes de que a área de inovação reversa continua sendo um trabalho em andamento. De fato, enquanto pesquisávamos e escrevíamos nosso livro, pensávamos nisso como um tópico da prática seguinte, e não um tópico sobre melhores práticas. Há muito ainda a aprender!

Por exemplo, enquanto há um número crescente de histórias sobre inovações desenvolvidas para mercados emergentes, vemos uma quantidade relativamente menor de casos dessas inovações voltando para "casa" nos mercados do mundo rico. Conforme descrito em alguns dos casos, as empresas precisam, em primeiro lugar, lidar com questões difíceis sobre canibalização, momento certo e estratégias de gestão de carteira de produtos. Mesmo assim, acreditamos que o círculo completo de migrações proliferará rapidamente.

Portanto, convidamos vocês, nossos leitores, para ingressar em nossa comunidade de desenvolvedores que refinará ainda mais a inovação reversa naquilo que certamente será um processo de contínua descoberta. Logo no início do projeto do livro, esse processo de descoberta colaborativa revelou seu notável potencial quando, do nada, recebemos notícias de Sachin Lawande, da Harman International (que você conheceu no Capítulo 9). Lawande havia lido nosso primeiro artigo sobre inovação reversa na edição de outubro de 2009 da *Harvard Business Review*. Ele nos enviou um e-mail dizendo que aquilo que descrevemos na *HBR* se parecia muito com um projeto que ele acabara de concluir na Harman. Entramos em contato e ficamos imediatamente impressionados com o que a Harman havia realizado. Lawande concordou gentilmente em compartilhar conosco a história fascinante do Projeto SARAS.

Esperamos sinceramente que venhamos também a ouvir notícias suas, ao aplicar os princípios da inovação reversa em sua empresa. Mesmo com toda a orientação que fornecemos aqui, entendemos que o sucesso sempre será uma tarefa difícil e que ainda há muito para aprender.

Desejamos boa sorte e esperamos seus comentários e sugestões nos endereços vg@dartmouth.edu e chris.trimble@dartmouth.edu.

APÊNDICE A

Kit de ferramentas de inovação reversa

Você pode utilizar vários modelos e diagnósticos práticos para avançar em seus esforços de inovação reversa

Guia de discussão de inovação reversa

Para orientar uma discussão gerencial útil em sua empresa sobre inovação reversa, considere os seguintes tópicos e questões:

1. Estratégia de inovação reversa

1. Quais são as economias emergentes estratégicas em sua empresa? Dos 150 países pobres, quais possuem os seguintes elementos importantes?
   – A maior parte dos futuros clientes.
   – Potencial de crescimento futuro.
   – Base de talentos de baixo custo.
   – Capacidade de produção.
   – Infraestrutura física.
   – Infraestrutura institucional.
   – Infraestrutura social.
   – Base para o desenvolvimento de conhecimento de P&D.
   – Possíveis novos concorrentes.

2. Tirando a sensibilidade em relação ao preço, quais são as diferenças mais evidentes entre as necessidades de seus clientes em países pobres e as necessidades de seus clientes em países ricos? Considere diferenças nas expectativas quanto a desempenho, disponibilidade e confiabilidade da infraestrutura, pressões ambientais, regulamentação e preferências.
3. Você poderia atender às necessidades de seus clientes em países pobres apenas adaptando suas ofertas existentes? Ou seria necessário haver uma inovação completamente nova?
4. Você já viu exemplos de inovação reversa em seu próprio setor de atividade ou em algum outro adjacente?
5. Quais as tendências que, no fim, poderiam tornar essas inovações atraentes aos clientes convencionais em países ricos?
6. Quais os gigantes emergentes que estão na tela de radar de sua empresa? Quais inovações eles trouxeram para o mercado? Eles poderiam entrar em breve em seu mercado doméstico?
7. Seu orçamento de capital mostra como o capital está dividido entre países pobres e ricos? O capital está fluindo para as maiores oportunidades de crescimento?

2. Mentalidade de inovação reversa

1. Quais dos seguintes pressupostos são comuns em sua empresa? (Esses pressupostos são *inibidores* da inovação reversa.)
   – Os mercados emergentes são irrelevantes.
   – Os países ricos são mais avançados tecnologicamente; assim, inovação e aprendizado se deslocarão dos países ricos para os países pobres.
   – As vendas de seus produtos e serviços existentes aumentarão gradualmente quando as economias emergentes crescerem. Portanto, só precisamos ser pacientes.
   – Os produtos e serviços existentes podem ser facilmente adaptados para que tenham sucesso nos mercados emergentes.
   – A melhor abordagem para os mercados emergentes é diminuir o preço simplificando nossos produtos e serviços existentes.
   – A maior parte dos clientes em países pobres tem baixa renda *per capita*, baixa sofisticação e baixo poder aquisitivo. Suas necessidades podem ser atendidas por produtos baratos com base em uma tecnologia mais antiga.

- Quando a renda *per capita* atingir determinado limite nos países pobres, os consumidores comprarão produtos do mundo rico.
- Os países pobres de hoje estão onde os países ricos estavam em sua infância. Os países pobres evoluirão da mesma maneira que as economias mais ricas. Quando se desenvolverem, os países pobres alcançarão os mais ricos.
- Vencer em mercados emergentes é quase exclusivamente praticar preços muito baixos.
- Só é necessário inovação de produto para vencer em mercados emergentes.
- Nossos principais concorrentes são outras multinacionais.
- Podemos neutralizar os concorrentes locais estourando o orçamento ou apenas adquirindo-os.
- Os produtos que atendem às necessidades especiais de países pobres não podem ser vendidos no mundo rico porque não são bons o suficiente para competir nesses países.
- É impossível ter bons lucros nos mercados emergentes.
- Não podemos obter nos países pobres a mesma porcentagem elevada de margem de contribuição que obtemos em países ricos.
- Destacamo-nos em liderança de produto e em liderança tecnológica. Elas são inconsistentes com produtos de custo extremamente baixo em países pobres.
- As marcas globais representam produtos superiores e de alta qualidade. Corremos o risco de diluir nossas marcas globais em um mercado de baixo custo.
- Canibalizaremos as vendas de ofertas mais sofisticadas se competirmos em um mercado de baixo custo.
- O papel de nossos empregados nos mercados emergentes é o de reduzir o custo de nossas operações.
- O papel de nossos empregados nos mercados emergentes é o de vender e distribuir nossos produtos globais.

2. Com que amplitude os seguintes pressupostos são mantidos entre os principais tomadores de decisão? (Esses pressupostos reconhecem plenamente o poder do fenômeno de inovação reversa.)

- Para ter sucesso nos mercados emergentes, precisamos desenvolver novos produtos e serviços, começando a partir do zero.
- As inovações em países pobres podem transformar os mercados globais.
- Os gigantes emergentes podem nos ameaçar em nossos próprios mercados domésticos.

3. Desenvolvimento de pessoas

1. Sua equipe de liderança mais graduada conta com os conjuntos certos de habilidades para conduzir a inovação em países pobres? Caso contrário, quem você precisaria contratar?
2. Sua empresa envia a próxima geração de líderes mais graduados para atribuições no exterior, em países pobres?
3. Com que frequência sua equipe executiva viaja para países pobres? Quando sua empresa realizou pela última vez um evento interno importante em um país pobre?

4. Transferindo poder e autoridade para mercados emergentes

1. Sua empresa possui um CEO da Índia e um CEO da China que se reportam diretamente ao CEO? Existe um CEO de economias emergentes que coordene o desenvolvimento de produtos para todas as economias emergentes?
2. Até que ponto os líderes da empresa em mercados emergentes têm poder para lançar iniciativas de inovação? O quanto é assustador o processo de aprovação que precisarão enfrentar?
3. Onde estão localizados geograficamente seus 50 principais líderes? Essa distribuição geográfica corresponde à distribuição geográfica das oportunidades de crescimento para sua empresa?
4. Considerando as exigências de gestão dos negócios existentes, quanto tempo seus líderes mais graduados nos países ricos podem gastar pensando em oportunidades de crescimento em países pobres?
5. Quantos diretores com profunda experiência em economias emergentes fazem parte do conselho administrativo de sua empresa?

5. Iniciação do projeto

1. Quanto sua empresa investiu no diagnóstico rigoroso das necessidades dos clientes em mercados emergentes?
2. Qual a probabilidade de suas equipes de P&D localizadas no mundo rico virem a reconhecer uma oportunidade de inovação em países pobres e desenvolver uma solução?

3. Qual é a amplitude de interação entre o pessoal nos mercados emergentes que entende os problemas dos clientes (por exemplo, vendas, marketing, pesquisa de mercado) e aqueles que são capazes de desenvolver soluções (por exemplo, pesquisa, desenvolvimento, engenharia)?
4. Seus centros de P&D nas economias emergentes estão credenciados a desenvolver novos produtos para seus próprios países? E para outros países ao redor do mundo?

6. Execução do projeto

1. Sua empresa já instalou uma equipe local de crescimento (ELC) com plena capacidade empresarial em um país pobre?
2. Considere um projeto ou possível projeto específico de inovação reversa. Como você construirá a ELC? Qual seria a diferença dela em relação ao restante da empresa?
3. Em sua empresa, quais os recursos globais que seriam mais valiosos para uma ELC? Qual seria a dificuldade para a ELC aproveitar esses recursos?
4. Como você se protegeria contra a canibalização quando produtos com custos extremamente baixos fossem trazidos de países pobres para países ricos?
5. Como sua empresa avalia os líderes de projetos de inovação reversa?

Exercícios de aplicação

Para passar de conversas para projetos, os seguintes modelos e exercícios podem ser bastante úteis.

Avaliação completamente nova de necessidades dos clientes

Um esforço sólido de inovação reversa começa com a avaliação *completamente nova* das necessidades. O conhecimento de sua empresa sobre as necessidades dos clientes do mundo rico deve ser integralmente questionado.

Isso é feito melhor através de uma profunda pesquisa de mercado. Para garantir o estabelecimento prévio da mentalidade correta, porém, tente os seguintes exercícios simples:

1. *Análise de defasagens*: Em seu setor de atividade, quais são as *defasagens de necessidades* entre economias desenvolvidas e em desenvolvimento? Você conseguiria identificar algumas tendências que pudessem preencher essas defasagens ao longo dos próximos anos? (Consulte o Capítulo 2 para obter descrição da defasagem e das tendências genéricas.) A Tabela A-1 é uma planilha que você pode preencher para ajudá-lo com sua avaliação de necessidades.

TABELA A-1
Planilha de análise de defasagens

Tipo de defasagem	Existe uma defasagem?	Se existe, descreva-a	Descreva quaisquer tendências que possam preencher a defasagem
Desempenho			
Infraestrutura			
Sustentabilidade			
Regulamentação			
Preferências			
Outro			

TABELA A-2
Planilha de avaliação completamente nova do mercado

Dimensão de valor	Ordem de importância no mundo rico	Ordem de importância no mundo em desenvolvimento
Preço		
Desempenho		
Qualidade		
Confiabilidade		
Serviço		
Outra		
Outra		
Outra		

2. *Prioridades do cliente*. Considere as dimensões de valor que seu produto ou serviço fornece a seus clientes no mundo rico e classifique cada uma delas por ordem de importância. Como se comparam as prioridades de seus clientes em países pobres? Utilize essas classificações de prioridades para preencher a planilha da Tabela A-2.

3. *Oportunidades de crescimento futuro.* Olhando um pouco à frente, as tendências que você identificou na Questão 1 acima o ajudarão a prever oportunidades de eventualmente trazer sua inovação para os mercados convencionais no mundo rico. Certamente, também deve haver oportunidades para transferir de imediato a inovação para mercados semelhantes, tanto nos mercados marginalizados do mundo rico quanto em outros mercados emergentes. Em cada transferência, você deve reconsiderar as necessidades dos clientes, embora não a partir do zero. Utilize a planilha apresentada na Tabela A-3 para catalogar essas oportunidades.

TABELA A-3
Planilha de expansão global em curto prazo

Oportunidades de crescimento	Diferença mais significativa nas necessidades, se houver
Mercado marginalizado do mundo rico 1	
Mercado marginalizado do mundo rico 2	
País em desenvolvimento 1	
País em desenvolvimento 2	
País em desenvolvimento 3	

TABELA A-4
Planilha de inovação completamente nova de produto

Componente	Reutilização de componente de país rico	Reformulação interna do projeto para adaptação	Compra de terceiros em prateleira
#1			
#2			
#3			
#4			
#5			
#6			

2. Projeto de solução completamente nova

Uma vez que você entenda completamente as necessidades dos clientes, é chegada a hora de desenvolver a solução. Repetindo, não assuma que aquilo que funciona no mundo rico também funcionará nos países em desenvolvimento.

1. *Inovações no produto*: Para produtos tangíveis, especialmente aqueles constituídos de vários componentes distintos, a planilha apresentada na Tabela A-4 pode ajudá-lo a estabelecer a mentalidade correta.
2. *Inovações no modelo de negócio*: Em muitos casos, o projeto de uma solução completamente nova implica repensar não apenas o produto, mas também a cadeia de valor pela qual você fornece o produto. A inovação reversa é, muitas vezes, também uma inovação no modelo de negócio. Onde você aproveitará aquilo que já existe em sua organização global? Construir a partir do zero? Desenvolver novas parcerias? Utilize a Tabela A-5 para ajudá-lo a estabelecer a cadeia de valor.

TABELA A-5

Planilha de inovação completamente nova do modelo de negócio

Ligação na cadeia de valor	Aproveitar processo de país rico	Construir a partir do zero no país	Parceiro no país
Fabricação			
Vendas			
Marketing			
Atendimento ao cliente			
Outra			
Outra			

3. Projeto organizacional completamente novo

Construir uma ELC que funcione bem pode ser um dos aspectos mais difíceis da inovação reversa. Para fugir de um começo falso, considere cuidadosamente os seguintes dois exercícios:

1. De quais conjuntos de habilidades a ELC necessitaria para ter sucesso? Quais deles estão disponíveis internamente? Para quais você precisaria fazer contratações externas? A Tabela A-6 vai ajudá-lo a responder a essas perguntas.
2. Agora, pensando nesses mesmos conjuntos de habilidades, indique quais devem ser mais influentes na ELC, em comparação com os que são mais influentes em sua organização no mundo rico. Nota: Muitas vezes, é necessário mudança significativa de poder, o que pode ser complicado para gerenciar. Utilize a planilha da Tabela A-7 para ver onde estão esses desequilíbrios.

TABELA A-6
Planilha de projeto organizacional completamente novo

Habilidade	Disponível internamente	Precisa de contratações externas
#1		
#2		
#3		
#4		

TABELA A-7
Planilha de poder e influência na ELC

Habilidade	Classifique o nível apropriado de influência na ELC	Classifique o nível de influência em sua organização existente
#1		
#2		
#3		
#4		

4. Conduza um experimento disciplinado

Existem dois tipos de resultados aceitáveis em um esforço de inovação: um sucesso ou um fracasso que ocorra da forma mais rápida e barata possível. O resultado mais indesejável é o de um fracasso demorado, caro e doloroso.

Portanto, à medida que progride em uma iniciativa de inovação reversa, é preciso ter certeza de estar gastando pouco para aprender muito. Para conseguir isso, você deve testar as incógnitas mais importantes o mais cedo e o mais barato possível.

Utilize a Tabela A-8 para listar as incógnitas que seu projeto enfrenta. Seja o mais específico possível. Considere os seguintes tipos genéricos de incógnitas:

1. Você entendeu corretamente o problema do cliente?
2. Sua solução resolverá o problema do cliente?
3. Quantas unidades os clientes comprarão pelo preço-alvo?

TABELA A-8

Planilha de incógnitas fundamentais

Incógnitas	Grau de incerteza (escala de 1 a 5)	Grau de consequência (escala de 1 a 5)	Total
#1			
#2			
#3			
#4			
#5			
#6			
#7			
#8			
#9			
#10			

4. Você estimou bem seus custos?
5. Você dispõe dos recursos para executar?
6. Você planejou as táticas certas para chegar ao mercado?
7. Quem são seus concorrentes atualmente? Quem entrará no mercado? Como a concorrência afetará a demanda por seus produtos?

Agora, utilizando uma escala de 1 a 5, classifique cada uma das incógnitas por seu grau de incerteza e pelo grau de consequência caso você esteja errado. As incógnitas com pontuação total mais alta são as mais críticas; são aquelas que, se possível, você deve testar antes.

APÊNDICE B

Uma agenda de pesquisa

*Há muito ainda para aprender
sobre inovação reversa*

A inovação reversa é um fenômeno recente sobre o qual se conhece relativamente pouco.[1] Portanto, escolhemos fundamentar a teoria seguindo nossa metodologia: uma abordagem qualitativa, clínica e longitudinal baseada em estudos de campo. Essa foi a escolha apropriada porque a teoria nessa área está apenas surgindo; ela avança mais revelando novos conceitos do que testando hipóteses. Além disso, a inovação reversa é um fenômeno dinâmico e complexo. Requer dados que abranjam vários anos, e não apenas os de um instantâneo fotográfico. Por esse motivo, baseamo-nos em vários princípios metodológicos para realizar nossa pesquisa.[2]

Embora nossa pesquisa seja exploratória, nós a construímos a partir do trabalho pioneiro e fundamental de vários estudiosos de estratégia e negócios internacionais. Especialmente importante é o trabalho de Ray Vernon.[3] Vernon desenvolveu a teoria do ciclo de produto de expansão internacional com base na experiência de multinacionais americanas. Ele viu os Estados Unidos como centro de inovações revolucionárias no período imediato do pós-guerra, porque o país teve liderança significativa em tecnologia e renda *per capita* sobre o resto do mundo. Vernon argumentou que as inovações foram propagadas pelas multinacionais americanas para a Europa Ocidental e o Japão, e finalmente para os países em desenvolvimento.

Vernon estendeu posteriormente a hipótese de ciclo do produto à medida que Europa e Japão iam reduzindo suas defasagens de renda e tecnologia para com os Estados Unidos, e mostrou como as inovações fluíam em múltiplas direções entre a tríade de mercados (os Estados Unidos, a Europa e o Japão).[4] Nossa intenção foi de estender novamente a teoria de ciclo do produto de Vernon, dessa vez postulando que as inovações podem fluir em uma nova direção: dos países pobres para os ricos.

Também nos baseamos no trabalho de vários acadêmicos que estudaram as multinacionais do mundo desenvolvido e que mostraram como essas empresas equilibram as necessidades conflitantes de escala global e de capacidade de resposta local pelo desenvolvimento de ofertas globais e depois as adaptando aos mercados locais.[5] Embora a inovação reversa possa parecer um caso especial desse problema conhecido, a capacidade de resposta local exigida em países pobres é consideravelmente maior. Ela requer uma abordagem completamente nova para a inovação, ao contrário do método mais simples de fazer adaptações nas ofertas existentes.

Dada a sua natureza "quase prática", nosso livro abre portas para novas pesquisas, incluindo esforços adicionais para desenvolver a teoria e esforços para testar as muitas hipóteses implícitas em nosso trabalho. Organizamos possíveis linhas de pesquisa em três vertentes: pesquisa sobre inovação, multinacionais do mundo desenvolvido e concorrentes dos mercados emergentes. Em 2011, Vijay Govindarajan e Ravi Ramamurti publicaram uma discussão abrangente sobre essas possibilidades de pesquisa.[6]

Inovação

A inovação reversa é uma categoria especial de inovação. Como tal, a pesquisa geral sobre inovação tem aplicação direta. Uma nova pesquisa poderia explorar conexões pelo menos nos seguintes três caminhos:

1. Como a teoria sobre inovação de ruptura poderia ser aplicada nos mercados emergentes?

O trabalho de Clay Christensen de 1997 sobre inovação de ruptura tem conexões curiosas com inovação reversa.[7] Há uma sobreposição entre inovação reversa e inovação de ruptura, embora não um relacionamento de um para um. Alguns exemplos, mas não todos, de inovação reversa também são exemplos de inovação de ruptura.

Uma inovação de ruptura tem uma dinâmica específica que põe em perigo os participantes do mercado. O produto dos atuais participantes do mercado apresenta duas dimensões principais de mérito, A e B (por exemplo, A pode ser a qualidade, e B, a velocidade de entrega). Os clientes convencionais estão majoritariamente interessados em A, mas existe um conjunto minoritário de clientes que valoriza mais B do que A. A inovação de ruptura é fraca em A em seu lançamento, porém é forte em B. Consequentemente, atrai apenas a minoria. Pelo fato de os clientes convencionais não quererem a inovação, os participantes atuais do mercado tendem a ignorá-la, enquanto os novos concorrentes exploram a oportunidade. Com o tempo, porém, a tecnologia se aperfeiçoa e a inovação fica cada vez melhor em A. No final, ela atende às necessidades dos clientes convencionais na dimensão A e, como eles também dão algum valor sobre B, começam a escolher a inovação. O participante tradicional se vê de repente em uma situação de ruptura; ele ignorou a nova tecnologia o tempo todo.

No famoso estudo de Christensen sobre a indústria da unidade de disco, a dimensão A era a capacidade da unidade, enquanto a dimensão B era o tamanho da unidade de disco. Christensen mostrou que novos concorrentes, repetidas vezes, provocaram a ruptura dos participantes tradicionais lançando unidades de disco menores, com menor capacidade. Inicialmente, os clientes convencionais não se interessaram. Eles precisavam de mais memória, e não de menos. Com o tempo, porém, a capacidade dos discos menores aumentou cada vez mais até os clientes convencionais passarem a se interessar.

No Capítulo 2, identificamos cinco defasagens que geram a possibilidade de inovação reversa: defasagem de desempenho, defasagem de infraestrutura, defasagem de sustentabilidade, defasagem de regulamentação e defasagem de preferências. Somente a defasagem de desempenho é um exemplo claro de inovação de ruptura. A dimensão A é o desempenho e a dimensão B é o preço. Uma nova tecnologia que oferece desempenho baixo a um preço extremamente baixo é imediatamente atraente em países pobres, mas não nos ricos. Com o tempo, porém, a tecnologia melhora, o desempenho melhora e, no final, a inovação se torna atraente para os clientes convencionais em países ricos. Pesquisas futuras poderiam analisar integralmente a aplicação da teoria de inovação de ruptura no caso específico de inovações reversas geradas pela defasagem de desempenho.

2. Como as inovações da base da pirâmide poderiam migrar dos países pobres para os ricos?

O trabalho de C.K. Prahalad sobre inovações na base da pirâmide tem sido ampliado por outros estudiosos.[8] Futuras pesquisas poderiam examinar que tipos de inovações na base da pirâmide têm maior probabilidade de migrar dos países pobres para os ricos e quais processos permitem essa migração.

As inovações reversas que temos descrito tendem a visar a classe média emergente nos países em desenvolvimento, ou ao meio da pirâmide. O Tata Nano (o carro de $2 mil), por exemplo, visa o meio da pirâmide, e não a base.

3. Quais processos e mecanismos permitem que as inovações do mundo pobre fluam para cima para os países do mundo rico?

Pankaj Ghemawat tem argumentado que há uma grande distância entre os países ricos e os pobres.[9] Na verdade, é essa grande distância que torna necessária a inovação completamente nova nos países pobres. Essa mesma distância não impediria a migração das inovações dos países pobres para os ricos?

Temos oferecido uma teoria sobre defasagens e tendências que poderia explicar por que as inovações conseguem desafiar a gravidade e fluir para cima. Nossos argumentos e hipóteses precisam ser testados rigorosamente a fim de se determinarem as contingências. Seriam elas específicas de setores de atividade? Seriam específicas de produtos? Além disso, é necessário realizar mais pesquisas sobre mecanismos organizacionais e estruturas de incentivos que possam facilitar o processo de fluxo para cima.

Multinacionais do mundo desenvolvido

Há uma rica história de pesquisas sobre multinacionais ocidentais. Essa literatura pode ser estendida de três maneiras.

4. O que as multinacionais ocidentais poderiam aprender com as gigantes emergentes?

A literatura anterior tem muito a dizer sobre o que as multinacionais ocidentais podem ensinar às empresas locais em países pobres. Algumas consequências advindas das multinacionais ocidentais são boas, como melhorias para a base de fornecedores locais, enquanto outras não são tão boas, como a asfixia do desenvolvimento de tecnologias locais.[10]

Temos argumentado que um dos desencadeadores de inovação reversa é o surgimento de gigantes emergentes como a Tata e o Lenovo. Uma fecunda pesquisa investigativa poderia concentrar-se nas *consequências reversas*, ou na movimentação do conhecimento dos países em desenvolvimento para o mundo rico. O que as multinacionais ocidentais poderiam aprender com os gigantes emergentes? Quais mecanismos de incentivos são necessários para facilitar esses processos de aprendizado?

5. Como as multinacionais deveriam estruturar e gerenciar as equipes locais de crescimento para executar uma iniciativa de inovação reversa?

Muitos pesquisadores têm desenvolvido teorias gerais sobre execução de inovação.[11] Essas teorias podem ser estendidas e refinadas para o contexto específico da execução de projetos de inovação reversa, mantendo simultaneamente a excelência na glocalização.

6. Como uma multinacional ocidental conseguiria superar a lógica dominante?

As multinacionais do mundo desenvolvido, especialmente as vencedoras, têm dificuldade nos mercados emergentes. Por quê? Porque o sucesso cria uma lógica dominante.[12] Conforme temos argumentado, os modelos de negócio que levam ao sucesso em países ricos nem sempre funcionam em países pobres. Os pesquisadores podem examinar como os CEOs de multinacionais ocidentais podem tornar-se mais eficazes na inovação reversa derrotando a lógica dominante construída sobre fórmulas de sucesso no mundo rico.

Empresas de mercados emergentes

Recentemente, os acadêmicos têm se interessado pela estrutura e a conduta das empresas do mundo em desenvolvimento.[13] Nosso livro está escrito sob o ponto de vista das multinacionais do mundo rico. As ideias, porém, também podem ser utilizadas por empresas locais em países pobres para praticar inovação reversa. Isso sugere várias linhas promissoras de pesquisa investigativa.

7. Quais empresas (multinacionais ocidentais ou gigantes emergentes) estão mais bem preparadas para abrir oportunidades nos países pobres?

No Capítulo 4, sob o título "Criando ligações com os recursos globais", listamos diversas vantagens sólidas mantidas por empresas locais. Futuras pesquisas podem desenvolver uma teoria sobre as vantagens comparativas entre as empresas locais e as multinacionais. Essas teorias precisam de validação empírica.

8. Quais empresas (multinacionais ocidentais ou gigantes emergentes) estão mais bem preparadas para migrar inovações de países pobres para países ricos?

As multinacionais ocidentais provavelmente estão em vantagem, dadas suas marca, presença e distribuição globais. Essa conjectura precisa ser rigorosamente avaliada e testada.

9. Como as experiências de globalização das empresas japonesas e coreanas poderiam orientar a globalização dos gigantes emergentes de países pobres?

Pesquisas anteriores examinaram como as empresas japonesas e coreanas entraram nas faixas inferiores do mercado nos Estados Unidos nos anos 1970 e 1980, e posteriormente se deslocaram para os segmentos intermediário e superior do mercado.[14] Essa literatura pode ajudar a desenvolver teorias sobre como as empresas da Índia, da China e de outros países pobres poderiam praticar inovação reversa. Ao fazer a comparação, porém, é preciso ter em mente várias diferenças importantes:

1. A disparidade econômica nos anos 1980 entre o Japão/Coreia e os Estados Unidos não era tão grande quanto a disparidade econômica atual entre países pobres e ricos.
2. Os maiores países pobres, China e Índia, são bem maiores do que o Japão e a Coreia.
3. As multinacionais ocidentais não puderam competir no Japão e na Coreia por causa das barreiras tarifárias e não tarifárias. Consequentemente, as empresas locais no Japão e na Coreia puderam construir santuários de lucros em seus mercados domésticos e utilizar esses lucros para subsidiar os esforços de globalização. A Índia e a China não gozam dessa vantagem. Elas enfrentam uma concorrência brutal das multinacionais em seus mercados internos.
4. O contexto dentro do qual os gigantes emergentes globalizam atualmente é muito diferente. O próprio mundo mudou drasticamente nas últimas quatro décadas. Por exemplo, ele é mais plano hoje do que era nos anos 1970, abrindo, assim, diferentes caminhos de globalização.[15]

Notas

Capítulo 1
1. Todas as citações de Mehmood Khan foram a partir de entrevistas pelo telefone com os autores, em maio e julho de 2010.
2. Para saber mais, veja Tarun Khanna, V. Kasturi Rangan, e Merlina Anocaran, "Narayana Hrudayalaya Heart Hospital: Cardiac Care for the Poor", HBS Case 505078-PDF-ENG (Boston: Harvard Business School Publishing, 2011); "The Henry Ford Model of Heart Surgery", *Wall Street Journal*, 25 de novembro de 2009.
3. Utilizaremos a expressão *país pobre* somente no sentido mais estrito que o Banco Mundial o utiliza: para descrever uma nação com baixo PIB *per capita*. Utilizaremos *povos pobres* da mesma maneira, somente no significado econômico mais estrito de *mundo pobre*.
4. Jeff Immelt, Vijay Govindarajan e Chris Trimble, "How GE Is Disrupting Itself", *Harvard Business Review*, outubro de 2009, 56-65.
5. Utilizamos o banco de dados do World Economic Outlook de 2010 do Fundo Monetário Internacional, publicado em outubro de 2010 e disponível no endereço www.imf.org.
6. Definimos *países ricos* como aqueles com pelo menos $23.500 de renda por pessoa ao ano em paridade de poder aquisitivo, cerca de metade da renda nos Estados Unidos.
7. Utilizamos os dados do PIB ajustados pela paridade de poder aquisitivo.
8. David C. Everitt, citado em Pete Engardio, "Emerging Giants: The New Multinationals; They're Smart and Hungry, and They Want Your Customers", *BusinessWeek*, 31 de julho de 2006.
9. Todas as citações de Anjou Choudhari foram a partir de entrevistas pelo telefone com os autores, em abril de 2010.

Capítulo 2
1. Juan Alcacer e outros, "Emerging Nokia?", Case 710-429 (Boston: Harvard Business School Publishing, 2011).
2. Quando uma tecnologia aperfeiçoada preenche defasagem de desempenho, uma inovação reversa também é uma inovação de ruptura. Veja Clayton M. Christensen, *O dilema da inovação* (São Paulo: M. Books, 2011).

Capítulo 3
1. Todas as ideias atualmente dominantes se encaixam no paradigma da glocalização, incluindo estas: rede de "integração-resposta", de Yves Doz e C.K. Prahalad, em Yves Doz e C.K. Prahalad, *The Multinational Mission: Balancing Local Demands and Global Vision* (Nova York: Free Press, 1987); conceito de empresa transnacional, de Christopher Bartlett e Sumantra Ghoshal, em Christopher A. Bartlett e Sumantra Ghoshal, *Gerenciando empresas no exterior: a solução transnacional* (São Paulo: Makron Books, 1992); e troca entre

"adaptação-agregação", de Pankaj Ghemawat, conforme descrito em Pankaj Ghemawat, *Redefinindo estratégia global* (Porto Alegre: Bookman Companhia Editora, 2007).

2. Para saber mais, veja Matthew J. Eyring, Mark W. Johnson e Hari Nair, "New Business Models in Emerging Markets", *Harvard Business Review*, janeiro-fevereiro de 2011.

3. Para uma perspectiva interessante, veja Michael Schrage, "The Real Cause of Nokia's Crisis", *HBR Blog Network*, 15 de fevereiro de 2011, http://blogs.hbr.org/schrage/2011/02/the-real-cause-of-nokias-crisi.html.

4. Para saber mais, veja Vijay Govindarajan e Atanu Ghosh, "Reverse Innovation Success in the Telecom Sector", *HBR Blog Network*, 12 de maio de 2010, http://blogs.hbr.org/cs/2010/05/reverse_innovation_success_in_the_tele.html.

5. Para saber mais, veja Vijay Govindarajan e S. Manikutty, "What Poor Countries Can Teach Rich Ones About Health Care", *HBR Blog Network*, 27 de abril de 2010, http://blogs.hbr.org/cs/2010/04/how_poor_countries_can_help_so.html.

6. Algumas das ideias desta seção são discutidas em Anil Gupta, Vijay Govindarajan e Haiyan Wang, *The Quest for Global Dominance* (San Francisco: Jossey-Bass, 2008).

7. Ernst & Young, "Winning in a Polycentric World", março de 2011, 15.

8. Ibid., 12.

9. Jeff Immelt, Vijay Govindarajan e Chris Trimble, "How GE Is Disrupting Itself", *Harvard Business Review*, outubro de 2009, 56-65.

Capítulo 5

1. Todas as citações de Rory Dooley foram a partir de entrevistas pelo telefone com os autores, em abril de 2010.

Capítulo 6

1. Todas as citações de Alvaro Restrepo foram a partir de entrevistas pelo telefone com os autores, em outubro de 2010.

2. Robert McDonald, citado em Jennifer Reingold, "Can P&G Make Money in Places Where People Earn $2 a Day?", *Fortune*, 6 de janeiro de 2011.

Capítulo 7

1. Dylan Tweney, "Apple Takes Aim at Cable with Tiny New Apple TV", *Wired*, 1º de setembro de 2010, www.wired.com/Gadgetlab/2010/09/apple-tv-introduction/.

2. Todas as citações de Steve Todd foram a partir de entrevistas pelo telefone com os autores, em abril de 2010.

Capítulo 8

1. Todas as citações de Jeff Benge foram a partir de entrevistas pelo telefone com os autores, em dezembro de 2010.

Capítulo 9

1. Todas as citações de Sachin Lawande foram a partir de entrevistas pelo telefone com os autores, em dezembro de 2009.

Capítulo 10

1. Todas as citações de V. Raja foram a partir de entrevistas pelo telefone com os autores, em dezembro de 2009.
2. Todas as citações de Oswin Varghese foram a partir de entrevistas pelo telefone com os autores, em dezembro de 2009.
3. Os hospitais determinaram as taxas de cada exame ECG. A GE não conseguiu dizer quanto os hospitais cobraram.

Capítulo 11

1. Todas as citações de Indra Nooyi foram a partir de um discurso na Yale School of Management em fevereiro de 2010.
2. Todas as citações de Mehmood Khan foram a partir de entrevistas pelo telefone com os autores, em maio e julho de 2010.
3. Todas as citações de Gautham Mukkavilli foram a partir de entrevistas pelo telefone com os autores, em maio de 2010.
4. Todas as citações de Deepika Warrier foram a partir de entrevistas pelo telefone com os autores, em maio de 2010.

Capítulo 12

1. As histórias de Miguel e Bernadette foram adaptadas de J.J. Furin e outros, "Expanding Global HIV Treatment: Case Studies from the Field", *Annals of the New York Academy of Sciences* 1136 (2008): 1-9.
2. Todas as citações de Heidi Behforouz foram a partir de entrevistas pelo telefone com os autores, em dezembro de 2010.
3. A versão deste capítulo sobre Farmer e a experiência do PIH no Haiti e no Peru tem uma dívida de gratidão para com o extraordinário livro de Tracy Kidder, *Muito além das montanhas* (São Paulo: Sextante, 2010).
4. Furin e outros, "Expanding Global HIV Treatment", 4.
5. David Bornstein, "Treating the Cause, Not the Illness", Opinionator Series, *The New York Times*, 28 de julho de 2011, http://opinionator.blogs.nytimes.com/2011/07/28/treating-the-cause-not-the-illness/.

Apêndice B

1. Jeffrey R. Immelt, Vijay Govindarajan e Chris Trimble, "How GE Is Disrupting Itself", *Harvard Business Review*, outubro de 2009, 56-65.
2. Kathleen M. Eisenhardt e Melissa E. Graebner, "Theory Building from Cases: Opportunities and Challenges", *Academy of Management Journal* 50, n. 1 (2007): 25-32; Barney G. Glaser e Anselm L. Strauss, *The Discovery of Grounded Theory: Strategies for Qualitative Research* (Nova York: Aldine de Gruyter, 1967); R. K. Yin, Case Study Research: Design and Methodology (Newbury Park, CA: Sage, 1994).
3. Raymond Vernon, "International Investment and International Trade in the Product Life Cycle", *Quarterly Journal of Economics* 80 (maio de 1966): 190-207.
4. Raymond Vernon, "The Product Cycle Hypothesis in a New International Environment", *Oxford Bulletin of Economics and Statistics* 41, no. 4 (1979): 255-267.
5. Christopher A. Bartlett e Sumantra Ghoshal, *Gerenciando empresas no exterior: a solução transnacional* (São Paulo: Makron Books, 1992); Pankaj Ghemawat, *Redefinindo estratégia global* (Porto Alegre: Bookman Companhia Editora, 2007); C.K. Prahalad e Yves L. Doz, *The Multinational Mission: Balancing Local Demands and Global Vision* (Nova

York: Free Press, 1987); Michael E. Porter, "Changing Patterns of International Competition", *California Management Review* 28 (1986): 9-40.

6. Vijay Govindarajan e Ravi Ramamurti, "Reverse Innovation, Emerging Markets, and Global Strategy", *Global Strategy Journal* 1, n. 2 (2011).

7. Clayton M. Christensen, *O dilema da inovação* (São Paulo: M.Books, 2011).

8. C.K. Prahalad, *A riqueza na base da pirâmide* (Porto Alegre: Bookman Companhia Editora, 2009); T. London e S.L. Hart, *Next Generation Business Strategies for the Base of the Pyramid: New Approaches for Building Mutual Value* (Upper Saddle River, NJ: Free Press, 2010).

9. Pankaj Ghemawat, "Distance Still Matters", *Harvard Business Review*, setembro-outubro, 2001, 137-147.

10. K. Meyer e E. Sinani, "When and Where Does Foreign Direct Investment Generate Positive Spillovers? A Meta-Analysis", *Journal of International Business Studies* 40 (setembro de 2009): 1075-1094.

11. Paul Lawrence e Jay Lorsch, *Organization and Environment: Managing Differentiation and Integration* (Boston: Harvard Business School Press, 1967); Vijay Govindarajan e Chris Trimble, *Os 10 mandamentos da inovação estratégica: do conceito à implementação* (Rio de Janeiro: Campus/Elsevier, 2006); Vijay Govindarajan e Chris Trimble, *O outro lado da inovação: a execução como fator crítico de sucesso* (Rio de Janeiro: Campus/Elsevier, 2010); Charles O'Reilly e Michael Tushman, "The Ambidextrous Organization", *Harvard Business Review*, abril de 2004, 74-81.

12. Richard Bettis e C.K. Prahalad, "The Dominant Logic: Retrospective and Extension", *Strategic Management Journal* 16 (1995): 5-14.

13. Ravi Ramamurti e Jitendra V. Singh, *Emerging Multinationals in Emerging Markets* (Nova York: Cambridge University Press, 2009); T. Khanna e K.G. Palepu, *Vencendo em mercados emergentes: um roteiro para estratégia e execução* (Rio de Janeiro: Campus/Elsevier, 2010).

14. Y. Tsurumi, *The Japanese Are Coming* (Cambridge, MA: Ballinger, 1976); A. Amsden, *Asia's Next Giant: South Korea and Late Industrialization* (Nova York: Oxford University Press, 1992); Ramamurti e Singh, *Emerging Multinationals in Emerging Markets*.

15. Thomas L. Friedman, *O mundo é plano: uma breve história do século XXI* (Rio de Janeiro: Objetiva, 2009).

Índice

Os números de página com *t* e *f* indicam tabelas e figuras.

3Com, 130
7-Eleven, lojas, 175
abordagens completamente novas
    avaliação de necessidades e, 70, 72, 84–85, 89, 126, 151, 196, 205–207, 206t, 206t
    equipes locais de crescimento (ELCs) e, 54, 55, 56, 61, 70, 72, 119–120, 196
    inovação reversa e, 18–19, 19t, 214
    mentalidade sobre mercados emergentes e, 38, 42, 48
    projeto de produto e, 93, 117–119
    projeto organizacional e, 53, 55, 70, 72, 96, 97, 126, 136, 145, 158, 194, 208, 209t
    soluções e, 70, 72, 97, 126, 134, 153–154, 194, 196, 207–208, 208t, 209t
Accenture, 43, 172
adoção nos Estados Unidos do modelo do, 186–190
África do Sul, 66
agenda de pesquisas, 211–216
Agentes Comunitários de Saúde (ACSs), 185–186, 188–189, 190–191
Alcatel, 43
Aliva, marca de biscoitos, 168, 170, 172–175, 176–179
alta administração. *Ver* executivos graduados
Always, marca de produto de higiene feminina, 87–95, 97
Ambani, Mukesh, 46
aparelhos de ultrassom, 16, 22–25, 25t, 27, 41–42, 55, 59, 61, 63–65, 68
aparelhos portáteis de ultrassom, 16, 23–24, 25t, 27, 41–42, 57–67, 68
Apple Inc., 37, 40, 41
Aravind Eye, Hospital, Índia, 41, 137, 193
Argentina, 5
assistência médica/saúde
    aparelho portátil de ultrassom na China e, 16, 23–24, 27, 41–42, 57–67, 68
    equipamento braço em C cirúrgico (*C-arm*) na Índia e, 50–53
    falta de infraestrutura na Índia para, 16
    máquinas ECG na Índia e, 147–148, 151, 153–163, 157f, 160t–161t, 165
    Partners In Health (PIH) e, 181–194
    preço de cirurgias oftalmológicas e, 41, 137
    remédio contra a tosse e, 29
Asus, 26
Audi, 20, 129
avaliação de necessidades
    abordagem completamente nova para, 70, 72, 84–85, 89, 126, 151, 196, 205–207
    análise de defasagens para, 205–207, 206t
    avaliação de mercado em, 206t, 207
    Deere & Company e, 115–117, 126
    GE Healthcare e, 151–153
    oportunidades de crescimento e, 207, 207t
    P&G e, 90–91
avaliações anuais de desempenho, 61
avaliações de desempenho, para equipes locais de crescimento (ELCs), 61
Ayurveda, medicina, 4

Baalu, Arvin, 134–135
Bangladesh, 3–4
Bank of America, 45–46
Behforouz, Heidi Louise, 182–183, 185, 186–189, 190, 191–192, 194, 197-198
Bell Laboratories, 130
Benge, Jeff, 114–115, 122, 123
Best Buy, 45
Bharti Airtel Limited, 39–40
biogás, infraestrutura de energia, 27
BMW, 129
Bombardier, 43
Bornstein, David, 192
Bosch India, 132
Boston Globe, 186
BPL Healthcare, 150, 153
Brasil, 5, 43, 66, 99, 127
Buffett, Warren, 17
BYD, 17

Cadbury, 45
cadeia de suprimento, 5–6, 57, 94, 95, 100, 118, 158
cadeia de valor, 38, 39, 57, 208, 208t
campanhas de publicidade, 46, 131, 159
Canon, 40, 41
carros elétricos, 17, 19t, 28
Cartilha de Inovação Reversa, 195
    Deere & Company e, 126
    EMC e, 108
    GE Healthcare e, 165
    Harman e, 133, 144–145
    Logitech e, 84–85
    Partners In Health e, 194
    PepsiCo e, 180
    Procter & Gamble e, 97
    resumo da, 71–72
Cemex, 43, 45
Centros de Excelência (COEs), EMC, 103–105
CEOs. *Ver também* executivos graduados
    apoio para inovação reversa dos, 197
    estabelecimento do tom sobre importância dos mercados emergentes pelos, 47, 48
Chambers, John, 44
Chen, Jidong, 99, 101, 103, 105

China
    aparelho portátil de ultrassom na, 16, 23–24, 27, 41–42, 57–67, 68
    carros elétricos e, 17, 28
    competição por talentos entre multinacionais e empresas locais na, 56
    EMC busca tecnologia na, 100–105, 107
    ganhadores do Prêmio Nobel da, 4
    GE Healthcare na, 23–24, 27, 41–42, 57–67, 68, 164
    infraestrutura de energia na, 28, 39
    Logitech em periféricos de computador na, 75–85
    máquinas portáteis de ECG na, 164
    população e crescimento econômico na, 9
    problemas de poluição do ar na, 17
    problemas de privacidade na, 101
    vínculos sociais entre executivos nos países ricos e, 46–47
ChotuKool, marca de refrigerador, 37
Choudhari, Anjou, 11
Christensen, Clay, 212–213
Cisco, 43, 44
clientes em países em desenvolvimento
    abandonar a tradição e a lógica obtidas nos países rIicos antes de trabalhar com, 14
    atenção da Mahindra USA aos, e vendas de tratores, 11
    avaliação de necessidades e, 206t, 207
    Deere & Company no Mercado de tratores na Índia e, 114–117, 122, 126
    defasagem de preferências e, 14, 19, 19t, 29, 30t
    designação no exterior para entendimento dos, 46, 72
    EMC no negócio de armazenamento de dados em computador na China e, 104
    equipes locais de crescimento (ELC) e, 58, 63–64
    estratégia de inovação reversa e, 202, 204

GE no negócio de ultrassom na China
e, 57, 63–64
glocalização e, 37
importância da compreensão das
necessidades dos, 9, 38–39
Logitech e concorrência no mercado de
mouse e, 78–80, 83
nova plataforma da Harman e,
140
P&G no México e, 89–90, 97
Partners In Health (PIH) e, 185
PepsiCo, alimentos para petiscos e,
168–170
personalização dos produtos existentes
para, 34–38
Coca-Cola Company, 45
Colgate-Palmolive, 172
combustível fóssil, infraestrutura de
energia, 27
conceito do último quilômetro, 188
concorrência, 210
Deere & Company e, 10, 11, 43, 113,
118, 124
fabricantes de trator e, 10–11
GE Healthcare na Índia e, 148, 150,
153
gigantes emergentes em países em
desenvolvimento e, 7, 42–43
Logitech em periféricos de computador
e, 75, 76–77, 80f, 81, 84
P&G no México e, 91, 96
conferências em países em
desenvolvimento, 47, 72,
106–107
conjuntos de habilidades, 56, 149, 204,
208, 209t
conselho de administração, e experiência
em mercados emergentes, 45-46, 72,
204
Coreia do Sul, 59, 61, 216
corporações globais. *Ver* empresas
multinacionais
crescimento da população em países em
desenvolvimento, 9
crescimento econômico em países em
desenvolvimento, 8-9, 13, 34
crise financeira (2008), 8
crises da dívida (2011), 8

custos, 210
exames de ECG da GE Healthcare e,
151–152, 156
inovação no modelo de negócios e, 40
liderança na tecnologia e, 41–42
Narayana Hrudayalaya, hospital na
Índia e, 7
nova plataforma da Harman e, 132,
134, 136–137, 142
Partners In Health (PIH) e, 186,
189–190

Daimler, 28
Deere & Company, 111–127
concorrentes e, 113, 118, 124
equipe totalmente nova e, 119–120
esforço de marketing pela, 124–126
lições da Cartilha de Inovação Reversa
para, 126
Mahindra USA e, 10, 11, 43
mercado de tratores na Índia e, 11,
112–127
mudanças na agricultura e, 111–112
necessidades dos clientes e, 114–117,
122, 126
preço e, 115–116, 120, 124
projeto de produto e, 117–119
defasagem de desempenho, 14–15, 19t,
26–27, 30t, 38, 39
defasagem de necessidades, 14–19, 19t,
26–30, 30t, 39, 42, 196
defasagem de desempenho e, 14–15,
26–27, 38
defasagem de infraestrutura e, 15–17,
27–28
defasagem de preferências e, 19, 29
defasagem de regulamentação e,
17–18, 29
defasagem de sustentabilidade e, 17,
28–29
equipes locais de crescimento (ELCs)
e, 66–67
defasagem de preferências
descrição da, 14, 19, 19t, 29, 30t, 39
PepsiCo, alimentos para petiscos e,
171
defasagem de preferências e, 19, 19t, 29,
30t

defasagem de regulamentação e, 17–18, 19*t*, 29, 30*t*
  agenda de pesquisas para, 211–216
  conceito de pequeno supermercado da Wal-Mart e, 5–7
  defasagem de sustentabilidade e, 17, 19*t*, 28–29, 30*t*
  estratégia em, 71, 201–202
  kit de ferramentas para, 201–210
  transição de glocalização para, 38–42
defasagem de regulamentação, 17–18, 19*t*, 29, 30*t*, 39
defasagem de sustentabilidade, 17, 19*t*, 28–29, 30*t*, 39
defasagens, análise, 205–207, 206t
desempenho "suficientemente bom", 26
designações no exterior, 46, 72, 120, 180
Diagnostics For All, 18, 19*t*, 29
diretores de globalização (CGOs), 44
Dooley, Rory, 76, 77, 78, 80, 81, 82, 83, 84
Dunn, Brian, 45

ECG, máquinas, 147-148, 151, 153-163, 157f, 160t-161t, 165
Eee PC, 26
Egan, Richard, 100
Egloff, Olivier, 81
ELCs. *Ver* equipes locais de crescimento
Elfrink, Wim, 44
Embraer, 43
EMC Corporation, 99–109
  ambiente para a inovação reversa na, 103–107
  atividades de P&D da, 103, 105
  Centros de Excelência (COEs) na, 103–104, 105
  circulação de insight e ideias na, 106
  construindo capacidade para a inovação reversa na, 107–108
  contatos com a universidade pela, 104–105
  inovadores locais em mercados emergentes e, 103–104
  lições da Cartilha de Inovação Reversa para, 108
  LifeLine, marca de unidade de armazenagem de dados para consumidores da, 104, 107
  mercados emergentes e, 103–104, 108
  negócio de armazenagem de dados de computador da, 100
  recursos para, 106, 108
  redes locais e, 104–105
  reuniões e programas mantidos em países em desenvolvimento pela, 47
  tecnologia de busca iMecho na China e, 101–104
empresas multinacionais
  agenda de pesquisas para, 214–215
  competição por talentos entre empresas locais e, 56
  custo por ignorar a inovação reversa, 42–43
  gigantes emergentes na próxima geração de, 7, 42–43
  glocalização e estrutura das, 50
  inovação em países em desenvolvimento e, 7
  mentalidade de lógica dominante utilizada pelas, 31–32
  mercados emergentes e, 31
  necessidades dos clientes em países em desenvolvimento e, 9
  pressupostos incorporados, armadilhas e medos no pensamento antiquado das, 32–33
  relevância dos mercados emergentes e, 32
  setor de energia e, 28
energia eólica, 27, 28
energia solar, 27, 28
energia, infraestrutura, 27–28, 39
engenharia frugal, 21
equipamento braço em C cirúrgico (*C-arm*), 50–53
equipamento médico
  aparelho portátil de ultrassom e, 16, 23–24, 27, 41–42, 57–67, 68
  equipamento braço em C cirúrgico (*C-arm*) e, 50–53
  máquinas de ECG e, 147–148, 151, 153–163, 157f, 160t–161t, 165

equipes de desenvolvimento de produto, 24, 56–57
equipes locais de crescimento (ELCs)
  abordagem "experimentação e aprendizado" utilizado pelas, 54, 62, 63–64, 65
  abordagem completamente nova para as, 54, 55, 56, 61, 70, 72, 119–120, 196
  avaliações de desempenho para, 61
  Cartilha de Inovação Reversa sobre, 72
  como complemento para a organização, 55
  construindo a partir do zero, 55–58
  Deere & Company e, 119–120
  defasagem de necessidades e, 66–67
  definição de, 53
  equipes de desenvolvimento do produto como parte das, 56–57
  executivos e supervisão das, 60–62
  frequência de revisão do plano para, 64–65
  gerindo, 60–62, 62t, 70, 72
  glocalização e, 54–55, 62t
  inovação reversa e, 54
  Kit de Ferramentas de Inovação Reversa, 204
  Logitech em periféricos de computador e, 81–82
  máquinas portáteis de ECG da GE na Índia e, 153–158, 162, 163
  negócio de ultrassom da GE na China e, 57–58, 59, 61, 63–65
  nova plataforma da Harman e, 134–136, 145
  oportunidades globais e, 65–67
  orçamentos para, 61
  organizações globais com legados em comparação com, 69t
  P&G no mercado Mexicano e, 91–93, 96
  Partners In Health (PIH) e, 194
  PepsiCo e, 172–173, 175, 176, 178, 180
  princípios essenciais das, 53–54
  quantidade de, 66
  reações iniciais aos projetos das, 54
  recursos da organização e, 54, 58–62, 70, 72
  relacionamentos entre o restante da empresa e, 54, 59–61, 62t
  resolução de incógnitas fundamentais pelas, 63–64, 72
  responsabilidade dos líderes das, 65
  selecionando membros da equipe para, 56
  tabelas de indicadores personalizados para, 64
  vantagens de rivais locais em relação às, 58–59
Ericsson, 40, 43
estabelecimento de preços
  Deere & Company no mercado de tratores na Índia e, 115–116, 120, 124
  inovação reversa e baixo nível de preços em, 39
  lançamento de remédios para tosse e, 29
  Logitech em periféricos de computador e, 76, 78, 82
  lucratividade e, 40–41
  marcas e concorrência da Procter & Gamble e, 41
  nova plataforma da Harman's e, 132
estratégia
  Cartilha de Inovação Reversa sobre, 71
  glocalização e, 5
estudos de caso
  Deere & Company, 111–127
  EMC Corporation, 100–108
  GE Healthcare, 147–165
  Harman, 129–145
  Logitech, 75–85
  Partners In Health, 181–194
  PepsiCo, 167–180
  Procter & Gamble, 87–98
eventos e reuniões em países em desenvolvimento, 47, 72, 197, 204
Everitt, David C., 11
executivos graduados
  designações no exterior para, 46, 72, 120
  diretores de globalização (CGOs) e, 44

escritórios em mercados emergentes para, 44, 144–145
eventos e reuniões em países em desenvolvimento para, 47, 72, 197, 204
experiência nos mercados emergentes e, 45–46
experiências de imersão para, 46, 72
Kit de Ferramentas de Inovação Reversa para, 204
supervisão dos mercados emergentes pelos, 44, 45, 50, 204
vínculos sociais entre, 46–47
executivos. *Ver* executivos graduados
experimentos em mercados emergentes, 45, 54, 62, 72, 145, 165, 187, 209–210

fabricantes de tratores, 10–11, 43, 111–127
Facebook, 101
Farmer, Paul, 183–186, 187, 192
fast-food, setor econômico, 29
filosofia de fonte aberta, 138
Flannery, John, 44
Flickr, 101
Food and Drug Administration, 18
Ford Motor Company, 20
Ford, Henry, 130
Francis Kanoi Group, 115, 119
Frito-Lay, marca, 168, 170, 171, 172, 178, 179
Fundo Monetário Internacional (FMI), 9

gás natural, infraestrutura de energia, 27
Gatorade, marca, 3–4
GE (General Electric)
estabelecendo o tom da importância dos mercados emergentes na, 48
estratégia de glocalização da, 35
gigantes emergentes em países em desenvolvimento e, 7
inovação reversa como prioridade estratégica na, 47
marcas e diversos níveis de preços utilizados pela, 41
operações na Índia da, 44
Reunião de Liderança Global da, 47

usina de dessalinização construída pela, 28–29
GE Healthcare, 147–165
abordagem para ir ao mercado da, 156–158
aparelho portátil de ultrassom na China desenvolvido pela, 16, 23–24, 27, 41–42, 57–67, 68
avaliação de necessidades pela, 151–153
concorrentes da, 148, 150, 153
defendendo um novo projeto de desenvolvimento na, 51, 150–151
difusão bem-sucedida do MAC 400 para a Europa e, 158–159, 165
equipes locais de crescimento (ELCs) na, 57–58, 59, 61, 63–65, 153–158, 162, 163
estratégia de glocalização da, 23–24, 50–53, 149, 151
falta de infraestrutura de assistência médica na Índia e, 16, 152–153
laboratórios de P&D e, 59, 149
lições da Cartilha de Inovação Reversa para, 164-165
liderança em tecnologia e liderança em custo na, 41–42
Lullaby, linha de aquecedores para bebês e, 159
MAC 400, projeto para máquinas ECG portáteis na Índia e, 151, 153–159, 157f
MAC 600, melhorias e, 162–165
MAC 800, projeto na China e, 163
MAC Índia, projeto para segmentos inferiores e, 159–162
máquinas hospitalares de ECG fabricadas na Índia pela, 147–148
mercado de assistência médica indiano e, 50, 151
mercados emergentes e, 148–149
no país, para produtos no país na, 149
resumo dos projetos MAC da, 160t–161t
GE Healthcare, Conselho Global do Produto Ultrassom, 65
General Electric. *Ver* GE
General Motors (GM), 28, 114

George, Eapen, 178–179
gestores
   escritórios em mercados emergentes para, 44, 144–145, 180
   experiências de imersão para, 46, 72
Ghemawat, Pankaj, 214
gigantes emergentes, 7, 42–43, 58, 59, 71, 84, 165, 198, 202, 204, 214–216
glocalização
   definição da, 5
   equipes locais de crescimento (ELCs) e, 54–55, 62*t*
   estratégias de inovação reversa comparadas com, 35, 36*t*
   estratégias de inovação reversa executadas simultaneamente com, 37–38, 54, 69
   GE Healthcare, exemplo de, 23–24, 50–53, 149, 151
   Harman e, 132
   Logitech em periféricos de computador e, 75, 80, 83
   mentalidade de lógica dominante na, 32, 34–35, 49–50
   PepsiCo e, 168
   transição para a inovação reversa partindo da, 38–42
GM, 28, 114
Godrej & Boyce, 37
Goldwind, 8
Google, 37
governo, e defasagem de regulamentação, 17–18, 19*t*, 29, 30*t*
Govindarajan, Vijay, 198–199, 212
Grameen Bank, 21
Grande Recessão, 141
grandes supermercados, 5–7
Gruttadauria, Brian, 103–104
Guo, Hang, 99, 101, 103, 105

habitação, como oportunidade para inovação reversa, 198–199
Haier, 7
Haiti, 182, 183–186, 187, 194
Halmann, Nahi, 59
Harman International Industries, 46, 129–145

equipes locais de crescimento (ELC) na, 134–136, 145
lições da Cartilha de Inovação Reversa para, 144–145
marketing pela, 140–141
reformulação de produto na, 136–139
resistência ao projeto de nova plataforma na, 133–134, 141
Harman Kardon, 131
Harman, Sidney, 131
Harvard Business Review, 198, 200
Health Leads, 192
Holcium, 43
Honda, 41
Huawei, 43
Hulu, 84

IBM, 40, 43, 46
iMecho, tecnologia de busca, 101–104
Imersão, experiências para executivos, 46, 72
Immelt, Jeffrey, 7, 47, 159
incógnitas em projetos, 63–64, 72, 209–210, 210*t*
incógnitas fundamentais em projetos, 63–64, 72, 209–210, 210*t*
Índia
   alimentos à base de lentilhas na, 18, 19*t*, 168, 170–172, 178
   atividades de P&D, 44–45
   carro Nano da Tata na, 21, 142, 214
   celulares Nokia na, 15
   cirurgia oftalmológica na, 40–41, 137
   competição por talentos entre multinacionais e empresas locais na, 56
   Deere & Company no mercado de tratores na, 11, 112–127
   desenvolvimento econômico da, 14, 34
   executivos graduados da GE na, 44
   falta de infraestrutura de saúde na, 16, 152–153
   ganhadores do Prêmio Nobel da, 4
   GE Healthcare na, 50–53, 66, 147–165
   infraestrutura de energia na, 27
   máquinas hospitalares de ECG fabricadas na, 147–148

máquinas portáteis de ECG na, 151, 153–165, 157f, 160t–161t
PepsiCo, alimentos para petiscos na, 18, 168–180
população e crescimento econômico na, 9
renda anual *per capita* na, 13
setor de ensino pela internet na, 39
setor de refrigeradores na, 37
setor de serviços de TI na, 42, 43
Indonésia, 66
indústria automotiva, 17, 19*t*, 20–21, 28, 142, 214
Infosys, 43
infraestrutura, defasagem, 15–17, 19*t*, 27–28, 30*t*, 39
inovação
   agenda de pesquisas para, 212–214
   completamente nova, 18–19, 19*t*, 214
   discurso de Obama sobre, 7
   glocalização e, 5
   mercados emergentes como centros de incubação para, 45
   Narayana Hrudayalaya, hospital e assistência médica e, 6
   países em desenvolvimento e, 4, 7, 37
   reversa. *Ver* inovação reversa
inovação de produto, 39–40, 203
inovação reversa
   abandonar a tradição e a lógica obtidas nos países ricos antes de começar, 14
   abordagem *market-back* da, 38
   análise de necessidades e, 72, 196
   chamado à ação para, 195–197
   como inovação completamente nova, 18–19, 19*t*
   custos de ignorar, 42–43
   Deere & Company e, 111–127
   defasagem de desempenho e, 14–15, 19*t*, 26–27, 30*t*
   defasagem de infraestrutura e, 15–17, 19*t*, 27–28, 30*t*
   defasagem de necessidades e, 14–19, 19*t*, 26–30, 30*t*, 196
   definição de, 4
   EMC Corporation e, 100–109
   erro de exportar produtos e serviços já desenvolvidos em vez de, 13–14
   estudos de casos sobre, 73–194
   GE Healthcare e, 147–165
   gerenciando iniciativas de, 60–62, 62*t*, 70, 72
   glocalização em comparação com, 35, 36*t*
   glocalização executada simultaneamente com, 37–38, 54, 69
   Harman e, 129–145
   importância de implantar, 71, 196
   inovação no modelo de negócios e, 39–40
   invenção do Gatorade como exemplo de, 3–4
   Logitech e, 75–85
   medo de canibalização e, 67–68
   mentalidade de personalização dos produtos existentes e, 34–38
   mentalidade para, 43–47, 72, 202–204
   mercados convencionais e, 22–25
   mercados marginalizados e, 21–22
   moradias acessíveis e, 198–199
   mudar antigas normas organizacionais em, 68–70, 69*t*
   Narayana Hrudayalaya, hospital e assistência médica na Índia e, 6
   necessidades dos clientes e, 9, 38–39
   paixão como fator motivador para, 197–198
   Partners In Health e, 181–194
   PepsiCo e, 167–180
   pressupostos incorporados, armadilhas e medos no pensamento antiquado como barreira para, 32–33
International Harvester, 10
Irlanda, 99, 107
Ishrak, Omar, 24, 57, 59, 64–65
Israel, 24, 59, 61, 99, 107

Japão, 31, 59, 61, 169, 211–212, 216
Jin, David, 132
John Deere, marca de tratores. *Ver* Deere & Company
John F. Welch, Centro de Tecnologia, Índia, 149
Joshi, Hemant, 115

Kaiser Permanente, 193
Kaliski, Burt, 105, 106
Kardon, Bernard, 131
Khan, Mehmood, 4, 167, 169–170, 171–172, 173, 176–178, 179, 197
Kidder, Tracy, 183, 184
Kim, Jim, 186, 187
Kimberly-Clark, 91
Kit de Ferramentas da Inovação Reversa, 201–210
Krish, projeto de trator, Índia, 115, 118–120, 121–122, 124–126
Kurkure, marca de salgadinho, 170–172, 175, 176

Lafarge, 43
Lafley, A. G., 88
Lakshminarayan, M., 132
Laptop, computadores, 26
Larsen & Toubro, 114
Lawande, Sachin, 129, 130, 133, 135–136, 137, 138, 139, 140–141, 142, 144–145, 200
leis de privacidade, 101
Lenovo, 7, 214
Lewis, Mark, 106
liderança em tecnologia e custos, 41–42
LifeLine, marca de unidade de armazenagem de dados para consumidores, 104, 107
LinkedIn, 101
Logitech, 75–85, 87
   clientes chineses e, 78–80
   concorrência e, 76–77, 80f, 81, 84
   equipes locais de crescimento (ELCs) e, 81–82
   lições da Cartilha de Inovação Reversa para, 84–85
   linha de produtos da, 78
lucratividade, 40–41
Lullaby, marca de aquecedores para bebês, 159

Mahindra & Mahindra (M&M), 7, 10–11, 43, 59, 113, 114, 124
Mahindra USA (MUSA), 10–11
Maity, Robesh, 117, 119–120, 121–122
Makhija, Munesh, 158, 164

marcas
   competição de preço e, 41
   Deere and Company na Índia e, 117, 119, 123
   equipes locais de crescimento (ELCs) e, 59
margens e lucratividade, 40–41
Marino, Roger, 100
marketing
   Deere & Company na Índia e, 124–126
   GE Healthcare na Índia e, 156–158
   Glocalização e estrutura de, 50
   nova plataforma da Harman e, 140–141
Maruti, 131
Mayo, Clínica, 193
McDonald, Robert, 88
McGraw-Hill, 39
mConnect, serviço de ensino, 39
Medtronic, 24
mercados
   avaliação de necessidades e, 206t, 207
   clientes visados nos, 38–39
   convencional, 22–25, 25t
   glocalização e expansão dos, 35
   Logitech em periféricos de computador e, 79, 80f, 84
   marginalizado, 21–22, 25t, 68
   PepsiCo, alimentos para petiscos e, 170–171
mercados convencionais, 22–25, 25t
mercados emergentes em países em desenvolvimento
   agenda de pesquisas sobre, 215–216
   alterando o centro de gravidade para, 44–45, 204
   análise de defasagens dos, 205–207, 206t
   atividades de P&D, 44–45, 103, 204
   CEOs e estabelecimento da tom da importância dos, 48, 49
   clientes nos. Ver clientes em países em desenvolvimento
   como centros de incubação para crescimento global e inovação, 45

competição por talentos entre multinacionais e empresas locais em, 56
conferências sobre inovação nos, 106–107
designações no exterior em, 46, 72, 120, 180
diferenças entre países ricos e, 9
ELCs em. *Ver* equipes locais de crescimento
EMC em, 103–104, 108
empresas multinacionais e, 31
escritórios para gestores nos, 44, 144–145, 180
experiências de imersão para executivos nos, 46, 72
experimentos de baixo custo conduzidos por, 45
exportando produtos e serviços já desenvolvidos de países ricos para, 13–14
fortalecer conhecimento e experiência nos, 45–47
funções de executivos graduados com supervisão sobre, 44, 45, 204
GE Healthcare e, 148–149, 151
gigantes emergentes em, 7, 42–43
glocalização e, 5
inovação em produtos para, 4, 7, 37
mentalidade de lógica dominante em relação aos, 31–32
necessidades dos clientes em, 9
origens locais para produtos em, 170
P&G em, 88–89, 95
PepsiCo em, 45, 46, 168, 180
pressuposto de gradualmente alcançar o mundo rico nos, 4–5, 13–14, 33–34, 114
relevância dos, 32
reuniões, eventos e conferências mantidos em, 47, 72, 106–107, 204, 180, 197
taxa de crescimento de economias dos, 8, 13, 34
vínculos sociais entre executivos nos, 46–47
mercados marginalizados, 21–23, 25*t*, 68

Mercedes-Benz, 129
México, 5, 29, 43, 46, 66, 88, 90, 91–95, 97, 174
microcrédito, 21–22, 25*t*
Microsoft, 40, 41, 46–47, 76–77, 84
Mindray, 7, 64
MIT Media Lab, 26
MLK, 76
modelos de negócios, 39–40, 68, 207–208, 208t
moradias acessíveis, 198-199
mouse sem fio, 75–85, 80f
Muito Além das Montanhas (Kidder), 183
Mukkavilli, Gautham, 171, 175

Nano, marca de carro, 21, 142, 214
Narayana Hrudayalaya, hospital, Índia, 6, 27, 193
Naturella, marca de produto de higiene feminina, 91–97, 125
Nestlé, 45
Netbook, computadores, 26
Nick, Jeff, 106
Nigéria, 66
Nokia, 15, 16, 19*t*, 37, 40
Nooyi, Indra K., 46, 167, 175, 176, 178, 180
Nordic Semiconductor, 82

Obama, Barack, 7
One Laptop Per Child (OLPC), iniciativa, 26
oportunidades de crescimento, na avaliação de necessidades, 207, 207t
orçamentos, 61, 89
organização
  abordagem completamente nova para, 53, 55, 70, 72, 96, 97, 126, 136, 145, 158, 194, 208, 209t
  Cartilha de Inovação Reversa sobre, 71–72
organização de projeto, Cartilha de Inovação Reversa sobre, 72
Organização Mundial da Saúde, 186

PACT, programa, Boston, 183, 187, 188, 189–192, 193, 194, 198

países em desenvolvimento. *Ver* mercados emergentes em países em desenvolvimentos
Paliwal, Dinesh C., 46, 132, 133, 141, 144
Partners In Health (PIH), 181–194
  acesso igual a cuidados médicos de qualidade, 184
  agentes comunitários de saúde (ACSs) e, 185–186, 188–189, 190–191
  conceito do último quilômetro no, 188
  custo de assistência médica e, 186, 189–190
  estendendo o impacto do, 191–192
  lições da Cartilha de Inovação Reversa para, 194
  no Haiti, 183–186
  PACT, programa em Boston e, 183, 187, 188, 189–192, 193, 194, 198
  promoção da saúde e, 188
  reforma da saúde e, 192–193
Patel, Kal, 45
PC, setor econômico, 26
PepsiCo, 4, 167–180
  abordagem de glocalização da, 168
  autonomia em nível local na, 176–178
  consumidores e, 169–170
  desenvolvimento de produtos na, 173–174
  equipe local de crescimento (ELC) e, 172–173, 175, 176, 178, 180
  inovação reversa na, 175–176
  Kurkure, marca de salgadinhos e, 170–172, 175, 176
  lições da Cartilha de Inovação Reversa para, 180
  marcas e vários níveis de preços utilizados pela, 41
  mercados emergentes e, 44, 46, 168, 180
  produtos para petiscos na Índia e, 18, 168–180
  recursos da, 176
  sistemas e processos para apoio, 179–180
  transferindo inovação local na, 178–179
periféricos de computador, 75–85

personalização da mentalidade dos produtos existentes, 34–38
Peru, 182, 186, 187, 194
pesquisa e desenvolvimento (P&D) atividades
  EMC e, 103, 105
  GE Healthcare e, 59, 149
  glocalização e estrutura da, 50
  mercados emergentes como localização de, 44–45, 103, 204
Philips, 8, 58, 132, 148
Prahalad, C. K., 213
Prêmios Nobel, 4, 21
Procter & Gamble (P&G), 87–98
  abordagem completamente nova no desenvolvimento de produtos pela, 93–94
  avaliação de necessidades pela, 90–91, 97
  equipe local de crescimento (ELC) e, 91–93, 96
  insatisfação do cliente e, 89–90
  lançamento de remédio para tosse e, 29
  lições da Cartilha de Inovação Reversa para, 98
  marcas e vários níveis de preços utilizados pela, 41
  mercados emergentes e, 44, 88–89, 95
  problemas na cadeia de suprimento e, 95
Procter & Gamble e, 87–98
produto interno bruto (PIB) de países em desenvolvimento, 8, 34
programas de educação executiva, 47
projeto de produto
  abordagem completamente nova para, 93, 117–119
  Deere & Company no mercado de tratores na Índia e, 117–119
  GE Healthcare na Índia e, 153–155
  Nova plataforma da Harman e, 136–139
  PepsiCo, alimentos para petiscos na Índia e, 173–174
projeto, abordagem completamente nova do, 93, 117–119, 207–208, 207t

QNX Software, 130

Quanta Computer, 26

Raja, V., 50, 51–53, 149–151, 155, 158, 159–162
Ramamurti, Ravi, 212
Rapoo, 77, 81, 82, 83, 84
recursos da organização
    Deere & Company na Índia e, 119–120
    EMC na China e, 106, 108
    equipes locais de crescimento (ELCs) e, 54, 58–62, 70, 72
    GE Healthcare na Índia e, 158
    P&G no México e, 98
    PepsiCo, alimentos para petiscos na Índia e, 171–172, 176, 180
recursos hídricos, 28–29
Rede de Inovação da EMC, 105, 106
redes sociais, 46
refrigeradores, setor econômico, 36–37
Reliance Industries, 7, 45–46, 59
Restrepo, Alvaro, 88, 89–91, 93–97
Reunião de Liderança Global, GE, 47
reuniões de diretoria, em países em desenvolvimento, 47
reuniões, em países em desenvolvimento, 47, 72, 106–107, 180
Rice, John G., 45
Rolls-Royce, 8
Rússia, 66

salgadinhos à base de lentilhas, 18, 19*t*, 168, 170–172, 178
Sampath, Meera, 45
Samsung, 37
Santayana, George, 32
SARAS, projeto na Harman, 130, 132–144
Sarkar, Christian, 198–199
Saturn Motors, 114
SCA Group, 91
Scrum, software de desenvolvimento de tecnologia, 139
serviços de construção, 16
setor bancário, 21–22, 25*t*, 45–46, 124
setor de cimento, 42, 45
setor de ensino pela internet, 39
setor de serviços de TI, 42, 43

setor de telecomunicações
    conceito do último quilômetro no, 188
    gigantes emergentes e desafios para as multinacionais no, 42–43
    inovação no modelo de negócios no, 39–40
    necessidade de infraestrutura no, 15, 17
    uso de telefones celulares e, 15–17, 19*t*, 37, 39, 40, 129, 139, 142, 144, 163, 199
Shen, Kelei, 134–135
Siemens, 8, 40, 43, 58, 148
smartphones, 26, 37, 139
soluções, abordagem completamente nova para, 70, 72, 97, 126, 134, 153–154, 194, 196, 207–208, 208t, 209t
Sony, 37
Standard Chartered, 47
Stop & Shop, supermercados, 175
Suzlon, 7

tabelas de indicadores
    para empresas em países em desenvolvimento, 144–145, 197
    para equipes locais de crescimento (ELCs), 64, 72
TAFE, 113, 114, 124
Takeda Pharmaceuticals North America, 169
Tang, Diana, 57–58, 59
Tata Consulting Services, 43
Tata Group, 7, 59, 131, 214
Tata Motors, 21, 41, 142, 214
taxas de crescimento de países em desenvolvimento, 8, 13, 34
tecnologia de armazenagem de dados em computador, 99–109
tecnologia de busca, 100–104
telefones celulares móveis, 15, 16–17, 19*t*, 37, 39, 40, 129, 139, 142, 144, 163, 199
telefones celulares, 15–17, 19*t*, 37, 39, 40, 129, 139, 142, 144, 163, 199
Todd, Steve, 99, 102, 103, 106, 107
Toshiba, 148
Toyota, 28, 41, 140, 141, 144
treinamento de agentes comunitários de saúde, 190–191

Turquia, 66
Twitter, 101

U.S. Food and Drug Administration, 18
Unilever, 35, 46
universidades, e projetos da EMC, 104

varejo, e conceito de pequenos supermercados, 5-6
Varghese, Oswin, 150, 153, 154, 155, 158
Vernon, Ray, 211-212
VickMiel, marca de remédio para tosse, 29
Vicks Formula 44, marca de remédio para tosse, 29
Vietnã, 66
vínculos sociais entre executivos, 46-47

Vscan, 22-25, 41-42, 55
Vyas, Vidur, 172-176, 179

Wal-Mart, 5-6
Warrier, Deepika, 172, 176
Welch, Centro de Tecnologia, Índia, 149
Welch, Jack, 68
Whirlpool, 37, 45
Wipro, 39, 43
Wired, revista, 102

Xangai, 75, 104
Xerox, 40, 45

Yunus, Muhammad, 21

Zambrano, Lorenzo, 46

nosso trabalho para atendê-lo(la) melhor e aos outros leitores.
Por favor, preencha o formulário abaixo e envie pelos correios ou acesse
www.elsevier.com.br/cartaoresposta. Agradecemos sua colaboração.

Cartão Resposta
050120048-7/2003-DR/RJ
Elsevier Editora Ltda
CORREIOS

ELSEVIER

SAC | 0800 026 53 40
ELSEVIER | sac@elsevier.com.br

CARTÃO RESPOSTA
Não é necessário selar

O SELO SERÁ PAGO POR
Elsevier Editora Ltda

20299-999 - Rio de Janeiro - RJ

Seu nome: _____

Sexo: ☐ Feminino ☐ Masculino CPF: _____

Endereço: _____

E-mail: _____

Curso ou Profissão: _____

Ano/Período em que estuda: _____

Livro adquirido e autor: _____

Como conheceu o livro?
☐ Mala direta   ☐ E-mail da Campus/Elsevier
☐ Recomendação de amigo   ☐ Anúncio (onde?) _____
☐ Recomendação de professor
☐ Site (qual?) _____   ☐ Resenha em jornal, revista ou blog
☐ Evento (qual?) _____   ☐ Outros (quais?) _____

Onde costuma comprar livros?
☐ Internet. Quais sites? _____   ☐ Mala direta
☐ Livrarias ☐ Feiras e eventos

☐ Quero receber informações e ofertas especiais sobre livros da Campus/Elsevier e Parceiros.

Siga-nos no twitter @CampusElsevier

Qual(is) o(s) conteúdo(s) de seu interesse?

Concursos
- [ ] Administração Pública e Orçamento
- [ ] Arquivologia
- [ ] Atualidades
- [ ] Ciências Exatas
- [ ] Contabilidade
- [ ] Direito e Legislação
- [ ] Economia
- [ ] Educação Física
- [ ] Engenharia
- [ ] Física
- [ ] Gestão de Pessoas
- [ ] Informática
- [ ] Língua Portuguesa
- [ ] Línguas Estrangeiras
- [ ] Saúde
- [ ] Sistema Financeiro e Bancário
- [ ] Técnicas de Estudo e Motivação
- [ ] Todas as Áreas
- [ ] Outros (quais?)

Educação & Referência
- [ ] Comportamento
- [ ] Desenvolvimento Sustentável
- [ ] Dicionários e Enciclopédias
- [ ] Divulgação Científica
- [ ] Educação Familiar
- [ ] Finanças Pessoais
- [ ] Idiomas
- [ ] Interesse Geral
- [ ] Motivação
- [ ] Qualidade de Vida
- [ ] Sociedade e Política

Jurídicos
- [ ] Direito e Processo do Trabalho/Previdenciário
- [ ] Direito Processual Civil
- [ ] Direito e Processo Penal
- [ ] Direito Administrativo
- [ ] Direito Constitucional
- [ ] Direito Civil
- [ ] Direito Empresarial
- [ ] Direito Econômico e Concorrencial
- [ ] Direito do Consumidor
- [ ] Linguagem Jurídica/Argumentação/Monografia
- [ ] Direito Ambiental
- [ ] Filosofia e Teoria do Direito/Ética
- [ ] Direito Internacional
- [ ] História e Introdução ao Direito
- [ ] Sociologia Jurídica
- [ ] Todas as Áreas

Media Technology
- [ ] Animação e Computação Gráfica
- [ ] Áudio
- [ ] Filme e Vídeo
- [ ] Fotografia
- [ ] Jogos
- [ ] Multimídia e Web

Negócios
- [ ] Administração/Gestão Empresarial
- [ ] Biografias
- [ ] Carreira e Liderança Empresariais
- [ ] E-business
- [ ] Estratégia
- [ ] Light Business
- [ ] Marketing/Vendas
- [ ] RH/Gestão de Pessoas
- [ ] Tecnologia

Universitários
- [ ] Administração
- [ ] Ciências Políticas
- [ ] Computação
- [ ] Comunicação
- [ ] Economia
- [ ] Engenharia
- [ ] Estatística
- [ ] Finanças
- [ ] Física
- [ ] História
- [ ] Psicologia
- [ ] Relações Internacionais
- [ ] Turismo

Áreas da Saúde
- [ ]

Outras áreas (quais?): _____

Tem algum comentário sobre este livro que deseja compartilhar conosco?

_____

Atenção: